薄荷实验

Think As The Natives

硅 谷

Cultures@SiliconValley

Second Edition

文 化

J. A. English-Lueck

[美] J. A. 英格利希 - 鲁埃克 著

丁依然 董晨宇 译

华东师范大学出版社
·上海·

图书在版编目（CIP）数据

硅谷文化 /（美）J. A. 英格利希－鲁埃克著；丁依然，董晨宇译. —上海：华东师范大学出版社，2025.

ISBN 978-7-5760-5615-0

Ⅰ. F171.243

中国国家版本馆 CIP 数据核字第 2025NH6672 号

硅谷文化

著　者	〔美〕J. A. 英格利希－鲁埃克
译　者	丁依然　董晨宇
责任编辑	韩　鸽　顾晓清
审读编辑	林小慧
责任校对	姜　峰　时东明
封面设计	登出计划

出版发行	华东师范大学出版社
社　址	上海市中山北路 3663 号　邮编　200062
网　店	http://hdsdcbs.tmall.com/
客服电话	021 — 62865537

印 刷 者	苏州市越洋印刷有限公司
开　本	890×1240　32 开
印　张	11
版面字数	208 千字
版　次	2025 年 8 月第 1 版
印　次	2025 年 8 月第 1 次
书　号	ISBN 978-7-5760-5615-0
定　价	85.00 元

出 版 人	王　焰

（如发现本版图书有印订质量问题，请寄回本社市场部调换或电话 021—62865537 联系）

献给卡尔，他选择了风暴而非宁静，
以及我们充满活力的女儿们，米里娅姆和艾琳，
还有所有引领我们走向未来的先辈。

目 录

致　谢

　　本书借鉴了近二十五年来以硅谷为研究对象的民族志研究成果。通过访谈和观察，研究人员们收集了相关数据。有时，数据也来源于研究人员自身的生活经历。数以百计的人准许我们对他们进行采访，走进他们的生活。不过，多数被访者是在要求保持匿名的前提下接受采访的，因而本书中的姓名和部分机构名为化名。我们非常感谢那些配合采访接受观察的人，感谢他们的耐心和慷慨。

　　参与本书第一版民族志研究的人员包括作者、查尔斯·达拉（Charles Darrah）、詹姆斯·弗里曼（James Freeman）和一些仍在训练中的人类学家。书中许多灵感来源于数次项目会议以及与查克和吉姆在走廊上的多次谈话。我要向这些人致以最真诚的谢意。同时，我也想感谢他们的家人——达拉家的贾尼丝、扎卡里和乔舒亚，以及弗里曼家的帕特和卡斯滕——感谢他们在数据收集的那么多年中所做出的牺牲。得益于特雷莎·本内特、劳拉丽·布朗、洛林·伯格曼、玛丽·卡修、瑞秋·卡索、T. C.张、大卫·西斯莫夫斯基、沙龙·科瓦鲁比亚斯、布莱尔·M.邓顿、约瑟夫·杜兰、珍妮·伊顿、德比·费尔斯、埃兰·芬奇、埃丝特·福雷、维基·盖辛格、乔·赫茨巴赫、珍妮弗·霍尔福提、维罗妮卡·凯弗、罗宾·劳齐尔、凯瑟琳·麦肯齐、派珀·麦克纳尔蒂、埃里克·梅茨、罗伯特·奥尔兹、多丽丝·奥·陶夫林、达娜·欧、黛安娜·M.佩特里、纳夫托利·皮卡德、琳达·郭、埃里克·雷贝根、诺尔玛·里维拉、宝拉·罗克斯特罗、贾森·斯卡特纳、贾森·席尔兹、莉兹·斯奈德、乔艾尔·索伦森、莉迪亚·斯特鲁伊奇、寺口真帆、珍妮特·蒂曼、隆达·维格、阿拉塞莉·瓦列、罗宾·韦尔特、苏珊·韦瑟利和伊斯雷尔·楚克曼所做出的努力，硅谷民族志数据库才得以汇编，成为本书第一版的基础。特别感谢我们的工作人员：负责编写大量数据的邦妮·埃文斯和管理项目档案的黛博拉·达尔顿，她们做出了巨大贡献。本书第二版的完成还得益于数位学生和校友研究人员的努力，是他们走进了硅谷文化，并了解了其优点和人们的工作状况。这些研究人员包括：梅根·奥夫德马尔、卡桑德拉·卡鲁斯、玛丽·麦克奎斯顿、凯瑟琳·米斯特利、沙赫里亚尔·莫提、萨曼莎·佩恩、朱莉·派克、谢丽尔·汤布林克、黛博拉·沃尔德－博恩以及访学学者索菲亚·洛萨诺（那慕尔圣母大学）和卡拉·特罗姆巴多尔（加州大学洛杉矶分校）。阿曼多·阿亚拉、切尔西·巴赫、埃文·布兰宁、萨拉·戈德曼、罗伯特·约翰斯顿、贾森·麦克朗、J. 亚历山大·莫雷诺、尼古拉斯·托里克、黛博拉·沃尔德－博恩和阿拉塞利斯·维拉兹奎兹·里维拉曾携手未来研究所（Institute for the Future），致力于一项主题为企业关怀的未来走向的长期计划，这一项目的发展对撰写本书亦有帮助，我对他们表示特别的感谢。

每个教授都知道，我们会从学生那里学到不少东西。我认为，我的学生们来自各个地方，他们对自己的生活和周遭人们产生的见解非常宝贵。因此，我想对学习如下人类学课程的学生表示特别的谢意："民族志方法""文化在心中""邻居、亲戚和社区"和"医学人类学"。同在此列的还有我的研究生研讨会，学生们为我的田野故事带来了新的见解。我还要感谢社会科学学院院长办公室的同事们，尤其是希拉·比嫩费尔德、特雷娜·比尔斯、玛格丽特·卡尔森、埃德尔米拉·菲格罗亚、卡雷尔·弗洛伊德、琳达·加西亚－杨、沃尔特·雅各布斯、瓦内蒂亚·约翰斯顿、艾伦·莱文塔尔和琳恩·特鲁里奥，是他们的耐心使得我在承担行政职责的同时，能够继续研究工作。

我的家人们也是我的合作研究员，有时也和我共同执笔写作。卡尔·吕克负责管理数据、编辑、制图和保管多数档案。他的专业能力和作为配偶带给我的宽容与支持应当获得称赞。同时，我还想感谢英格利希－鲁埃克这个大家庭，以及我的朋友艾琳·克罗斯、玛格丽特·格雷厄姆、托马斯·雷顿、玛丽·麦克奎斯顿和拉塞尔·斯科夫罗内克。他们乐观的精神让我在努力教书、投身研究和参与管理工作的同时能够继续前进。米里娅姆·鲁埃克·阿弗里和她的丈夫克里斯托弗·阿弗里不仅是投身人类学实践的典范，更是和美家庭的典范。和米里亚姆一起做研究、合著专业论文是我生活中的一大乐事。显然，我没有严格区分工作和家庭。艾琳·鲁埃克是一位了不起的田野助理，她的眼睛似乎装着便携摄像机，观察力远在我之上。我还要感谢丹尼斯·弗雷泽、南希·约翰逊和迈拉·拉米雷斯的慷慨分享。

　　我还必须感谢那些支持我的机构，包括圣何塞州立大学社会科学学院、圣何塞州立大学研究办公室、国家科学基金会和阿尔弗雷德·斯隆基金会。未来研究所一直是我的主要合作单位，我要向研究所的研究人员和管理人员米里娅姆·阿弗里、罗德·法尔肯、玛丽娜·戈比斯、本·滨本和琳·杰弗里表示感谢。我还要感谢许多记者和同事，他们花时间提出有针对性的问题，并在我穿梭于海量信息、找寻方向时选择聆听。同时，我希望对本书第一版编辑顾问鲁哈玛·维尔特福特的不懈努力表示感谢。还有斯坦福大学出版社的斯蒂芬妮·亚当斯、大卫·霍恩、吉吉·马克和米歇尔·利平斯基，他们耐心地帮助我完成了这个版本。感谢上述提到的所有人。

前　言

晨间报告

现在是旧金山教会区的黎明时分，此时，随着晨光变化，这座城市正被一点点地并入硅谷，即使它毫不情愿，这一过程却终究无法避免。十年前，美国的科技高地坐落在湾区南端，彼时，旧金山断然不会承认自己是其中的一部分。不过，在过去的十年中，旧金山已经与之融为一体。自20世纪70年代起，这片被称为"硅谷"的区域成长起来。五十年间，它的版图不断扩张。硅谷位于南旧金山湾的狭长地带，森尼韦尔、山景城和帕洛阿尔托都坐落于此。之后，硅谷的边界缓慢地向北面和东面延伸，版图随之扩大。旧金山卷入了互联网经济的移动化、共享化和嵌入化的混合趋势，其科技触角也随之伸向了旧金山东湾、伯克利和奥克兰。

塔维和一位同在技术领域工作的女孩合租。此时，她还在公寓里熟睡。因为这间公寓离她工作的地点很近，所以她可以多睡一会儿。塔维不是一个习惯早起的人。她是一名软件工程师、艺术家，也会参与到旧金山那些致力于社交媒体和共享经济的创业公司之中。8点左右，塔维起床了，她喝了点咖啡，然后骑20分钟自行车去上班。对她而言，旧金山的交通拥堵状况犹如噩梦，而骑自行车不仅能让她头脑清醒，还能让她避免加入争抢停车位的大流。到了工作地点，塔维抬起她的自行车，把它挂在墙式停车位上。旁边另一辆自行车还装饰着盆栽植物。塔维缓慢地开始了一天的工作。她从简单的工作做起，首先阅读和回复电子邮件。塔维需要按照自己的方式调整一会儿，然后重新回到代码的世界中。她工作的时候满脑子想的都是代码。进行编码工作需要高度的专注力，人们投入进去时，就好像灵魂出窍了一样。午餐时分或是下班之后，塔维会积极地参与公司里进行的政治话题讨论。公司员工们都很清楚，一方面，他们需要和大家分享从用户那里收集来的材料；另一方面，他们每个人也都应该承担起社区服务的工作。大家想要建设一个什么样的社区？在进行这样的讨论时，塔维会结合自己在性别研究方面的知识背景，针对高科技环境里存在的性别、性和特权等棘手的问题发表自己独特的见解。

和塔维一样，伊莎贝拉也是一个年轻女性。从统计数据上看，与南部老牌公司里的员工相比，旧金山的员工要更加年轻一些。伊莎贝拉在一家资历成熟的传统实体公司设在硅谷的前哨站工作。设置这种前哨站是为了了解日新月异的中介化、科技化的环境，以及如何通过建立信息网络来推广品牌。在人们的想象中，相比那些守旧的传统模式，小型创业公司更有可能为项目开发和服务业提供新的思路。因此，无论是那些还在生产20世纪样式产品和服务的公司，还是非营利组织，甚至政府都已经在硅谷建立了这样的前哨站，以此挖掘硅谷的创新力量。伊莎贝拉为一个跨国组织工作，这个组织的总部设在欧洲。伊莎贝拉的任务就是率先创建这个前哨站，并确保它能够成功地运作。而这家跨国公司的不同部门会派遣一批批员工轮流到这里学习硅谷的运作方式。伊莎贝拉早上得起很早，为了能和欧洲方面进行实时互动，她最晚6点就得起床。直到上午9点，她可能一直都在打电话或在线交谈。现在，伊莎贝拉准备骑车去旧金山中部上班，那里有一个共享工作空间。她说："无论去哪儿，我都骑自行车，我们欧洲人就是这样，离不开自行车。"伊莎贝拉出生在外国，在硅谷，像她这样的外籍居民占总人口的37%。那个共享工作空间其实是一条又长又宽的走廊，有六七十家创业公司都租用此地，使用长廊设计是为了促进人们之间的互动或"偶遇"。伊莎贝拉的主要工作是为欧洲的母公司建立关系网，所以，每天早上，她都会给客户发送电子邮件、同他们保持联系，然后再去参加会议。午餐时分，她会在工作地附近的众多咖啡馆中挑选一家，安排和他人的会面。这种面对面交谈会显得双方更亲近一些。这个共享工作空间附近有一家高档的食品杂货店，尤其能满足人们吃饭的需求。伊莎贝拉不想吃三明治。她开玩笑说："美国人吃了太多的三明治！"在硅谷的街道上，游客们不时驻足，用手机拍下那些时髦企业的 logo。还有什么会比在推特上给家人发送推特的 logo 更合适的呢？

艾伯特是一个土生土长的湾区人，他现在正在切身地体验着共同办公。艾伯特居住的整栋房子就是一个共享办公空间，在这个空间里工作的人很有趣，他们都在研究区块链技术。比特币（bitcoin，本质上即一种实验货币）背后就是区块链技术。艾伯特是一名经济学家，他一边在硅谷生活，一边进行参与式观察。区块链系统运用公开的、数字化的分布式账本技术，建立虚拟的分布式账本。通过这种技术，一系列数据库得以建立起来，而且参与者在这些数据库中无法篡改或修订账本。此时，艾伯特醒来了，但很疲惫。他昨晚很晚才睡，一直在和室友们讨论关于区块链的问题，整个讨论带有那么一点儿派对的意思。他们的想法各异，还颇有哲学意味，他们在讨论这项新技术可能会如何改变未来。最乐观的设想是，区块链技术有可能创建出一种他人不可更改、不可调整、不可撤销、不可破坏的交互过程。那真是一个令人陶醉的夜晚。当然，这可能也只是一个短暂的技术狂热期，只有经历了疯狂的投资潮，人们才会更加冷静地去思考它。艾伯特是一名经济学家，同时也是一个硅谷人，他的社会意识令他为周遭存在的明显的不平等现象感到担忧。艾伯特希望硅谷孕育出的技术能够帮助那些权利被剥夺者，能够革新选举模式、商业模式，甚至重新定义公民身份。即便如此，艾伯特还是怀疑，这些技术可能最终会被应用到一些无关紧要的问题上。他和室友们只是偶尔公开讨论这个话题。同时，来自世界各地的人们也会时不时来这里参观。他们在客厅里并排坐着，面前都放着笔记本电脑，一起交换想法，之后又纷纷离去。而那些永久地居住在这里的室友们也有可能随时去亚洲或者欧洲出差。所以，艾伯特从来都不确定，在某一个特定时刻，到底谁还住在那里，而谁已经离开了。

艾伯特走出房间来到阳台上。他远眺着缓缓升起的太阳，喝下一杯浓咖啡。在这座集体居住的房子里，他又一次地感叹旧金山的壮丽景色。艾伯特下楼时必须保持安静，因为工程师杰克在地下室开了一家创业公司，他的公司在研究人工智能和物联网。杰克的工作时间不定，经常在地下室睡觉。好在艾伯特还有干净衣服可穿。公用洗衣机摆放在地下室中，艾伯特和室友们必须将这些日常家务琐事安插进自己飘忽不定的工作间隙中。跟许多室友不同，艾伯特白天还得赶去帕洛阿尔托做另一份工作，他需要骑着自行车去赶火车，在通勤列车上，艾伯特利用无线网络还能搞定一点点工作。若是选择开车穿梭于"市区"和最初的硅谷腹地之间，将会非常可怕。在美国的 101 号公路上，通勤方向拥堵、非通勤方向不太拥堵的场景已经一去不复返了。相反，除非你在破晓之前就出发，否则来去两个方向都会挤满车。由于高昂的住房成本和极大的公司流失率，几乎没有人会选择住在自己的工作地点附近。而低失业率和有限的住房供应则直接导致更多的人开车通勤，相应地，就有更多的车辆出现在主干道上。如果高速公路和城市公路上空空如也，这就间接说明了当时经济不景气，那时候人们便会纷纷离开硅谷，待在家里找工作，攻读另一个学位，或开始创业。不过此时，黎明时分，路上已经堵成了一锅粥，如同人们对住房和工作的争夺一样激烈，这意味着，硅谷文化再一次涌动起来了。

第一部分

技术之地

第一章

文化版本 2.x：一个蔓延的社区

硅谷为什么重要

20世纪70年代，位于加州的圣克拉拉县被贴上"硅谷"的标签，自那时起，在公众的想象中，这个地方就变得和以往大不相同了。不过，那些将硅谷神化成美丽新世界的言论，也大多的确过于夸张。尽管硅谷是高科技创新产业的大本营，它也总是向人们展示最前沿的技术和创新成果，但硅谷生活与美国一般城市的生活其实并没有什么根本上的区别。硅谷也存在着等级分明的社会阶层和经济阶层。硅谷社区里设立的机构——学校、医院、市长办公室——与位于萨克拉门托或圣地亚哥的相关机构也相差无几。在硅谷，居民们就像许许多多普通的美国人一样，他们在硅谷吃饭、睡觉、工作、休闲，过着相似的生活。

不过，硅谷所经历的变革却将深刻改变美国和世界其他地区的未来。从发明电子邮件服务器到发明电话，科技终端不仅帮助人们联结起当地的社会网络，还在更广泛的程度上将全球各地紧密地联系在了一起。它不仅使这一切成为可能，甚至还让人觉得毫不费力。人们的日常生活、国家经济，甚至硅谷的通用语言都与科技息息相关。硅谷就像一只领头羊，带领着羊群，在当下和未来的版图中不断探索最新科技。硅谷经济曾一度以水果农业为经济基础，现今，却将世界各地的人才汇集于此，依靠高科技产业来获得发展。

本书第一版诞生时，正值千禧年伊始。如今，硅谷的企业格局已经发生了天翻地覆的变化。Web 2.0 的时代来临了，它将用户生成内容视为商业运作的对象。接着，谷歌、脸书和易贝等企业巨头乘势崛起。智能手机和平板电脑这些移动科技的普及改写了商业娱乐、游戏甚至健身和食品行业的发展轨迹，并在其他行业衰落之际，重振了苹果等老牌电脑公司（650Labs 2013）。网飞、乐活（Fitbit）等新兴服务和终端供应者成了硅谷的玩家。主营安全和加密业务的公司崛起，使得思科这样专注于"整合与储存"的公司遭遇了发展瓶颈。"社交网络"不再是社会学和人类学学科中描述社会关系时使用的专业术语，现在，它指的是诸如脸书、领英、推特之类的应用软件。这些软件提供平台和服务，使人们得以将工作、娱乐、恋爱和教育等领域的各种关系连接到一起。人们预测，在 21 世纪最初的二十年中，"物联网"将成为技术前沿，它会进一步将人们生活中的日常用品联结成一体，尤其是将汽车和房屋这样的产品微型化，将它们与人联系在一起。有一小部分人早已体验了泛在计算（ubiquitous computing），他们在任何时候、任何地点都能够泰然自若地处理信息，而在 20 世纪，这些都还是奢望而已。现在，企业永久员工辅以合同工的工作生态环境逐渐形成。智能手机使人们能够随时随地接入互联网，它催生了"零工"劳动力，也使得诸如优步和来福车一类的拼车服务和诸如爱彼迎一类的空间共享应用得以投入市场。企业家们在争夺人们的注意力和屏幕时间。无论是老员工还是新员工都在努力适应这些变化，他们与世界各地的联系都变得越来越紧密。

　　社区文化是复杂的，据此我们也可以管窥后现代主义生活的复杂性。阶层、民族、国族文化、自我认同的亚文化和各种组织文化之间的多样性，使我们很难将个体归入某一特定的群体，也很难确定某个人是否和他人有共同的文化背景。人们使用的物件、做出的行为可能起源于美国中西部的家庭文化，或者源于加州的反主流文化，抑或是来自环太平洋地区甚至更远的地方。欧洲人会觉得硅谷很像欧洲，而南亚人也会给硅谷带来一些印度文化的色彩。美国中西部的人们则觉得硅谷既熟悉又陌生。不同文化间的互动本身就会模糊文化之间的界线。在这种情况下，想要非常确认自己或者他人的文化身份简直就是痴人说梦。

　　饱和的科技与文化身份的复杂成就了硅谷的独特之处，但它们并不仅仅是一些有趣的文化现象。其重要之处在于，技术的普及和文化身份多样性正在定义新兴的全球文化。通过研究硅谷这只领头羊，我们可以了解到技术饱和与文化复杂性对其他地区的影响。因此，我也特意将硅谷视为一个天然的实验室。

以高新科技或者文化复杂性为主要文化特色的地方并非只有硅谷。实际上，如果硅谷在这些方面是个个例，那么它也无法帮助我们理解其他地方的文化。但是，从奥斯汀到班加罗尔，这些类似硅谷的科技高地出现在世界的各个地区，高新技术产业日益成为这些地区发展经济的主要动力；而曼哈顿、芝加哥和伦敦等地则体现着广泛的文化多样性。这些例子都很引人注目。除此之外，即使是在一些更小的社区内，人们也会感受到，消费科技正在呈指数增长，人们有更多的机会结识其他来自不同文化背景的人，也会因此明显地感受到那股塑造硅谷文化的力量。硅谷热情地拥抱科技，也包容当地的文化复杂性，因而，硅谷是一个进行人类学研究的绝佳场所，研究人员可以把它作为研究技术饱和社区的范本。我们可以从硅谷的经验中学到一些东西。

硅谷在有意且持续地打造自我品牌。许多产业技术原本应用于商业和技术工作中，现在也投入到塑造社交关系之中。这个领域的推动者们发挥社会企业家精神，投入风险慈善事业并参与人道主义计划，希望以此推动社会变革。通过运用设计思维，高效部署工作，认真监督执行过程，重塑贫困、住房一类的社会问题，他们想要"改变世界"。值得注意的是，这些工业流程中的应用性科技，如今被用来实现社会期望。

硅谷的公司热衷于收集用户、消费者和公民的数据，这些数据能够帮助他们为人们提供更好的服务，或者创造出更智能的设备。人们在互联网上开展各种活动、进行交易，在这一过程中，大量的数据被记录和收集起来，由此也就产生了"大数据"。而另一方面，这些公司也会调查用户体验，密切关注每位用户与技术和服务之间的互动过程。在采集宏观数据和微观数据的过程中会产生大量信息，这也激发了人们对个人隐私和数据透明度的热烈讨论。如果提高数据透明度，公司就能据此提供更精准的服务和产品。但与此同时，人们已经为保护个人隐私努力了数百年，这显然又与数据透明度相悖。在硅谷有一些"反隐私权倡导者"，他们认为，汇集到的数据可以用于提供更准确的信息，相比那些极力反对公开个人信息的行为，利用收集到的数据可能为社会谋取更多福利。

　　整整一代人在"大硅谷"这个人口熔炉中成长起来。"千禧一代"现在也都已工作了。这一代人成长于多元的文化环境中，他们期待碰见文化差异，他们也能够在不同程度上应对这些差异。对于在硅谷长大的人来说，他们就生活在极度多元的文化中，这些文化不仅复杂、难以捉摸，而且还在和其他文化的碰撞中持续变化着。对于第一次来到硅谷的人而言，适应这种多元文化也将会是一个持续的挑战（English-Lueck 2011）。由于受到包括"反恐战争"在内的十多年战争的影响，美国20世纪后期的移民政策发生了改变。得益于此，湾区的文化多样性大大提升。南亚和东亚持续地往这里输送技术人才，但是新的移民政策仍以用了几十年的移民模式为蓝本。民族多样性在政治上仍旧是一个难题，拉丁裔和非裔美国人社区也仍旧处于边缘地位。即使硅谷的地理边界拓展到了周边地区，它的繁荣也绝不会惠及旧金山东湾地区的非裔美国人，或者是位于南圣克拉拉县的拉丁美洲人。硅谷仍然是一个实验室，在这里，我们可以了解文化、种族、民族身份和性别对于高科技经济发展和文化发展所产生的影响。

人类学的目光

在这本书里我尝试用人类学视角看待硅谷这一新兴的全球景观。硅谷的发展主要依靠科技产业，科技产业吸引着世界各地的人们会聚于此，重塑自己的文化身份。经济学家、城市规划者、社会学家、商业理论家和历史学家们都已经对硅谷做过相关研究。他们在看待硅谷文化时，会仔细观察和自己的研究领域相关的那部分社会现实，比如网络化的全球商业实践结构，或者晚期资本主义中下阶层在硅谷的奋斗过程。记者们在报道硅谷的故事时，重点常常会落在硅谷的富人与名人身上，或者聚焦新奇的事物。学界则苦苦思索硅谷的复杂文化。① 讲述硅谷形象的

---

① 社会学家和城市规划师曼纽尔·卡斯特尔（Manuel Castells）在进行相关研究时，把硅谷视为一个全球性的技术区和一个 21 世纪的工业综合基地（Castells 1996；Castells & Hall 1994）。他的作品关注的是企业家们在硅谷中承担的角色。波兰人类学家达里乌斯·杰米尔尼亚克（Dariusz Jemielniak）在他的著作《新知识工作者》（*The New Knowledge Workers*，2012）中采用了类似的比较视角。多米尼克·马亚尔（Dominique Maillard）研究的是中国和硅谷之间目前正在建立的联系，具体内容见《中国与加州的头脑交流》（*Circulation des cerveaux entre la Chineet la Californie*，2009 年，法语著作）。最重要的一部关于硅谷的作品是弗雷德·特纳（Fred Turner）所著的《从反主流文化到网络文化：斯（转下页）

作品迅速走红。美国家庭影院（HBO）制作的获奖电视剧《硅谷》对创业文化明嘲暗讽。尽管这部剧只呈现了硅谷生活的一个侧面，但是它融入了许多流行的、有关硅谷文化的场景，其中既有如实反映的部分，也存在误导观众的表述。这些东西结合起来，就组成了人们对这个标志性地区的全部印象。

　　人类学关注的是凡尘琐事，即透过日常生活中的各种细节，以及这些不足挂齿的行为举止和人与人之间的相处模式，我们

（接上页）图尔特·布兰德、整个地球网络以及数字乌托邦的兴起》（*From Counterculture to Cyberculture: Stewart Brand, the Whole Earth Network, and the Riseof Digital Utopianism*，2006），记者约翰·马尔科夫（John Markoff）在其作品《睡鼠说：讲述 60 年代的反主流文化如何形塑私人电脑行业》（*What the Dormouse Said: How the Sixties Counterculture Shaped the Personal Computer Industry*，2006）一书中也探讨过此类主题。社会学家丹尼斯·海斯（Dennis Hayes 1989）和凯伦·霍斯菲尔德（Karen Hossfeld 1988）在 20 世纪时做了有关硅谷弱势工作者生活的相关研究。《停止漂泊：处在无安全感时代的家庭》（*Cut Adrift: Families in Insecure Times*，Cooper，2014）介绍的也是该内容。简·迪茨·塞克斯顿（Jean Deitz Sextons）所著的《硅谷创造未来》（*Silicon Valley Creating the Future*，1992），波·布朗森（Po Bronsons）所著的《裸体主义者上晚班》（*Nudist on the Late Shift*，1999）以及保琳娜·巴尔苏克（Paulina Barsook）的批判性政治评论《赛博自私》（*Cyberselfish*，2000）都是鲜明的例子，这些作者在对硅谷生活进行新闻性调查。最近的新闻性作品包括丹·莱昂斯（Dan Lyons）所著的《瓦解：我在创业泡沫中的不幸遭遇》（*Disrupted: My Misadventure in the Start-Up Bubble*，2016）和硅谷人安东尼奥·加达·马丁内斯（Antonio Garda Martinez）所著的《混乱：不义之财和硅谷中的随机失败》（*Chaos Monkeys: Obscene Fortune and Random Failure in Silicon Valley*，2016）。罗谢尔·科普（Rochelle Kopp）和史蒂文·甘茨（Steven Ganz）合写了一本短语手册，分析了硅谷的独特语言，书名是《硅谷语言：破译硅谷的行话》（*Valley Speak: Deciphering the Jargon of Silicon Valley*，2016）。——原注

得以了解人类的生存境遇。在哪里观察人们的生存状况和如何解释人们的行为完全是两码事。在美国，人类学家会接受多学科视野的训练，利用不同学科的世界观看待问题。他们会在直接观察文化生活的基础上，辅之以生物人类学和考古学的观点，进而形成自己的见解。这就为他们提供了一个有趣的、可以随时随地进行观察的镜头。除了依靠传统的民族志研究方法——观察周遭的人们，聆听他们的故事——他们还有一些其他的概念工具。生物人类学家教会我们，人类变异和进化的过程在广义上可以被理解为是"随着时间而变"。说到底，我们都是动物——但我们是一群可以改变自我生存环境的动物，我们能够利用文化赋予我们的思想、文化传承下来的手艺去主动适应周遭的世界。考古学家教会我们，随着时间的推移，文化的流变会为我们呈现出一幅整体的图样，而且，即使是最不起眼的物件也能在很大程度上反映我们的行为。我们说话、做事其实都是在讲述故事，我们的工艺品背后也有故事可讲。在亚洲烧制的瓷器的一块碎片可以讲述一个关于国际迁徙和贸易的故事，也可以为我们展现一个无名小卒的日常生活。要知道，历史雷达的屏幕上往往只有大人物的姓名，这样的小人物可能只是默默无闻地活着，然后默默无闻地死去。这些观点会迫使文化人类学家对日常生活中的细枝末节不断发问，并将它们与那些一直处在变化中的、更强大的推力建立起联系。因此，以硅谷为研究对象进行人类学思考时，我们侧重于观察普通人，他们的生活中充斥着日常活动和琐事，为各种各样的物质和文化观念所包围。这些不起眼的物件和平常的行为反映着强大的进化力和历史巨变，驱使我们重塑文化。而且，这一行为往往是在我们毫不自知的情况下完成的。

社会人类学研究起源于英国，现在已经遍及英语世界。社会人类学告诉我们，观察人们如何融入群体、如何信仰和支持那些组织形式，能够为我们提供重要的线索，让我们得以揭示人类行为。网络、家庭和工作组织构成了硅谷人的生活。硅谷独特的文化中本身就包括各种组织文化。作为一名人类学家，我在理解硅谷人的社会生活时必须理解这些组织文化。

首先，我是一名文化人类学家，所以当我在自然情况下，或者说在"田野"中进行观察时，我最关注文化发挥的作用（Lindholm 2001：12）。人类学对社会哲学最大的馈赠之一就是文化观念。文化观念指"一切人类创造的、能够随时空转换在社会上承袭下去的东西"（van der Elst Bohannan 1999：32）。人类学家在提到"文化"这个词时，习惯使用其最宽泛的含义。比如说"人类依靠文化来适应环境"，这里面的"文化"指的就是广义上的文化。过去，这个词还指称那些被认为分享前人的创造物以及传承某些社会观念的社会实体。我们常说"纳瓦霍文化"或"美国文化"，但这些说法都是相当不准确的。这些说法会让我们忽视某一文化背后的语境差异，而认识到这些语境差异十分重要。比如，生活在窗岩镇（Window Rock）的纳瓦霍人和生活在洛杉矶的纳瓦霍人所处的文化语境是截然不同的。

不幸的是，"文化"最初被概念化地理解为"*kultur*"① 这个

---

① *Kultur* 为德语词，意为"文明、文化"。——译者注

名词（而非作为动词），这实际上是一种误导。[①] 文化是一种运作系统，它能够塑造我们的认知和行为过程，文化也是一种决定人何以为人的"概念结构"（D'Andrade 1984：115）。然而，想要明确是哪些"人"创造了文化是很困难的，因为文化作用于社会组织的许多层面。在家庭里、网络上、社区里、地区层面和国家层面都会产生"创造物"，也都存在代代承袭的社会观念。文化跨越国界，出现在世界的各个角落，无论是在麦当劳、机场还是办公室的格子间里，文化无所不在。处在同一个家庭或者同一个国家内的人有类似的行为举止，不过这种类似只存在于最宽泛的层面上，大家的举动绝不是整齐划一的。在研究文化的过程中，寻找到模式很重要——模式就是共性的东西——但是，在共性中找到并记录变化的东西同样重要。硅谷并没有一套统一的文化，尽管的确存在一些模式，但是这种共性是由许多不同的文化变体组合而成的，这些组合无穷无尽，最终共同塑造了硅谷文化。通过梳理人们的语言、行为、人与人之间的互动过程，以及观察人工制品，我在这本书里列出了硅谷的一些文化模式。

---

① 阿尔君·阿帕杜莱（Arjun Appadurai）提出过一个类似的观点，他认为在描述生活的方方面面时，最好把"文化"这个词当作形容词"文化的"（cultural）来理解。在他看来，使用"文化"这一概念时，最好这么理解："文化就是差异。"因此，即使文化可能是复杂的、碎片化的（1996：12–14），人们仍旧可以通过民族志的方法识别出文化差异。然而，在解释人类行为时，他所定义的文化仅限于描述那些与人们的身份有关的社会生活方面，不包括物质层面的东西，如"行政事务、经济压力、生理约束等"（Kaper 1999：246）。——原注

　　本研究站在社区层面观察硅谷文化，研究中还加入了许多复杂社区的案例研究，涵盖了从中国香港（Evans & Tam 1997）到美国马萨诸塞州西部的皮茨菲尔德（Nash 1989）等地区的案例。具体来说，我也将硅谷视为一个案例，希望借此说明技术饱和对社会产生的利弊影响。这项研究对所有与科技社区相关的人都具有特殊意义，无论是普通公民，还是政策制定者。硅谷也是一个天然的实验室，通过它，我们可以了解文化的复杂性。复杂的文化里存在着各种各样的身份，不同的身份之间可以交流碰撞；复杂的文化背景也会造成文化冲突和文化融合，还有其他更多的可能性。因此，尽管这项研究特别关注硅谷，但它对理解处在数字技术和高度文化多样性背景下的人们的生活具有更广泛的意义。

　　作为一名文化人类学家，我一生都痴迷于观察日常生活的各种细节，而且在看待任何一种文化时，我总是倾向于将它放在众多文化中进行观察。我接受过训练，要警惕自己身上的民族中心主义，我常常问自己，是不是总是把自己国家的文化当作自然的文化。临时中心主义（tempocentrism）也会引我走向歧途，它总是以自己所处的时代为标尺，并把这一时代作为一个正常的默认设定。在我成长的过程中，电子产品和与之相关的活动还没有这么活跃，但现在它主导着整个世界。所以，我必须要警惕，不能想当然地评判包括硅谷文化在内的任何文化，特别是在我试图理解这种文化的过程中，我绝不能下定论，说这种文化本质上就是好的或者有缺陷的。不过，这并不意味着我发现不了某种文化中存在的偏执观念和矛盾之处，我也不会忽视那些在困境中出现的、具有特别文化特色的创意性解决方案，但是，我所接受的训练教会我去避免赞扬或者批评某种文化。另一方面，我也完全沉浸在了硅谷社区里。我在硅谷生活、教书。我的孩子们把硅谷当成自己的家。我也像硅谷的其他员工一样，抱怨交通拥挤，厌恶各种不平等现象。我偶尔也会充当起"技术专家"，在每次买东西前，也想读一读技术评论，听一听同行们和千禧一代给出的专业建议。这些现象都说明，我已经被"本土化"了。然而，我在不同文化中的生活经历和数十年对各种文化的研究能够帮助我正确地看待硅谷。因此，我在整本书中都将硅谷文化与其他文化做比较，以辨别它们之间的不同之处。

人类学研究立足于对时间和空间的研究。尽管这个学科的任务可能是要了解人类所有的、普遍的行为，但我从未见过一个"普遍的人"。人都处在特定的时间和地点。这个道理推动着我进行本书新版的相关工作。不同的时代会呈现出不同的社会现实。人们离不开其周围的景观、人造物和社会环境。所以，我所进行的社会文化人类学研究要求我去关注空间，关注物件，关注人们周遭的关系网。我要走进人们生活的空间——学校、住宅、公园和他们的工作场所——正是这些场所决定了人们在当地会有何种经历。骑自行车上下班和开车在高速公路上堵两个小时是很不同的。当我走进一间家庭办公室时，角落里放着一把吉他，这在我看来至关重要。家里有了新手机，旧的那部怎么处理？谁能够检修新设备的故障？有哪些联系人的存在是必要的，又有哪些联系方式需要被悄悄地清除掉？这些都很重要。

　　硅谷也为我们提供了一面镜子，它让我们能够审视自我，审视我们做出的选择。有一些社区热衷于复制硅谷那显而易见的成功，或者至少他们想复制一些硅谷的特色之处，他们认为正是这些特色之处让硅谷走向繁荣。因此，他们做出政治决策，鼓励发展相关产业，鼓励建立公私伙伴关系，并且积极地推动技术革新和基础设施更新。企业和公共组织制定的政策确实不如国会制定的政策受人关注，但这些政策可能也会如国会政策般产生巨大的影响。出于各种目的，人们也选择拥抱技术，这巩固了现有的硅谷价值观，同时也塑造了新的价值观。通过理解硅谷人的社会生活，我们所有人，不论是处在硅谷之中还是硅谷之外，都会反思自己做出的选择。

挖掘故事

　　1991 年，查尔斯·达拉、詹姆斯·弗里曼和我牵头了硅谷文化项目（Silicon Valley Cultures Project），另外还有一些同事和好几届的学生也参与了进来，目前这个项目已经进行了数十年之久。我们研究了硅谷人的工作、家庭、技术和身份，之后才有了《硅谷文化》这本书。由于这个项目已经持续了很长一段时间，可以说它见证了硅谷经历的几轮剧烈的经济衰退、复苏、收缩和扩张，记录了人们在其中的生活。正是在这几十年中，硅谷作为一个社区，努力地定义自己，试图向全世界表明自己的独特身份，因此，这也正是书写硅谷历史的关键时期。

　　我们在不断地修改这个项目。我们会参考一些小型研究发现，或者将一些重要的研究项目纳入其中。不过，这些民族志研究存在一个共同特点：所有研究重点关注的都是日常生活中的细节和普通人的生活。同时，这些研究也会站在"全局"视野关注文化变迁，注意细节背后的深远影响。

"硅谷文化项目"包含多项研究，其中，有一些项目比较宏观，还有一些则关注硅谷生活的某个特定的侧面。较早的项目侧重于研究硅谷人的工作、身份和他们生活的社区，其中一部分项目获得了美国国家科学基金会的资助。通过加入 2012 年到 2016 年间新的访谈和观察，我对这些材料进行了更新。得益于阿尔弗雷德·斯隆的资助，达拉、弗里曼和我花了两年时间密切地观察了 14 个工薪家庭，观察这些家庭的成员们每天去上学、上班，再到回家（Darrah, Freeman, and English-Lueck 2007）。2000 年至 2010 年，我和我的团队关注的是硅谷技术生态、清洁技术和绿色工程领域的一个新兴行业。像硅谷合资企业协会和硅谷领导者集团这样维持公私合作伙伴关系的组织都非常支持发展清洁技术，而像帕洛阿尔托研究中心（PARC）、谷歌和英特尔这样的组织也都积极地倡导推广相关技术。我开始在未来研究所工作，研究企业关爱行为对企业生产力和员工生活带来的影响。米里娅姆·鲁埃克·艾弗里（Miraim Lueck Avery）协同我们在圣何塞州立大学的团队和未来研究所，一起研究的则是食品系统——尤其是有机食品和可持续食品如何影响企业员工的生活，以及他们所处的社区（见 English-Lueck & Avery 2014）。在这些项目中，我们收集了超过 320 个人的生活经历，他们来自不同的阶层，有不同的性别，他们的出生地文化各异，民族和职业也不相同。通过他们，我们得以窥见硅谷生活的一角。我们还采访了硅谷的临时工、行政助理、清洁工和装配工。我们同许多工程师、设计师、研究人员和管理人员进行了交谈。我们既采访了创业公司的员工，也采访了老牌企业的员工。我们参观了国家实验室，比如斯坦福直线加速器中心（SLAC），也参观了小型机器商铺，同他们的研究人员和机械师们交谈。我们既见到了作为工程师的母亲，也见到了作为家庭主妇的母亲。我们采访了退休人员和大学生。我们走访了健身馆、餐馆、教堂和学校，并且和里面的工作人员交谈。我们还采访了营销人员、政治说客和媒体工作者，因为正是他们塑造了硅谷的形象。我们采访了发明家、投资者和倡导者、黑客和制造商。我花几天时间参加了一些活动，比如清洁技术开放创业竞赛和许多其他的产业性活动，并且继续观察。我还参加了一些标志性的活动，目睹了苹果公司的代表人物史蒂夫·沃兹尼亚克主持第一届硅谷动漫展，在这里，"科学与幻想相遇"。

在进行这些项目的时候，我们和很多机构的工作人员都聊过，他们来自奥多比系统（Adobe Systems）、高级技术人员公司（Advanced Technical Staffing）、苹果电脑公司、阿斯彭研究所、@家庭网络（@Home Networks）、思科、缓和技术公司（Detente Technologies）、脸书、富士通、谷歌、惠普、英特尔、未来研究所、来福车应用、密涅瓦网络（Minerva Networks）、噪音桥黑客空间（Noisebridge hackerspace）、帕洛阿尔托研究中心、仁科/甲骨文、菲尼克斯（Phoenix）、品趣志（Pinterest）、斯坦福大学、特斯拉、UE 用户体验、赛灵思公司，以及家庭式创业公司。我们也和那些被派往前哨站的人聊天——他们被派往雀巢、爱立信和当时的戴姆勒 – 奔驰公司，来学习硅谷文化。我们还采访了一些非营利性组织的工作者，他们来自 ARIS 信息系统、社区行动中心、未来研究所和硅谷可持续发展研究所。我们还访问了硅谷市政府的专业工作人员。

虽然在进行每个项目时我们都有一套独特的研究方案，但是大体上我们的研究方法是一致的。我们是人类学家，所以我们会使用人类学的研究方法。我们会记录人们在采访、讨论和"官方"公开文件中所说的话。我们大量地进行民族志访谈：根据研究问题大纲，我们聆听被访者的回答，探究细节，也渴望知道背后运行的规则和故事。如果我们提出的是关于身份的问题，"我是北加州人"这样扁平的答案绝不会让我们满意，我们会追问对方，直到对方能够准确地定义自己的身份，告诉我们他们是在何时确认了自己的身份。我们还要继续探寻人们认可自我身份的程度——他们何时认定自己是"北加州人"？又要向谁说明自己"北加州人"的身份？在做这些工作的时候，我们依靠的并不仅仅是文字，我们还要仔细观察他们在工作和家庭中的表现——记录他们使用的物件，并且让他们解释这些物件对他们意味着什么。

我们在进行"工作空间内的考古学"，因此要确认实物物品的位置并且对其进行讨论。民族志学者要走进信息提供者的每一个生活区域，不管它是办公室小隔间、开放式办公桌、农场、厨房、实验室还是装配车间。物件就像活文物，每一件人工制品都富有意义。地板上那堆文件是关于什么内容的？它和桌子上的文件有什么不同？照片里的人是谁？为什么会有三种形式的日历？墙上的大日历上没有字迹，电脑里还有个日历，日程本也是日历。这三种日历上各自标着什么样的信息？谁有权利在共享日历上给你增加会议？请给我讲讲那幅讨论权力进化的漫画吧，它画的是一组脚印，一开始是一双赤足，然后是一双男士正装鞋，最后是一双女士高跟鞋。家庭办公室里有一把吉他被小心地放置着，我们要根据它发问，它代表着某个人对音乐热情的态度，它不仅证明此人会用音乐舒缓心智，而且这个问题本身也为我们了解他写的歌提供了契机。将高塞拉利昂湖的图片设为屏保，说明在某人的想象中他正在经历低潮，或者说明某个家庭搬到了特拉基。在 20 世纪后期，有许多物品都是以实物的形式存在的。而现在，这些物品很可能都成了电子设备上的图像，这些图像同样能够唤起人们的某种情感。

我们在进行观察时会系统关注各种活动和互动过程，也会运用参与式观察这一研究方法。所谓参与式观察，就是通过我们自己在硅谷文化中的经验，来了解硅谷人遵循的各种规则和一些限制因素。在做研究时，我们已经把自己完全沉浸在硅谷人的生活和整个社区当中。研究人员自己的生活和家庭，也成了研究数据的一部分。

汤姆·弗里克（Tom Fricke）是一名人类学家，曾研究过尼泊尔人和美国中部地区居民的生活。他说，当我们研究某种陌生的文化时，会想方设法地在其中找到我们所熟悉的文化点。而当"我们就在本土做研究"时，人类学家又必须想方设法地"找到显示文化距离之处"（2001 : 24）。在我的人类学研究之旅中，这两类研究我都做过——我在中国和苏里南两地研究过"遥远的他者"（distant others），也在熟悉的社区中研究过加利福尼亚的整体机能理疗师。我发现，当我在硅谷和其他地方进行田野调查时，我并不能总是准确地预测出自己在哪里会感到"宾至如归"，在哪里又会感到特别新奇。在研究硅谷的过程中，由于它的文化语境于我而言是陌生的，因此我有意识地努力在这个技术饱和、企业资本主义盛行的地方寻找我所熟悉的东西。不过同时，由于我在中国、爱尔兰、新西兰等地的类似硅谷的高新产业地区做过研究，我也在其他完全不同的文化中生活过，这些经历让我很快在硅谷结识了与我年龄相仿的亲密好友，此时，我就需要与我的研究对象保持情感距离。随着新闻界发现"人类学家正在研究硅谷"，这种精神瑜伽现在变得更费力了。尽管我已经尽力去质疑自己的假设，收集有关硅谷文化的信息，但不得不说，我也已经成为定义硅谷的传媒机器的一部分。在自家后院进行民族志田野调查实在讽刺。"讽刺"这个说法其实很恰当，因为讽刺是我们的研究对象都很欣赏的一种态度。和人类学家聊天也让硅谷人有机会反思自己的文化实践，在交谈时，他们常常会懊恼地重新评价他们做出的某个特定选择或者参与过的某个特定事件。反过来，我也已经成为我所研究的硅谷文化的一部分，在给女儿买智能手机的时候，或者尝试体验一种从日本舶来的有趣文化时，我不可能意识不到这一点。

　　未来的硅谷会是什么样子？我对这个问题颇为着迷，它甚至一直在我脑海中挥之不去，正如我一直想要理解，人们的想象力和意愿如何影响他们做出的选择和计划。硅谷如何展望自身的未来图景？它又会付诸怎样的行动去实现那些图景？我目前在研究硅谷"民族志现况"，我进行观察的这段时间，也只是硅谷的一个小小片段而已。因此，除了密切关注硅谷人日常生活的细节，倾听人们讲述此时此刻硅谷发生的故事，我还利用了一种研究技巧，来探寻人们未说出口的那些关于硅谷未来的设想，以及他们的价值观。我让他们根据自己的亲身经历谈谈对硅谷未来的看法（见 English-Lueck 1997；Textor 1985，1995）。在考虑硅谷未来可能造成的影响时，帕洛阿尔托的非营利性智库——未来研究所是我的主要研究拍档，我们都对人们的经历以及文化变革的动因很感兴趣。未来研究所也已经在自己的研究方法当中纳入了民族志和人类学。未来研究所、我以及我的研究团队一样，总是不断地发问："接下来会发生什么？"

硅谷的民族志素描

这个地方

具有讽刺意味的是，尽管硅谷是"虚拟现实"之都，但它的现实地理位置却非常重要。硅谷位于环太平洋地区，连通亚洲、墨西哥和拉丁美洲地区。硅谷是一个典型的美国社区，它迎合美国政府的想法，支持高科技产业，从美国的大学和企业招募人才，也向本土市场销售产品。这也是一种美国文化——它赞美资本主义，颂扬个人功绩。

　　硅谷位于城市西部，从洛杉矶、波特兰和西雅图乘通勤飞机的话，只要一个短途飞行就能到达硅谷。硅谷为好莱坞制作的特效深受电影观众喜爱。喀斯喀特地区主要的高科技业务都是由硅谷与位于波特兰的英特尔公司、位于西雅图的微软公司合作完成的。对于在硅谷生活的市民来讲，更重要的是，无论他们是去内华达山脉滑雪，去北加州看红杉林，还是去太平洋的海滩上玩，都只需要一小段车程。所以，硅谷人在城市间穿梭，又时常去亲近自然，还接触带有亚洲文化的事物，这些都是美国"新西部"的文化特征。

　　加利福尼亚州的社会和自然环境颇为多元，硅谷亦是如此。加州绝非一个同质化社区。在加州内，既有沙漠，也有温带雨林；既有诸多山脉，也有平原谷地。硅谷所处的湾区同样拥有多样的地理环境。这里兼有湿地景观、山脉景观和沿海海岸。旧金山湾的南翼正指向硅谷。欧洲人一到硅谷就会感到失望。因为他们期待在硅谷看见别致的高山淡影，但迎接他们的却是两排被平原隔开的、雾蒙蒙的小山。圣克鲁斯山脉坐落在硅谷的西南部，那里遍布着橡树和针叶林；代阿布洛岭坐落在硅谷的东北部，整座山岭都被棕色的草皮覆盖着，人们还为它起了许多颇有浪漫色彩的名字，比如"苦难山"和"焦岭"。硅谷的心脏地带是一片方圆十几英里的平原，不过，在这片平原上，还有一些低矮的山丘。

　　无论是从地理、环境的角度看，还是从社会角度看，硅谷都属于旧金山湾区的一部分。硅谷位于内陆海岸，是典型的地中海气候，因此一年中的大部分时间里硅谷都阳光明媚，很少过冷或过热。硅谷的自然美景和温和的气候都是值得加以珍惜的"资产"（Joint Venture: Silicon Valley Network 1998：23）。硅谷做出的一项重要承诺就是保留空地，这具有重要的文化和政治意义。圣克拉拉县和圣马特奥县也保留了空地，它们特别保留了县内的水域、遗留下来的牧场和农场，禁止将这些空地改为商业用地（见 Santa Clara Valley Open Space Authority 2014）。北加州居民接受的文化就是，别活得像"那些南加州人"一样。"南加州人"不懂得欣赏自然美景，他们有的只是逛不完的商城和一片片郊区，这对北加州人来讲就像噩梦一样。因此，与北加州接壤的山脉地区都被排除在了商业开发之外。然而，尽管硅谷人以此表达他们赞美自然、热爱自然的情感，但是大部分时间里，他们都生活在人造世界中。高耸的装配式建筑、精心装潢的消费区和住宅区组成了这个人造世界。市内的高速公路非常拥挤，有时硅谷人也把它叫作"停车场"，你堵在上面的时间一分一秒地增加，通勤时间也随之加长。据估计，一年里一个人在交通拥堵上浪费的时间长达 67 个小时。而居住在圣马特奥县中心地区的 43% 的工作者都需要去另外一个县工作（Massaro 2016：70–73）。由于交通拥堵情况日益严重，越来越多的人开始乘坐加州火车（Caltrain，区域列车系统），或者使用旧金山湾区捷运系统（BART，旧金山湾区地下和地面快速交通系统）。又或者，许多人也像塔维、伊莎贝拉和艾伯特一样，开始骑自行车通勤。奇怪的是，人们一直不怎么使用人行道通勤，但是在通往当地公园的路上，佩戴着乐活智能设备散步、遛狗、在路上摆弄手机的人却随处可见。

这里的人

硅谷人主宰着当地的生活环境。1900 年时，加州只有 200 万人，现在已经超过了 3900 万人。不过，这里的人口分布并不均匀（U. S. Census Bureau 2015）。加州山脉地区和农村地区的人口加起来还不到 50 万，这 50 万人生活的区域面积跟宾夕法尼亚州差不多大。硅谷地理位置的核心区域内有 300 万人口，后因为纳入了旧金山和阿拉米达市的人口，硅谷地区的人口数量又增加了 250 万（Massaro 2016：6；U. S. Census Bureau 2015）。

变化的行业、无常的经济

如今，作为典型的高科技社区，硅谷的形象已经深入人心。在这里有成千上万家高科技公司，支持着高科技产业的多样化发展，其中还不包括那些由深夜软件开发人员和公司散工组成的庞大的非正式经济组织。我们没有办法精确地计算在硅谷有多少家创业公司、家庭式企业，有多少小型商贩和个体经营者，这个生态系统实在太过庞杂。尽管如此，根据大多数人的估计，硅谷应该有上万家"高科技公司"。在硅谷，仅创业公司就有 16500 家（Gauthier, Scheel, Hug & Penzel 2016：19）。诺亚和夏洛特开了 8 家创业公司，且都运营良好。在这 8 家公司中，有 6 家公司的业务都是在他们位于库比蒂诺山的家中进行的，只有两家公司的业务在外面的办公室里处理。夏洛特说："大部分情况下，我们会花六个月到一年的时间去大力推进公司里的业务。我们有想法了，就创建个公司，然后玩命往前冲。我们要做的就是在六个月或者一年以后，继续观察它们的发展情况。"在这8家公司里，有一家公司沉寂了多年，但如今，它又迎来了利好的市场。夏洛特还是多家非营利组织的董事，她和诺亚还都在计算机历史博物馆承担志愿者工作。那么，他俩到底在哪里工作呢？他们有多少份工作？因此，任何对高科技公司进行精确普查的尝试最后都会以获得模棱两可的答案而作罢。

没有任何一个核心代理商、公司或技术部门能够在硅谷拥有垄断地位。在这里，有的公司设计电脑，有的公司编写运行电脑的必要软件，有的设计、制造和测试计算机网络以及电话系统，有的设计电脑进行运算时需要的组件，有的在追踪人类基因组，并将获取的信息转化为可用的软件。在这里，工程师制作移动设备，设计师为设计出的产品生成界面，用户体验研究者则会测试用户的注意力以及人与产品的互动过程。奥多比、苹果、思科、易贝、脸书、基因泰克、谷歌、英特尔、贝宝、特斯拉、推特、优步和星佳（Zynga）都在大硅谷地区开设了自己的公司。美国宇航局的埃姆斯研究中心（NASA Ames），斯坦福直线加速器中心和其他国家实验室都在硅谷投入重金、实践科研项目，接收一届又一届的实习生。在大硅谷里研发出的专利占美国所有专利的 15%（Massaro 2016：33）。美国专利局（U.S. Patent Office）在圣何塞专门设立了一个分支机构，以便处理这些源源不断的发明成果。英国工程师斯坦说："硅谷的公司涉猎广泛，涉及的产业多样，世界上没有任何地方能够与之媲美。我认为，公司之间有无数种方式能够碰撞在一起，这正是硅谷唯一的，也是最独特的地方。当然，也正是得益于此，硅谷才能吸引各种人才汇聚于此、对号入座，填补那些岗位。"

　　硅谷人依靠高科技经济生存，但是高科技经济很容易受到经济衰退的影响。因此，尽管高科技经济会在经济上升期表现强劲，但它也更容易在经济衰退中遭受挫败。从我开始在硅谷推进硅谷文化项目至今，我已经见证了三次剧烈的经济波动，而且其间小幅度波动不断。1992 年 7 月，美国经济举步维艰，圣克拉拉县的失业率为 7.4%。当时，由于军事封锁、生活成本持续增加、企业经常裁员和重组，当地劳动力饱受困扰。在就硅谷未来这一话题进行的最早的那一轮采访中，我们感到，被访者对硅谷的未来仍暗含一丝怀疑，他们缺乏安全感。然而，这种情况到 1995 年时开始不断被改变。高科技产业抬头，无数新的软件应用程序出现，微处理器技术获得突破，电子网络产业诞生，这些现象预示着硅谷将迎来繁荣。到 2000 年 10 月时，硅谷的失业率仅为 1.7%（Steen 2000：1C）。高科技行业繁荣的风潮广为人知，不过，之后互联网泡沫破灭也同样弄得沸沸扬扬。一时间，裁员人数高达数万（California Employment Development Department 2001）。硅谷对这次的经济衰退感受尤为强烈，其影响之大甚至超过了加州的其他地区。后来虽然经济迅速复苏起来，但 2008 年的全球经济衰退还是将许多人挤出了硅谷的劳动力市场。2009 年，在经济衰退最严重的时候，硅谷的失业率高达 10.5%。但到 2015 年时，大硅谷的失业率就已经下降到了 3.5%（Massaro 2016：18）。对于富裕阶层来讲，从经济重创中恢复过来更容易一些，因此，经济在繁荣和萧条之间来回循环实际上加剧了硅谷地区的贫富分化（Bohn &

Danielson 2016：5）。普通工作者和他们的家人必须非常努力，才能适应硅谷不稳定的经济环境。

技术转型

不同行业在不同的时期会引进不同的人才，硅谷也一直在一波波浪潮中淘洗人才。约瑟夫·熊彼特（Joseph Schumpeter）认为，硅谷的经济循环会"破坏创造力"，因为在这样的经济周期里，某个行业可能会先迎来繁荣，然后趋于稳定，最后被另一个行业取代。硅谷展现的是一幅在连续的成功浪潮中冲浪的图景，防务承包、集成电路设计、个人电脑和互联网软硬件开发就是其中一个又一个的浪潮（Henton 2000：46-47）。"技术弹性"（technological resilience）这一神话带来了持续的发展动力。移动技术——智能手机和平板电脑，以及物联网，涉及汽车、环境传感器、健康和厨房设备——有望在未来创造出更多的利基市场。

这一图景带来的产物之一就是产业多样性——尽管所有产业都与技术相关。至少有 50 个行业组成了"前沿行业"，从航空航天到无线通信均有涉及。硅谷有 30% 的员工在"前沿行业"中工作，这一占比为全美最高。旧金山以 14% 的占比紧随其后。旧金山主要专注于计算机系统设计、软件和相关研究，而硅谷的南部核心区域则涉猎所有前沿行业（Muro, Rothwell, Andes, Fikri, & Kulkarni 2015：3–5）。直到 20 世纪 80 年代，美国的金融和法律服务还都集中于旧金山附近。之后，金融服务业开始向南迁移（Kvamme 2000：72），与社交媒体和移动应用相关的产业则搬到了北方。值得注意的是，各个企业创造性地开拓了不同的领域，比如，它们将计算与生物科学结合，创造出了生物信息学；再比如，它们不再使用台式机开发软件，而是转向了网页设计。硅谷人也同样在不同的行业间来回穿梭，为下一波发展浪潮做好准备。

最初的故事

硅谷也有一段神话般的历史，这段历史强调了硅谷与高科技产业之间的联系（Starr 2005）。在美国的大萧条时期，学者弗雷德里克·特曼（Frederick Terman）在斯坦福大学电子工程系担任主任，二战后，在特曼的推动下，成立了斯坦福工业园区。他构成了这个神话的一部分，也解释了为什么硅谷会强调技术创新、培养企业家精神。1938 年，威廉·休利特（William Hewlett）和戴维·帕卡德（David Packard）在一间车库里为华特迪士尼公司的《幻想曲》（Fantasia）设计了一种新型的音频振荡器，现在，这间车库也已经被神化，成为州级历史地标。第二次世界大战和冷战时期签订的防务合同支持着硅谷开展了许多关于技术创新的研究，还建成了许多研发基地。

1956 年，威廉·肖克利（William Shockley）与他人合作，在贝尔实验室发明了晶体管。之后他回到帕洛阿尔托创建了肖克利晶体管公司。他粗暴而专制的作风很快疏远了自己招徕的八个帮手，这八人纷纷想要跳槽，时称"叛逆八人帮"。最后他们离开肖克利公司，加入了仙童相机和仪器公司，后来，这家公司创立了仙童半导体公司。在 1959 年到 1979 年间，仙童半导体公司又创办了 50 家新公司，包括超威半导体公司（AMD）、英特尔和美国国家半导体公司。在 1969 年的半导体会议上，95% 的与会者——当时几乎所有人都是欧裔美国男性——都曾在他们生命中的某个时刻为仙童公司工作过（Saxenian 1994：30）。

在 20 世纪 50 年代和 60 年代，各种研究设备如雨后春笋般涌现。通用电气、国际商用机器公司（IBM）、国际电话电报公司（ITT）、洛克希德公司（LMT）、飞歌福特、美国宇航局的埃姆斯研究中心、斯坦福研究所（SRI）、欧司朗、西屋电气和施乐（帕洛阿尔托研究中心）都在硅谷开发自己的设备（见 Saxenian 1985：24；Rogers & Larson 1984：44；Winner 1992：40）。斯坦福直线加速器中心成立于 1966 年，吸引着来自世界各地的众多物理学家（Winslow 1995：3）。

1971 年，记者唐·赫夫勒（Don Hoefler）创造了"硅谷"这个词，硅谷自此成为一个象征，全球各地都开始效仿建立类似的科技高地（Saxenian 1994：179）。在美国国内和在国际上相继出现了许多新的技术型社区。例如，俄勒冈州的波特兰（硅森林）；得克萨斯州的奥斯汀（硅山或硅草原）；阿尔伯克基（硅台地）；渥太华（北硅谷）；印度的班加罗尔（硅高原）；中国的台湾（硅岛）；爱尔兰的都柏林和北爱尔兰的贝尔法斯特（均称硅码头）；英国剑桥（硅沼）；以及新西兰的惠灵顿（硅惠），后者是维塔工作室的所在地。

尽管硅谷在高科技产业方面的声誉早已确立，但苹果电脑创始人史蒂夫·乔布斯和史蒂夫·沃兹尼亚克的车库发家史又一次证明：人们能够凭借创业和创新精神发家致富。在 20 世纪 70 年代的最后五年里，得益于个人电脑革命的兴起，硅谷的就业基地数量增加到了原来的 3 倍。虽然人们一而再再而三地使用"淘金热"这个比喻来形容硅谷的金融前景，但严格来说，这个比喻并不准确。硅谷并不是依靠丰富的矿产资源走向繁荣的，它依靠的是专业人才密集型网络，在那里工作的人们掌握着各种技能，技术十分熟练，且流动性高，硅谷人将这种人才网络视为自身的"增值价值"。人们认为，硅谷人置身于不同的文化之中，需要和各种技术专家打交道，仅就这一点而言，他们就会有更高的生产力，做事也会更高效。因此，硅谷真正的宝库是社会资本，它源自于每一个身处硅谷的知识工作者。

工作场所

在硅谷，高科技工作场所数以千计，内部相互交错，关系十分复杂。优兔（YouTube）由前贝宝公司的员工创建，它是一个视频分享网站，现在是谷歌的子公司。优兔网站上的内容来源于广播媒体和用户自创。得益于内容生产者的创造力以及消费者的持续关注，优兔获得了蓬勃发展。消费者有时也是内容生产者，二者之间的界线没那么分明。除了负责相关法律问题和技术问题的公司，还有一堆专门为优兔做广告工作的供应商。有 127 家公司跟优兔签订了研究和分析类项目合同不足为奇，但跟它签订广告合同的服务商竟然也有这么多。有些广告服务商专攻投放在移动应用程序上的广告，有的专注于桌面网页设计。不过，并非所有的服务商都在硅谷生活，这种特殊的就业链可以展示出硅谷人才网络的复杂性，也说明了为什么硅谷的就业机会增长时机是不确定的。不过，所有已进入就业市场的全职员工和签订合同的工作者都得吃饭、娱乐，他们也需要自己生存的空间。这样一来，就催生出了更多的就业利基市场。

公司需要有经验的工作者来填补新的就业岗位。高科技产业的领袖们向移民归化局和国会申请增加发放特殊专业人员/临时工作签证（H-1B）的数量，以便从印度、中国、加拿大、菲律宾、韩国、日本、英国、巴基斯坦和俄罗斯引进技术人才。人们涌入硅谷，走进各个行业，共享工作盛宴。硅谷的经济增长在很大程度上归功于大量的移民。在硅谷，有96%新入职的员工是在国外出生的。在计算机和数学领域，国外出生的员工比例高达73.6%（Massaro 2016：12，15）。

技术占据首要地位

加州人会使用硅谷研发出来的技术，当然，整个美国也都是如此。全美有85%的成年人都在使用互联网。而加利福尼亚成年人的互联网使用率更高。在旧金山湾区，有92%的成年人使用笔记本电脑、手机、台式电脑、平板电脑、游戏机和电子书，这些设备都需要接入网络（Baldassare, Bonner, Petek, & Shrestha 2013：7–8）。在湾区受过良好教育的、生活富足的成年人，不论他们属于什么民族，使用互联网的比率都会更高。这反过来会深化该地区的贫富区隔。

显而易见，技术在硅谷占据首要地位。在世纪之交，可能除科技创新博物馆外，弗莱斯电子产品公司（Fry's Electronics）

要比其他任何实体公司都更能展示硅谷的消费潜力。来到硅谷的外国政要都会被带到弗莱斯的门店。弗莱斯之前做杂货店生意，经过自我"改造"，现在成了名副其实的技术圣殿。弗莱斯出售的是"3C 产品"——电脑、部件和方便食品[①]（Langberg & Slonaker 1997：1A）。如今，这种消费冲动延伸到了互联网上和家庭之中。在艾伯特居住的那间集体公寓里，弗兰克刚刚安装了一个全方位网络摄像头，通过这个摄像头，他们能够观察到每一个来家里的人。他们没有妄想症，也不想以此来打造全景监狱，监视每一个来访者。他们装这个摄像头只是为了方便网购收件。每天，至少有 15 件快递会送到他们公寓门口。有一些东西是从亚马逊和易贝上买的，或者通过互联网上其他不知名的渠道购买的。还有一些快递是在网上杂货店或食品递送应用程序上下单后发送过来的。在安装这个网络摄像头之前，每当有访客上门时，他们各自待在房间里自己最经常待的位置，可能是在沙发上、椅子上或者走廊里，没有人知道访客究竟是找谁的，所以他们都希望别人能够从自己宝贵的工作时间里腾出手来，去给访客开个门。有了这个网络摄像头，大家就知道门口站的是谁了，他们希望通过这个摄像头对号入座，在有人拜访、决定自己要不要起身时能够反应得更迅速一些。这可以说也是个实验。

技术的运用与硅谷人的工作息息相关，技术是硅谷生活的基石。在进行田野调查的时候，如果我们询问的是关于技术的

[①] 因三个词对应的英文首字母都是 C。——译者注

问题，我们最终听到的会是关于工作的故事。如果我们问起的是家庭，听到的也是关于工作的内容。硅谷话题的核心就是工作。工作很重要，工作场所也很重要。工作能向我们解释为什么一个孩子需要电脑，因为他要为未来走上工作岗位做好准备。这样一来，在家办公现象的出现成了必然。比尔早在1995年的时候就说过，家里应该有一台电脑，这样的话他就能在家里工作，也就是说，他觉得在家办公能帮助他获得事业上的成功，但这其实是一种错觉。因为很快，每个人家里都有了一台电脑，比尔家放一台电脑也只不过是和大家保持一致罢了。现在，人们会在"家里的电脑"上安装好自己在工位电脑上使用的各种程序。大约三十年前，杰夫就注意到，他在家里做着"工作中才需要做的工作"，完成雇主布置的任务，除此之外，他为了迎合市场需求，还在努力地提升自己的技能，并且还在为工作建立广泛的社交圈子。如今，这些行为已经成为了常态，不仅在硅谷如此，在其他地方也是如此。

无处不在的工作

在硅谷，目之所及都是工作组织。尽管高科技公司数以万计，各不相同，但思科、苹果、脸书和谷歌这样的大公司才是硅谷的重量级角色，很多硅谷人都为之工作。这些大公司的做法会影响到人们对其他工作的期望。高科技工作是很与众不同的。大部分高科技工作都是知识工作，公司的员工常常需要在国际间的庞杂的网络系统上接收、操作和传递信息。高科技工作在很大程度上依靠的是创意，仅凭生搬硬套不太可能做好工作。因此，仅靠观察，不太容易判断某人是否正在工作。创意类的工作是出了名的难以监督，所以在这里工作的人们经常会摆出自己在努力工作的样子，以证明自己确实在工作。表演也是工作生活的一部分，个人和团队会持续工作很长时间，时不时地讨论工作中遇到的问题，以此来展示他们投入工作的精神。他们的目标是"提高工作表现"（enhanced performance），这一使命感也使他们致力于把工作搬到生活中的各个领域里去。这是一位尽职尽责的母亲亲自设计、亲手缝制出的衣服，绝不会像那种商店里买来的万圣节服装。那个科学项目也和学校安排的那种活动不同，而是孩子展示激光技术的机会，恰好也映射了父亲的职业。甚至每一次通勤都成为创造更高效路线的机会——通过使用"更智能"的驾驶技术，或者借助智能手机GPS（全球定位系统）应用程序，再节省几分钟时间。

工作会以各种有趣的方式进入人们的生活。我们知道，企业都会使用迈尔斯－布里格斯量表（Myers-Briggs Inventory）这样的评估工具。这是一种根据个人认知方式和处理关系的方式将员工分类并进行评估的一种工具。人力资源部门会通过它来组建不同的身份组，以便进行管理。格雷戈里告诉我们："我用过迈尔斯－布里格斯量表，而且我特别爱用它。我发现，不论我是在开会，在酒吧里，还是在其他任何合适的地方，只要有时间，我都愿意尽我所能地向别人解释这个量表是如何运作的，它能为我和他人创造共同语言……比如，如果你在和新认识的人约会，那么你如何得知他到底怎么样？你俩合得来吗？……看吧，这是他的性格类型，这是我的性格类型。这是他俩合拍的地方，这是他俩会产生分歧的地方。"工作就这样渗透进了社会结构之中。我还观察到了其他的例子。例如，有两个人只是因为自己的孩子才认识的，他们并不相熟，当他们在公园里碰见对方的时候，会跟彼此分享自己的工作经历，直到找到两人的共同联系。

双方这种对潜在关系的探索让我想起人类学里一个经典的例子。想象一下，一个图阿雷格（Tuareg）[①]战士和他的随从在北非的西撒哈拉沙漠中遇到了另一群人。首先，他们要弄明白，这些"陌生人"是否有宗教信仰。他们遵守律法吗？或者，他们会不会因为无惧上帝而有可能攻击他们？接着，双方会谈论自己最近睡过的营地，这能帮助他们间接地判断彼此之间是否有关系、有什么样的关系。一旦把对方的身份搞清楚了，并且确定彼此应该不是敌人，他们就可以交流有关各种资源的信息。他们之间是何种关系、关系的深浅会决定他们彼此合得来的程度（Youssouf et al. 1976）。从这个角度看，在库比蒂诺[②]酒吧里和别人讨论迈尔斯－布里格斯型性格量表，同由于孩子的缘故才结识的、两个不相熟的人在公园里交流工作经历，也没什么太大的差别。

全球化的人口

工作还影响了硅谷的人口结构。在 20 世纪 90 年代初，大

---

① 即西撒哈拉和中撒哈拉的柏柏尔人。——译者注
② 苹果电脑全球总公司所在地。——译者注

部分较低教育水平和收入水平的打工者都离开了加州，前往美国其他经济发展速度更快的地区。到了21世纪初，移民人数趋于平稳。不过，也是在21世纪这最初的十年里，一部分受过良好教育的人、生活富足者和在国外出生的人都迁到了加利福尼亚（Johnson 2000：1-6）。而且这波迁徙浪潮还在继续。硅谷展现着人口的多样性——在硅谷，有35%的居民属于"白人"这个在民族上很难界定的人口范畴，32%的居民是亚洲人，26%的居民是拉美裔，只有2%的居民是非裔美国人，不到2%的居民是印第安人。在圣克拉拉县，有超过37%的人是在国外出生的，而在全国范围内这个比率只有13.3%。同样是在圣克拉拉县，有三分之二的孩子其父母双方或其中一位是在国外出生的（Weiss et al. 2015：3）。与此同时，美国国内的净移民数量正在减少，这反映出，生于美国的移民工作者面临着生活成本问题（Massaro 2016：6，11）。

有些美国人是"南方人"或"加利福尼亚人"，他们明白，各个地区都有各自的饮食体验、关系风格，以及各自的文化期望，生活在各个地区的人获得的是不同的生活体验。对许多人来说，湾区本身就定义了一种身份：这是一个充斥着自由思想、拥有许多多元文化餐馆和鼓励自我创新的地方。对于一些人来说，尤其是那些在高新技术行业工作的人，文化指的就是"硅谷文化"。硅谷的文化就是，你的工作会决定你的价值，建立这种文化身份的基础是硅谷的生产技术以及人们对快节奏和开放态度的拥抱。从理论上讲，它将"个人成就重于贫贱的出身"这一理念表现到了极致。人们都喜欢励志故事——也就是说，个人能够凭借努力，流动到社会上层。汤姆是一位身居高位的总经理，他跟我们讲道，他的所有同事原本都是来自不同国家的工人阶级，但是，他们像是英才教育故事里的主角一样，现在都来到硅谷为成功而打拼。人们宣称，在这里，机会面前人人平等，不论国籍、阶层或性别。然而，我们还是能够发现一些差别。机遇对于清洁工、行政人员、工程师和高科技行业的高管来说，还是很不同的。

虽然城市和城市在细微之处不尽相同，但旧金山湾区和加州的总体人口状况还是很相似的。硅谷就像一个被分为两部分的巨大村庄，两个分部相互补充，组成了硅谷这个整体。这里一半居住着那些在当地出生的人，他们可能世代居住于此。他们在硅谷的生活经验、对硅谷的看法，和那些来自艾奥瓦州或印度的移民截然不同。后来者的脑海中对硅谷有一番特别的遐想。随着越来越多的人来到硅谷，投身于高科技经济，适应这里的生活，受访者口中的"硅谷文化"演化成了一种独特的生活方式——按照彻瑞斯的说法，这是一片"技术之地"。彻瑞斯是一位接待员，也是一名按摩师。许多旧时的居民只是模糊地意识到硅谷文化的存在；而另一些人则将其等同为大量的就业机会，这些机会能使他们在生活成本不断上升的情况下维持生计。来自美国中部的移民们心怀遐想。即使他们会在加州遭遇文化冲击，物价也贵得惊人，但他们仍觉得，硅谷充满了无限机遇和技术魅力。

全球人才为硅谷提供了大量的专业知识与支持，使硅谷得以发展自身的产业。我们最早的那批采访对象注意到，硅谷完成了从生产杏子到生产先进技术的戏剧性转变[①]。长期居住在这里的居民发现，1965 年后，新亚裔和拉丁裔移民涌进了这个多元社区，为此他们感到喜忧参半。有些人接受了这些变化，而另一些人则为这幅新的民族杂糅景观感到不安。最初，吸引一拨拨国内外移民来到硅谷的因素是农业，那时，有些葡萄牙人、日本人、墨西哥人和菲律宾劳工留在了这里，有一些则只是过客而已（Matthews 1976；Ignoffo 1991）。1965 年后，又有新一拨人来到硅谷，他们是学生和专业人员，其中一部分人留下了，不过即便如此，他们也时常返回故土，往返于两地之间，有些人把家人也带来了，自此，一个人口混杂的社区便形成了。越南难民和不断涌入的墨西哥和中美洲移民更是为硅谷的人口多样性增加了色彩。

在硅谷，民族文化对人们的重要性各不相同。对有些人来说，它是自我身份、社会联系以及政治活动的来源；对于其他人来说，民族文化是一个几乎看不见的背景，在这种环境中，个人对民族问题的关切更为重要，因为它会影响人们对民族问题的感知。在外国出生的人会认同他们原来国家的文化，这一点毫不奇怪。正如我们预想的那样，许多美国人认为，文化就是传承，它传承的是本民族的遗产，这种观念根深蒂固。尤其是对少数民族来说，文化就是身份认同的基石。西班牙文化与食物、家庭互动关系、生活目标以及思维特质息息相关。西班牙语就像是一种视角，如果一个人不会说西班牙语，他就不会通

---

① 硅谷曾是美国最大的杏子产地。——译者注

过这种视角看世界，那么他就不是西班牙人。对另一些人来说，民族遗产只是一个遥远的事实——多年以前，他们的祖先挪威人来到这个几乎无人记得的中西部小镇，这跟个人身份没有多大关系。在我们的采访中，人们偶尔会顿悟，就像莉亚突然意识到，她的门诺派背景也许帮助了她，让她今天成为了这样一个勤奋工作的人。

这样一个复杂的社会环境会给人们的工作和家庭生活带来方方面面的影响。汤姆是一位高层经理和工程师，他回顾了多元化如何对他的家庭造成影响：

> 我们的女儿……有过一堆男朋友。她最早和一个以色列人交往，那个男孩家在以色列，他是随公司到硅谷的……她的下一个男朋友是一个典型的盎格鲁－撒克逊裔白人新教徒①，来自帕洛阿尔托，那个孩子的父亲是一个医生……她的下一个男朋友……是越南人。下一个是个比较普通的美国中西部男孩。她现在的男朋友是个中国人，他有可能会成为我的女婿。我一直开她的玩笑，我说她还需要几个来自地中海国家、非洲和南美的男朋友，这样她就能集齐世界各地的男朋友了。

在汤姆工作的地方还存在性少数群体，这更让他感到，每个人都是不同的。巨大的阶层差异、民族和国家移民的多重性特征、

---

① 原文为 WASP，指北美中上层白人。——译者注。

企业文化、职业身份和个人激情——比如追求自然疗愈和精神进化——这些因素使得汤姆所处的社区变得更加复杂。汤姆还对他去的那所教会的地方特色进行了回顾:"我们第一次去那里的时候,教会决定宣布自身为无核区。我们刚来的时候,每隔一个星期天,都有一个来自……尼加拉瓜或洪都拉斯的反政府武装代表,他会为我们布道或者提供服务。"

当代的硅谷高科技产业吸引着来自多元文化的劳动力。在世纪之交的时候,硅谷公司里一个典型的团队的工程师分别来自孟加拉国、加拿大、中国、埃塞俄比亚、印度、伊朗、日本、韩国、菲律宾、越南和美国本土(Lewis 1993 : 22A)。尽管目前在外国出生的所有技术劳动者中,来自印度和中国的人数最多,但随着这些旅居者的子女(其中许多人现在已成为移民)进入劳动力市场,硅谷的人口结构变得更为复杂。祖籍文化、国籍和种族划分会将所有劳动人口分成不同的等级,这种等级制度还在继续生成。来自亚洲的移民自己组建了一个多元化群体。精英阶层、受过高等教育的中国香港人、南亚人、日本人和早期的越南移民属于一个阶层,他们将自己与后来的、受教育程度较低的越南人、柬埔寨人和南亚人区分开来。来自欧洲和以色列的工程师们获得的工作岗位更好,因此他们的薪水更高,地位也更高。而墨西哥人则和受教育程度较低的加州本地人一起在制造业工作——他们之中既有合法移民,也有非法滞留者。我们可以从高中毕业率里看出民族间的差异——亚裔和欧裔的青少年贡献了主要的高中毕业率,比太平洋岛国居民、非裔美国人、拉丁美洲人和土著美国人的高中毕业率高出 20%

（Massaro 2016：47）。男性主导了知名科技行业，这一领域工作者的男女比例为 7：3。只有 2% 的谷歌员工是非裔美国人，3% 是西班牙裔，还有 4% 的员工是混血儿（Harkinson 2014：1）。在硅谷的场地维修工人、保安和清洁工之中，四分之三都是少数族裔（Working Partnerships 2014：2）。这里面甚至不包括美国印第安人。在 19 世纪到 20 世纪 90 年代的传教时期，土著美洲人所处的小型欧隆族（Ohlone）① 社区发展壮大起来，出现了很多城市印第安人，他们走向了各行各业，其中有一小部分人成为了科学家和技术人员，但这个数字还在增加。20 世纪 50 年代到 80 年代，美国印第安人移民计划在圣何塞、旧金山和奥克兰等地开展。活跃在航空航天领域的洛克希德马丁公司（世界军用飞机市场的领军企业）就受益于此计划，吸收了印第安移民为其工作。硅谷的民族多样性和文化多样性体现在公民生活的方方面面，政治就是其中一个方面。

加州的社会政治格局很复杂。与民主有关的人口统计学要素包括民族、阶层和性别。欧裔美国人往往觉得，他们的民族身份对参与社会或政治生活没有什么影响，但其他族裔群体则认为，参与政治是解决社会问题的途径之一。有趣的是，尽管加州人更喜欢生活在本民族聚居的地区，但如果让他们生活在一个同质化社区里，或者让他们看见有些人怀有歧视态度，他们会感到不舒服（Cain, Citrin, & Wong 2000：29）。在湾区的

---

① 欧隆人，原名 Costanoans（意为"海岸居民"），是加利福尼亚北部海岸的美国原住民。——译者注

少数族裔群体中，有一部分人总是戴着有色眼镜看待任何和社会主义有关的东西，除了这部分人，这里的少数族裔都支持民主党，而且会影响民主党做出的决定。在湾区的其他地方、在硅谷，甚至在大硅谷地区，民主党都获得了压倒性的支持（Baldassare, Bonner, Kordus, & Lopes 2015）。然而，硅谷的政治生活跟湾区的其他地区存在质的不同。高科技产业的力量在各个层面上影响着政治生活。20世纪90年代，硅谷利益团体游说政府批准H-1B工作签证、推动教育改革，自此，人们开始将硅谷视为美国的一股政治力量（Kvamme 2000：74-75）。硅谷培养了一种独特的视角，它根植于这样一种观点：理性、信息、技术和不屈不挠的乐观精神能够帮助人们解决所有问题。我们似乎可以将艾恩·兰德式的自由意志主义①解读为推崇精英统治和个人主义。不过，同时还存在着这样一种信念，认为共同的目标和相互之间的交流会将社区捆绑在一起，大家能够以此获得共同进步，这种信念是对艾恩·兰德式的自由意志主义的有力抗衡。因此，硅谷的"进步"标签总让人想起启蒙时代的精神，这种精神将乐观主义转化成了激进的理想主义（Ferenstein 2015）。

二十年前，当我去圣何塞州立大学图书馆时，我发现了一条很能说明问题的手记。在一本满是灰尘的巨著的封面上有一

---

① 艾恩·兰德（Ayn Rand，1905—1982），俄裔美国人，20世纪著名的哲学家、小说家和知识分子。她强调个人主义概念、理性的利己主义，以及彻底自由放任的市场经济。她的政治理念被形容为小政府主义和自由意志主义。——译者注

行潦草的笔迹："这场运动并未死去，它永远活在此处。"在历史上，大萧条时代的社会运动主张由技术精英阶层来重塑社会。技术精英们想要铲除低效，在全球范围内重塑文化实践。所以，尽管这位不知名的、笔记潦草的人把话说得有点夸张，但是他的观点似乎已经体现在了硅谷的政治当中。

伙伴关系和极化

政府和私营企业都积极地投身于工作之中。地方政府、劳工权益倡导者和各行各业发展了伙伴合作关系，以便更好地为经济发展服务。硅谷合资企业协会倡导政府与企业合作，这一举措明显是想把硅谷打造成一个更利于企业发展的地方，甚至是一个后现代的"公司城"（English-Lueck 2000）。"公司城"这一现象历史悠久，主要出现在美国。以前，采矿公司和伐木公司迁往边境地区时，由于当地缺少各种基础设施，这些公司便修建了教堂和学校。为了让业主公司能够更好地运作起来，各种政治机构也因此建立了起来。在硅谷，政府与企业的合作体现在住房、教育等领域，医疗保健领域的合作则是一个重要的"社会创新"（Henton 2000：56，Squazzoni 2009）。

政府支持发展公私伙伴关系的一个明显的表现是，它在有意地发展清洁技术领域。2007年，在一个硅谷合资企业协会发起的活动中，阿尔·戈尔（Al Gore）面对硅谷人发表了一篇主题演讲，提倡在清洁技术领域积极创新、积极投资。尽管他热情高涨，但发展清洁技术的最佳时机已经过去了。2008年的全球经济危机阻碍了清洁技术领域的发展，不过，清洁技术特有的经济属性也变得显而易见起来。清洁技术的主要作用在于监测和提高能源使用率。这是一个需要长时间投入才能获得回报的领域，政策和政治因素也会左右它的发展。它的拥护者能够为它辩白，因为发展清洁技术可能带来公共利益，但是，它在获得商业利益上又很难说通，因为发展清洁技术的回报可能在未来十年才会显现。尽管如此，这个例子还是能够说明，硅谷的政治地位很特殊，而且仍在不断上升。看到全球变暖的数据以后，号召大家行动起来减缓气候变化是合理的。尽管号召研发环境交互技术解决环境问题看起来似乎的确是很不错的工程学解决方案，不过，硅谷这个政治共同体本身存在的其他问题仍然令人头疼。

硅谷有很多仍待解决的关键性政治问题，贫富差距就是其中之一。加州的收入差距仍在持续扩大。显然，这里存在着巨大的阶层差异。过去二十年里，硅谷的贫富分化程度加剧。2014 年，湾区家庭年收入处于最低 10 百分位的家庭，其税前年收入的中位数是 2.2 万美元，但这仍比位于中央山谷（Central Valley）和内华达山脉的家庭的年收入高出一倍之多。然而，那些排在湾区第 90 百分位的家庭的税前收入中位数为 25.2 万美元，比加州中部中产阶层的收入高出 10 万美元（Bohn & Danielson 2016：7）。每当最富有的阶层从经济萧条中恢复过来，贫富两极之间的差距就会更大一些，而且拉开差距的速度越来越快。在旧金山湾区，贫富差距扩大的速度比加州和美国其他地区都要快。然而，在湾区，贫富差距在加剧的同时也被掩盖了。湾区跟加州其他地区的不同之处在于，湾区的最底层群体也获得了更多的财富。然而，这个经济事实却没有指出，工人阶级为了能够支付得起硅谷不断上涨的生活成本，也付出了更多的努力。他们的生存策略包括，和他人一起租房，一家住多户，一户住多人，长途通勤（为了到距离很远但价格相对便宜的住房市场），还有一人身兼数职。那些能够获得高报酬的技术工人的工资能达到低收入者收入的 4 倍（Haveman 2015：3，15–16）。如果再把生活成本考虑进去的话，贫富差距就更大了。虽然客观上看最底层群体的工资似乎很高，但如果想在湾区支付得起最基本的生活费用，你的年收入应该达到 77973 美元。这个数字远高于那些处于第 10 百分位的家庭的平均收入水平（Weiss et al. 2015：3）。也就是说，如果按湾区最低收入来算，每个家庭成员大概需要打 4 份工才支付得起家里基本的生活费用。2008 年房市崩盘后，这里的住房却变得更加抢手，租金飙升，这又为收入处在后 25% 的家庭增添了经济负担。而处在前 25% 的人则享受着各种特权，一些新的、区分阶层的标志出现了，他们挑选着最好的食物，喝着最贵的酒。关于中产阶层化（gentrification）①的争论流行开来。随着硅谷的疆界扩展到旧金山、圣克鲁斯和阿拉米达，这片区域被更名为"大硅谷"。

　　当地贫富差距的一个具体表现就是住房紧张。在美国，中产阶层身份往往与自有住房联系在一起，但是在这里，中产阶层却无法用住房证明自己的身份。硅谷的中产阶层生活并不如

---

① 根据英国社会学家露丝·格拉斯（Ruth Glass）在 1964 年的定义，这一名词描述的是所谓的城市阶层，进入城市旧住区并对其进行修缮，最终取代原有低收入住户的现象。——译者注

意。一些机械师跟我们说，离硅谷最近的、他们买得起房的社区在 90 公里开外的特雷西，每天需要花 4 个小时通勤。一名叫杰克的职业指导员说出了他的忧虑：

> 我们在这里的生活质量下降了……我刚结婚的时候，每小时挣不到 5 美元，可能每小时只有两三美元，但我真的觉得日子过得还行。1968 年我升职了，每小时能赚 5 美元，当时 5 美元的时薪就让我过得很舒服了。我租的第一套公寓是 80 美元一个月。我是说，唉，那样的日子一去不复返了。现在每个人都得工作，但是好的生活质量却再也无法保证了。所有东西都真的太贵了。

即使对于高收入的中产阶层来说，住房也贵得让人望而却步。2008 年次贷危机之后，房价回弹，2016 年旧金山湾区整体房价已经回升至 70 万美元。在圣克拉拉县，一套抵押房屋售价的中位数高达 100 万美元，创下了高房价纪录。住房供应是有限的，因而竞争非常激烈，但是，随着经济适用房数目减少，买房竞争也逐渐放缓了。位于森尼韦尔的一处埃奇勒（Eichler）住宅[1]最近的成交价为 170 万美元，这座房子就和史蒂夫·乔布斯小时候在郊区住的那所房子差不多（Scheinin 2016）。这里的租房入住率高达 95%，这个数字是全美最高，当然，硅谷的房租也

---

[1] 即现代简约型住房。——译者注

是全美最高的（Scheinen 2016：8，9）。如果你在谷歌工作，想租一间一居室公寓，你平均每个月需要支付 2672 美元；如果你想搬到一个有两间卧室的公寓里住，你每个月就要支付 3609 美元！旧金山的平均月租金高达 3890 美元，而美国整体的平均月租金为 1123 美元。从统计数据来看，人们为了分摊个人租金，开始搬到一起居住，考虑到硅谷高昂的租金，这种合租行为就并不奇怪了（Massaro 2016：60–61）。中产阶层的专业人才们群居在一起，这样他们就能付得起一个带有好视野和大厨房的房子了。波动的高科技经济让人们很难有长久的安全感。人们在我们的采访中表示，拥有财富只是短暂的。财富可能只存在于纸面上，绑在股票期权上，或者被用于偿还高昂的抵押贷款。企业重组、项目中止和企业合并会威胁到个人的金融状况，决定它是否稳定。

　　我们的被访者认为，你可以从一个人是否有钱判断他的地位在你之上还是之下——这倒不是什么出人意料的观点。但更有趣的是去观察人们如何用钱达到自己的目的。人们再三表示，钱不是目的，而是一种途径，钱能帮助我们买到真正重要的东西，过上舒适的生活，从事创造性的工作。缺钱的状态会影响人们创新，阻碍个人独立。诺亚说："我意识到，钱能给人自由，让人去做自己想做的事情。比如，在我工作的地方有两个非常糟糕的上司，每天我都不想上班……但我脱不了身，因为我承受不起离开那家公司的后果。我得付房租，我还买了辆好车。我有房贷和车贷要还。"这让他下定决心："永远不会再将自己置身在那样的处境里……我跟自己说，从现在起，我要尽可能地多赚钱。"等他还完贷款、能够决定自己在公司的去留以后，他考虑的是："做什么事情能让我感到最兴奋？那些最有趣的事情是什么？然后，我从中选择了最最有趣的事情，按'赚钱最多到赚钱最少'的顺序给它们排序。"挣足够多的钱能让自己过得舒服；如果获得收入的中位数，处在高位，它就能帮助人们缓解生活压力，这是低收入群体无法企望的。

各行各业的工作者之间也存在地位上的不平等。在硅谷员工这一生态系统中囊括了各种职业——顾问、承包商、本国的临时雇员和专业公司的临时雇员。雇主们会对处于各个阶层的员工采取不同的态度，而员工们也都有自己独特的求职策略和保职策略。通常情况下，当硅谷的市民领袖们为劳动力短缺而烦恼时，他们指的并不是全体员工，他们主要关注的是技术精英和管理精英。

性别化劳动力

劳动力在本质上囊括男女两性，与此相伴相生的则是工作中的性别不平等现象。在那些技术实力决定个人地位的领域，人们将不可避免地看见性别不平等的问题。我们很难从私人公司那里获得人力资源数据。不过，谷歌公开了自己公司的相关数据，并鼓励其他科技公司也效仿这一行为，以便"开展对话"。数据显示，谷歌70%的劳动力是男性，在领导和高层管理阶层，种族和性别差异尤为明显（Harkinson 2014）。大约三十年以前，我听过一个流传甚广的笑话：大学的工程系里不修女厕所。现在，他们倒是给女性修建女厕所了，但是读工科的男性数量仍远远超过女性。圣何塞州立大学培养了当地大多数工程师。在 2014—2015 学年从该校毕业的所有工程师中，有 28% 的人是女性，而攻读教育专业的学生中 88% 的人是女性（Institutional Effectiveness and Analytics 2016）。如果你将教师和技术人员的赚钱能力和社会地位进行一番比较，你就会发现性别差异给硅谷劳动力带来的影响有多么显著。

技术的力量

权力差异体现在日常生活中的细节上。人们使用技术的方式就如同路标一般，指向其权力角色。人们与谁交谈，如何交谈？下午 2 点的时候，比起给同在大厅里的同事发送"行走邮件"，也就是和他面对面交谈，发电子邮件或语音邮件会更为可取——这是从什么时候开始的？人们是如何得知，你"可以"给公司总裁发邮件并不意味着你"应该"给他发邮件？在家庭内部也可以通过技术来表达权力关系，家里有些人期望可以常常拿着自己的手机，而家里却有其他成员有权利关掉他们的手机。父母可以通过给孩子送手机作为礼物的方式，来控制孩子。权力意味着与他人接触，同时又限制他人与自己接触。这一原则在工作场合更为明显。"效率"是指，更有权势的人通过利用别人的劳动来为自己的生活寻求方便。

有了技术设备，人们能够根据当下的需要来调整自己的工作。提前制定的计划往往让位于"即时"的解决方案。在危急时刻，下属将电子邮件和电话信息拼凑在一起，也能拯救一个没有为给客户展示而做好事先准备的经理。有了技术，即使一天的计划已经确定了，人们也可以临时调整自己的日程安排。既然有手机，为什么还要做计划？面对问题，人们可以借助如手机这样的设备来生成"即时"解决方案，这样他们就可以最大化地享受灵活的时间表。然而，尽管有些人能够从灵活的时间安排中获益，另一些人却需要为此付出代价。由于要适应雇主家庭中大人的工作时间，保姆必须要调整自己的家庭计划。此时，她是被改变的对象，而不是改变的发起者。所以说，权力很重要。

技术同样改变了家庭生活。即使面对的是相同的设备，不同的家庭也会用各自的方式使用它们：有时，它们会把一家人一同拉进游戏和各种活动中，创造一家人面对面相处的机会；有时电子智能手机则会把一家人隔离开来，抛进不同的轨道中去。格雷森·田喜欢收藏电子游戏手柄，他觉得这些东西很"酷"，但他从来不使用这些手柄打游戏，而他的孩子们却会用它们打游戏。得益于网络技术，凯特·田能够照看好三个孩子，顾好自己的家庭，她可以在家里购物。她丈夫做的是与生物技术相关的工作，在她丈夫工作时，她还着手做上了网上摄影生意。送礼物也会构建起联系。格雷森·田买了一台大电视，挂在壁炉上方，这让他妻子很懊恼。不过之后，格雷森·田把他那台老旧但仍功能齐全的电视机送给了他弟弟。在这一来一往间，两方得到的究竟是什么？人们运用科技维系家庭，营造家的氛围。在妻子过生日的时候送给她一个手机，这能体现出她的丈夫很体贴，不过这也微妙地传达出，夫妻之间需要确保能够联系到对方，这样才能维持好家庭秩序。格雷森送给凯特一台高档电脑，这表明他很支持妻子的网上摄影生意。

维系好与家人、朋友的关系

在硅谷，家庭至关重要。虽然确实有一些单身人士，还有一些夫妇没有孩子，但他们仍会同自己的父母、兄弟姐妹还有侄甥辈保持联系。我们在访谈中问到了关于如何度过节假日、举办庆祝活动等问题，在被访者的回答中，我们可以清楚地了解到，家庭对他们来说至关重要。他们经过深思熟虑，为重要的家庭成员和朋友精心挑选礼物。合适的礼物能够表达亲密的情感，并且传达出，即使当女儿的每天有乱七八糟的事情要处理，她和父母面对面交流的机会也变少了，但她确实还记得，自己的父亲喜欢看经典老电影，而母亲喜欢野花。

家庭可以是人们逃离工作的避难所，也可以是人们提高自身生产力的场所。人们同样可以将其他机构（比如俱乐部、教堂和学校）视为避难所，他们可以依靠这些平台和他人建立起有用并且有效的关系网络。不同机构的关系网络将人们联系在一起，这些网络偶尔会重叠，但能够打造关系的就是网络而非机构。关系网络为交换知识、建立信任提供了平台。社会学定义中的"社区"的特征之一就是关系网络密集，各种不同的联系还会加强这些网络（Castilla, Hwang, Granovetter, & Granovetter 2000：219–20）。

家人——有时是指父母和兄弟姐妹，但通常指的是配偶和孩子——除了包括家里人，还包括其他一些人。前夫、前妻和继子、继女可能在亲属关系上稍远一些，但他们仍是家庭生活中的一分子。认的亲戚，也就是人们的密友、孩子们的"阿姨"和"叔叔"，他们也是家人，这一点对于那些住得离血亲很远的人来说尤为如此。熟人圈里的人分为"交心的朋友"和"人生路上的同行者"。在这些朋友中，既有发小、同学，也有以前的同事。人们有时也会跟当下一起共事的人变得亲密起来，成为"交心的朋友"，而且，如果他们以前也做过同事，这种情况就更为常见。生活的不同领域之间可能产生多种联系。比如，杰夫和亚伦以前一起在苹果公司工作过，现在两人又在奥多比成为同事。他俩都有孩子，所以他们可以一起在自助餐厅里吃午饭，周末也会聚在一起。他们都喜欢科幻小说和音乐，也都热衷于软件工作。所以，培养人际关系成为这种家庭的核心功能（Darrah, Freeman, & English-Lueck 2007）。

由于技术的推广，关系网络在日常生活中变得更为重要。前几辈人发现，电话、计算设备和无线通信设备连接迅速，突破了地理疆界，也打破了划分社会环境的传统方式。人与人之间的相处方式随之改变，就像人们会给远在印度的人发邮件一样，他们也随时准备给坐在隔壁格子间里的同事发邮件，因此，即使在跟物理距离很近的人相处时，人们也开始选择身体不在场的交流方式。也就是说，地理距离的远近不再是决定人们是否"亲密"的主要因素。

实用主义决定了人际关系——无论是在关系网络中，还是在更正式的社会机构中，都是如此。彼此帮助、交换信息和服务的行为就像黏合剂一样，将整个社区捆绑在一起。这就如同在小型社会中彼此分享肉的行为一样。关系也被转化成了产品，人们"经营"关系，他们带着目标，利用关系谈成各种项目。就像人们会为了家庭和教育"学习"育儿经验、"经营"恋爱关系，现在这种方式也被运用到了工程师的工作中。一系列项目组成了生活。

知识和信仰之地

完成这些项目需要知识。硅谷的教育机构密度很大，因而人们不乏学习知识的去处（见 Castells 1996：5；DeVol 1999：45；Saxenian 1994）。人们所熟知的斯坦福大学和加州大学（伯克利分校）只是这里最著名的学府。硅谷还有其他的私立大学，包括圣克拉拉大学、旧金山大学、金门大学、肯尼迪大学和圣玛丽学院。加州大学在圣克鲁斯附近也有一个校区，在海沃德（东湾）、旧金山和圣何塞也有州立大学校区。这里还有一些社区大学，比如圣何塞市社区大学（San Jose City）、埃弗格林社区大学（Evergreen）、迪安萨社区大学（De Anza）、山麓社区大学（Foothill）、西谷学院（West Valley）、盖维兰学院（Gavilan）和米申社区学院（Mission），这些社区大学不仅会帮考上大学的学生们做大学入学准备，还会为其他学生提供就业再培训或继续教育的机会。继续教育也可以延期进行，或者通过在线教育项目的方式进行。成人教育和继续教育项目为人们提供了各种课程，比如移动应用程序设计和计算机编码课程，或者商业创业课程。硅谷还有几十个职业学院。良善业国际有限公司（Goodwill）提供基础计算技能课程。人们可以加入一些提供社交机会和培训机会的组织，比如美国商业妇女协会（American Business Women's Association）；或者也可以通过相约网（Meetup.com）来结识其他想要一起学习技能的人。

可汗学院（Khan Academy）是一个在线平台，它源于萨尔曼·可汗的一个狂热的业余爱好，后来发展成一个全国性的示范体系。可汗学院组织数学、科学学科和考试准备方面的众包辅导。如果想要接受更加专业的培训，硅谷有源源不断的会议和展览会；如果想找内部培训师或者承包企业培训师，这里也有一整个发达的网络，以及大量的专业杂志和网站。总之，硅谷为自学和发展关系网提供了很多机会。

宗教在硅谷也是如此。在其他地方，人们需要在清真寺、教堂、寺庙等各种机构里体验宗教，硅谷人则在"努力实现"精神成长，他们看重的是自己是否能做出正确的文化选择，做出"最佳"选择。例如，由于亚伦的妻子跟随丈夫改信了犹太教，在他们家便有一个这样的笑话：妻子改信犹太教的原因是为了确保丈夫每周至少有一天晚上能回家，那就是周五，因为犹太教信众周五得吃安息日餐。

虽然在这里信仰天主教的人是最多的，但硅谷也是各种信仰的聚集地。在我们的采访中，人们谈到，精神让生活更具意义。无论是信仰佛教、基督教、印度教、犹太教、伊斯兰教，还是某些新异教，对许多人来说，他们热切地将自己与某种伟大、神秘的事物联系在一起，这是一种追求。对于他们来说，那些能够让他们表达精神追求的地方或者关系网络对他们的生活至关重要。无论是某个女性团体、禅宗静修会，还是当地的天主教会，精神意义寄托于此，所以这些地方在人们的生活中发挥着重要的作用。

硅谷精神融合了实用主义和人们对意义的追求。人们会把他人当作自己取得进步的工具，也会带着真情实感回报他人、互利互惠。在硅谷的道德景观中，好人共享信息、服务，而非从别人那里获得它们。面对日常生活里的种种矛盾，硅谷人苦苦挣扎。晚期资本主义美化了重商主义和唯物主义，它与崇尚自律、浪漫的理想主义并存于此。因此，技术设备不仅仅是物质设备，更是纪律和秩序的象征。人们在电脑前苦苦挣扎，上演着"失去的周末"的故事，这让人想起老一辈人学习拉丁语时也是这么费劲。学习技能是有用处的，但人们往往不会直接看见学习技能的好处，等到他们拿下一项困难的任务时，他们才会真正觉得学有所得。在这里，人们认为，拼命琢磨技术是符合道德之举。"下载了那个愚蠢的游戏"或者"升级了那个不可能再升级的操作系统"仍然象征着个性和毅力。

在硅谷，就连研发技术也被视为一种道德使命，这反映出人们认为技术推动进步。这种精神不仅体现在技术精英身上，还清晰地体现在管理员、机械师和艺术家身上。硅谷为员工们提供了许多潜在的利基市场，让他们为"改变世界"做出自己的贡献。尽管功能主义和实用主义显然是硅谷最重要的价值观，但技术研发也能体现出精神层面的东西，大到苹果公司独有的"福音传道者"精神（即把营销苹果系列的产品变成一项他们热衷的任务），小到很多人在工作中感触最深的、"创造力"给他们带来的微妙乐趣。硅谷将自己视为一个这样的社区：在这里，技术"使命"高于文化差异，也就是说，人们对于"其他地方"

的偏见被统统抛在了脑后。

双螺旋结构

硅谷人既是技术的生产者又是技术的消费者，那么，技术对他们的生活产生了什么样的影响？文化（或者说是许多文化身份的相互作用）在硅谷重要吗？硅谷文化就像 DNA 一样，以双螺旋的形式存在着。在生物体内，DNA 由两条核苷酸链组成，它们沿着中心轴以相反方向相互缠绕在一起。DNA 控制着特定有机产物的合成，作为"转化因子"，它标志着一种生物体转化为另一种生物体。硅谷的两种文化生活交织在一起，由此产生了新的文化。其中一种文化由人们的文化观念和技术实践构成，另一种文化则不那么显眼，它就是硅谷的文化多样性，反映了硅谷交织着的各种文化身份。这两种文化不可避免地交织在一起。

在硅谷，科技过于引人注目，人们很容易忽视这第二种文化，得益于当地的文化复杂性，这种文化也更加微妙。不过，那些生活在双螺旋文化结构中的人倒是对这种文化很熟悉。尤金是一名退休的机械师，也是亚裔美国教会的一位管理人员，他说："硅谷文化的一个方面是高科技，不过有时人们会觉得硅谷文化就到此为止了，因为大家讨论的都是硅谷的科技。但硅谷文化还有另外一面。人性的那一面。"海蒂是一个在硅谷长大的年轻人，她把硅谷文化的这两面了解得很透彻。她说："硅谷在我脑海中的样子是……我一想到硅谷，我想到的就是各种技术和各种各样的人，所以，我想到的是它呈现出的多样性，而蓬勃发展的技术倒像是硅谷的背景一样。"

瑞切尔是一名商业编辑兼记者，她也得出了同样的结论，她补充说道：

> 我真的觉得你可以用技术来定义［硅谷］，但是……如果这么做的话，你只说对了硅谷的部分特征，但如果你把多样性考虑进去的话，实际上，你就会开始看到关于硅谷的更多的东西。［我的朋友］给我讲过这样一个故事，对我来说，这就像是硅谷的终极故事……它是关于圣克拉拉板球队的——这支球队主要是被技术吸引到硅谷来的，这是他们来到硅谷的原因。但是他们来到这里之后，却改变了这个地方。

但是他们是如何改变了这个地方的呢？文化多样性和身份多样性对高科技生活方式产生了怎样的影响？这是一个有待研究的核心问题。文化带来了怎样的改变？

要回答这个问题，就必须重新思考文化在社群中起到了怎样的作用，这和之前人类学前辈们所研究的问题是完全不同的。在印度尼西亚的一个乡村小镇里，文化通过一系列复杂的互动关系表现出来，包括人与人之间互尽责任、社会形象展示。另外，人们对一些社会规则、变通方式心照不宣也包含在当地文化之中。人类学家克利福德·格尔茨分析过一场巴厘岛的斗鸡比赛，通过这场比赛，我们可以看见各种活动也能表示当地深厚的文化背景，这实在是透过局部看整体的一个极好的例子

（Geertz 1990 : 113–21）。他向我们说明，"公共文化"可以给人类学家打开一扇窗，让他们得以了解当地文化所倚赖的社会背景。我必须在硅谷也找到一个类似于斗鸡的场景。我们可以通过研究硅谷的政治、经济和艺术领域去了解大众的文化生活，通过观察硅谷合资企业协会举办的论坛、创新技术博物馆举办的庆祝活动来了解硅谷公众仪式的样态。不过，真正有趣的是上演在日常生活剧场中的故事——比如，某人在西尔斯百货买了一件礼品衬衫，在工作中发现了一个棘手的技术问题，他计划在上班的途中安排好当天该跟哪些人见面。我们不需要为了展现当地的文化背景来夸大公共生活中发生的事情。

不过，我们不仅可以从硅谷找到这些日常生活中的例子，在弗勒斯诺（Fresno）或得梅因（Des Moines）也不乏这些生活常例。那么，硅谷和其他地方有什么不同之处呢？不同之处就在于：硅谷研发技术。硅谷人善于使用高科技设备，这为人类学家研究"电子空间里的公共互动文化"提供了充足的案例。传真、语音邮件、电话、网页、电子邮件和网络通信共同组建了一个以设备为中介的"公共空间"，其中蕴涵着丰富的文化内容。通过运用电子通信技术，人们完成了一些重要的文化工作，包括重塑社会角色和建构意义，人们还达成了一种默契，他们面对个人负载的出生文化时，知道该强调哪些部分，也明白何时该强调共同关切，避免讨论另一些东西。电子公共空间的范围日益扩大，重要性也日益增强，它塑造了一个技术社会，在这个社会中，无论是在宏观还是微观上，技术都已经深深融入了所有人的生活。技术决定了我们如何与人互动，并为形塑涉及范围更广的公众领域埋下了伏笔。我们能从这样的技术饱和型社区里了解到什么？还有，硅谷正在创造新的文化，人类学家将这一过程称为族群生成（ethnogenesis），它又说明了什么？

技术不仅会影响个人行为、形塑社区文化，以技术研发为核心的政治经济还会造成另外一些意想不到的结果。研发技术所需要的专门知识不仅来自硅谷，更来自全球各地。专业知识通过传送电子信息或者内外人才移民两种方式引入硅谷。来自多元文化背景的人们相互交流，创造出新的身份。不过，在文化交流中产生的文化复杂性也为人们带来了困境。如果没有在全球之间建立联系、促进全球范围内的持续互动，高科技经济就无法繁荣起来。尽管如此，在一定程度上，有些圣克拉拉的本地人和移民还是有抵制其他文化的倾向和民族中心主义情绪。因此，文化差异一直都是人际交往中存在着的一个问题。

民族中心主义（ethnocentrism）指的是这样一种心理，即认为自己所处的文化是"生活的中心，它决定着哪些行为是合理的、是恰当的"（Brislin 2000：44–45）。如果我们真的将某人所处的国家文化设定为唯一正确的行为方式，那么，它就会招致许多令人厌恶的，甚至暴力的跨文化互动方式。武断的判断和强硬的干预充斥着殖民史。古典民族中心主义（classical ethnocentrism）源自于一种确定性、一种"直觉"，即认为自己熟悉的东西在本质上都是正确的，不熟悉的东西都是有些可疑的。然而，在一个复杂的社会里，存在着身份叠加现象，人们的文化实践也有诸多源头可循，因此，要区分"我们"和"他们"就变得更加困难。民族中心主义本身变成了一个更加微妙的过程，它反映的并不是人们"确定自己的文化更好"这种确定感，而是人们的不安和不确定感。在这种情况下，人们无法想当然地认为，他们遇到的人跟自己来自相同的文化背景，因此对待工作、家庭、时间、荣誉或公平方面具有相同的感受。当然，他们也无法确定对方是否一定不了解自己的文化背景。这种模棱两可的判断、不确定对方是否和自己有着相同文化背景的心理状态就是"新民族中心主义"（new ethnocentrism，见Geertz 2000：86，224）。哲学家和心理人类学家都在尝试着弄明白，在某个社会中，如果社会成员共同倚赖的文化本身就是多元的且处在不断变化中，这个社会是如何运转的。① 为了克服新民族中心主义，创造一个有意义的多元社区以及高效的工作空间，人们需要做些什么？硅谷有史以来积淀的文化复杂性为我们考察身份多样性带来的后果提供了一个观察场地。

　　各种技术都被应用到了人们的日常生活中，却也产生了新的社会问题，也就是文化问题。在面对文化问题时，短期和即时的解决方案会在无意中造成一些需要长期关照的问题。人们运用信息技术实现高效的、异步的全球通信。人们可以在早餐

---

① 哲学家查尔斯·泰勒（Charles Taylor）针对共同主体间意义对创建功能性政体所发挥的作用有着广泛著述。他将共识定义为"就某些基本问题达成信念上的趋同"（1985：36），他还思考了多个文化中心对国家产生的影响，比如，他所在的加拿大就是一个拥有多元文化的国家。这个关于文化共识的定义并不意味着在某个社会中每个人都要持相同意见，它意味着人们为了进行公民对话，共享了某个"共同的理解符号"（见 Levine 1984：68）。他的著作对克利福德·格尔茨等人类学家产生了影响。——原注

前在家里给远在爱尔兰的分包商发送项目说明，这似乎很简单，也很方便。然而，虽然使用这些设备可以帮助人们克服时间上和空间上直接的技术困难，但是，这么做却可能导致各种需要长时间才能解决的社会问题。以电子媒体为中介的交互式"公共"社区是存在距离感的，它通常传达的只是部分信息或者有问题的信息，而且，要维持这种沟通方式需要保持大量的、频繁的甚至是不必要的沟通，但人们却几乎不怎么注意得到这些工作。最初，设备中介化交流能够掩盖文化差异，制造这样一种错觉，即坐在电话或者键盘另一端的人"和你一样"——至少，在人们发现对方对"及时"或"负责"等文化负载概念的理解和自己完全不同之前都会有这种错觉。对于一位在都柏林的项目经理来说，在跟美国的项目经理交谈时，即便只是想找到那个负责此事的人谈谈某个决定，也可能成为一项耗时且在文化上费力的任务。到底谁负责这个项目？当她最终找到负责人的时候，她应该表现得自信还是恭敬？她在给对方发电子邮件的时候如何措辞才能准确地表明自己的态度？

技术普及也带来了另外一个问题。当信息走向移动化时——无论是由于移动通信设备的广泛使用，还是由于人们更容易接触到台式个人电脑和固定电话——人们如何将以往划分工作和家庭的标准套用到社交时代的工作和家庭里去？某位家长在参加孩子的体育活动的同时，还在笔记本电脑上写人力资源报告，那么，他 / 她是在扮演工作者还是家长的角色？自工业革命以来，社会角色的制定一直与工作场所联系在一起（Nippert-Eng 1996：19）。因此，人们必须找到新的方法，来管理他们的社会自我，这一点变得越来越重要。

一般来说，高科技工作，特别是全球性的工作，往往具有很强的社会性。因为人们在交换信息、把任务分派给专门的员工、学习组织文化时，必须和他人一起工作。从技术的角度而言，人们通过使用信息和通信设备加强了彼此之间的联系。它同时也促进了个人与朋友、家人和前同事之间建立更加广泛的联系，因而，个人维护自己的所有关系网变得越来越重要，而直接雇主手中的权力却相应地被削弱了。

由于硅谷需要引进来自世界各地的专业人士，硅谷的文化复杂性在所难免，这使人们无法想当然地认为自己周围的每个人都和自己一样。我想再一次强调，这种身份多样性会带来意想不到的社会后果。从全球人才库中吸收技术精英是一种短期需求，它可以通过从印度或波士顿引进人才来解决，但是人才引进却造成了程度更高的文化复杂性。在硅谷，同你交流的有些人可能来自世界上某个遥远的地方。坐在你邻桌的人，或者那些送孩子去上学的人可能和你接受的是不同的文化。在硅谷，由于文化的多元性，你随时可能犯文化错误。哪怕你只是想进行一次简单的购物之旅，你可能也需要努力地培养自己的文化敏感性。

在这本书中，我描述的是这样一个地区：在那里，人们的生活中充斥着技术，而且，由于多元文化互动自身所表现出的复杂性，那里还存在身份认同问题。这些情况也影响着其他类型的社区。有些社区并不以技术出名，有些社区不具有很强的文化复杂性，至少从表面上来看就是如此。

用户指南

　　人类学是一门充满隐喻的学科。我所理解的人类学就是，要对理解他人的生活背景保持热忱，相信"人们生活在隐喻之中，他们也有自己认同的世界观，生活的隐喻和人们的世界观会决定人们思考什么样的问题、怎样思考问题"（Shweder & Bourne 1984：189）。在人类学学科发展的早期，我们会用隐喻来形容一种文化的总体特征。鲁思·本尼迪克特提炼了弗里德里希·尼采所描述的意象，将祖尼（Zuni）文化形容为"阿波罗式"文化，又用精神分析隐喻来强调杜布（Dobuan）文化中"偏执"的那一面（Benedict 1989）[①]。在 20 世纪后期，即后现代社会的动荡期，文化被视为"文本"和一种"解释"手段，这种解释方法常用隐喻作为交流工具（Geertz 2000：16–17）。对于人类学者来说，研究隐喻除了能够帮助他们了解政治经济和社会组织，还能让他们窥见身处某种文化的人们所遵从的那种潜在的道德论证思维。

　　"硅谷"这个名字本身就是一种技术隐喻。人们会使用各种各样的隐喻，这些隐喻通常来自科技生活中的日常对话。我在这本书中添加了自己的技术隐喻，我在章节标题和小标题中运

[①] 本尼迪克特在其著作《文化模式》（*Patterns of Cultures*）中用"阿波罗"（即日神）和"狄俄尼索斯"（即酒神）来形容两种不同的文化。前者表现的是严肃、和平与中庸的处世观，后者描述的则是粗暴、狂野和个人主义。本尼迪克特以北美印第安人的祖尼族为阿波罗式文化的例子，而以美拉尼西亚群岛的杜布人为狄俄尼索斯式文化的代表。——译者注

用了类比的手法，以此来为每一章的内容抛砖引玉。

　　硅谷人并不是从一个模子里刻出来的，他们之间存在着各种各样的差别。在研究过程中，我们听到了硅谷的形形色色的声音，既有技术精英，也有打扫学校走廊的清洁工。但这本书关注的并不单是那些超级富豪，或者那些明显受到不公正待遇的生活在下层的人，它关注的是处在这两者间的那一部分人。我在描述这些人的经历时遇到了挑战。硅谷的故事里有很多人物，多到足以使一部俄罗斯经典小说都显得很简单。但所有涉及到的人的身份必须保密。我想如实地记录我们所听到的声音，同时又不泄露任何人的身份。因此，我会在这项研究里给不同的人起假名。但是，如果仅仅听人们"讲述"，阅读他们的语录（他们所说的话已经被仔细地跟假名匹配过了），我们很难全然了解他们的生活体验。人们生活的世界充斥着各种人工制品、各种行为和互动过程，而这些都不是能用只言片语说清楚的。为了让读者能够尽可能地了解他们的生活，接下来的每一章都会以一个小场景作为开头，用以展现该章所讨论的主题。我所描绘的场景将把你带入硅谷，让你经历从早上通勤到傍晚日落的一整天的生活。本书中的直接引语片段有的来自硅谷中的真人真事，有的来自其他高新技术地区发生的事情，但是涉及者的身份已被隐去了。小场景中所提及的一些人物是虚构的，但这些人的行为是在我们进行了数百次观察和采访后整合起来的。虚构这样的人物是为了让读者看见一些我们观察到的普遍行为，我们也需要这些虚构的人物来使我们描述的场景显得更加完整。小场景中的细节部分也都是虚构的，是由我们整理所得。虚构人物的言行是根据许多不同的人的言行归纳整理的。

从概念上讲，这本书主要讲述了两种观点——技术饱和与身份多样性。硅谷向人们展示的是，技术的广泛应用直接导致人们的日常生活发生了各种变化。硅谷还体现出了人口结构的变化，强调了人们参与全球高科技经济衍生出的复杂的文化互动行为。因此，本书分为两部分。

本书的第一部分强调了技术饱和的后果。在"技术之地"这一部分中，我探讨的是科技对硅谷人的日常生活和社区生活产生的影响。在你现在正在阅读的这个章节"文化版本 2.x：一个蔓延的社区"中，我介绍了硅谷生活的大致形态，它会让你感到既熟悉，又充满异国色彩。在第二章"压缩：用数字设备重塑时空"中，我研究的是，在日常生活中"技术饱和"意味着什么，技术如何影响人们做出选择，以及人们做出这些选择所导致的后果（通常是无意间导致的某些后果）。同样，我还将讨论"工作"的意义。"工作"（work）是一个常用的英语单词，但在硅谷却有着独特的隐喻意义。在过去的二十年里，大量的设备使用提高了人们的生产力，同时也影响了人们的生活体验。员工们时刻保持被联系的状态，永远在线。无处不在的计算和网络连接催生了各种各样的、新的临时工作和微工作。通过使用智能手机和平板电脑，移动计算改变了人们的日常生活，最重要的是，它压缩了人们所处的时间和空间。第三章"人际网络：建立硅谷社区"讨论了硅谷的社会组织和公共生活。人际网络——一种由技术促成的社会组织形式——决定着人们如何组织起有价值的群体。商业社交网络平台和非营利社交网络平台改变了人们的社交互动体验。脸书在人们的弱关系间建立起联系，同时却加强了人们所处的各种网络化社区之间的区隔。众筹平台 Kickstarter 将 21 世纪初盛行的社交网络风险投资文化给"民主化"了。我们可以从可汗学院和领英中看到，学习生态和社会认证推动着教育和工作朝不同方向发展。如果辅之以"以人为本"的设计，这些服务将会产生更大的影响。设计本身也成为代表着"人们有意改变某物"的隐喻，它已经能够对公民话语产生影响。技术隐喻影响了硅谷的语言，创造出了独特的公共文化。社区是被"设计""发明""重新发明"和"更新"的。公民活动既包括促进清洁技术的发展，也包括在计算机历史博物馆和创新技术博物馆等博物馆内做志愿者，公民活动塑造的是更宏大的事物。我还研究了在硅谷和其他技术饱和的地区，人们是如何利用技术认同来创建"增值"社区的。

本书的第二部分"穿梭于复杂性之间"集中讨论多元身份之间的互动，追溯了全球人口的流动情况，因为正是人口流动导致硅谷拥有复杂的文化背景。在第四章"投入 / 产出：全球文化催生记"中，本书详细地讲述了硅谷走向全球的演变过程，并且重点介绍了那些同硅谷相关的古老文化、国家文化和企业文化，这些文化其实掺杂在一起，是一个复杂的集合。同样，在这一章中，我会讲清楚文化和身份起到的作用。硅谷所体现出的文化多样性在深度上远远超过了移民们的体验。在面对文化融合时，硅谷人需要弄明白，他们需要庆祝哪些节日和庆典，接受或者容忍哪些文化点，他们也得知道什么事情是需要规避不谈的。不过，阶层分化仍然是造成文化不和的主要因素。第五章"流动：工作文化和家庭文化"讲述的是在工作和家庭中人们是怎么看待、确认和使用文化的。个人的出生文化何时被唤起，何时又被回避？而且，尽管文化管理并不仅仅用于工作场所，但员工们使用何种策略"管理文化"却尤其值得注意。在家庭中，面对不同的祖先文化、企业文化期望，人们会遇到各种问题，然后他们会给出一些创造性的解决方案，这也是另一种使用文化的方式。人们在面对求爱、抚养孩子等问题以及处理人际关系时，都会做出这样的文化选择。硅谷居民在进行"文化管理"的过程中，也身体力行地证明了那个关于工具的终极隐喻，即人们会将自己的文化身份和灵活使用文化的能力转变为工具。社交平台的未来就潜藏在硅谷人的经历之中。在最后一章"带宽控制：创造有用的文化"中，我们思考的是，技术饱和现象与身份多样性共存于硅谷，那么，将这两股力量结合起来将会产生何种影响？生活在这样一个拥有如此丰富的技术和文化的生态系统中，面对如此多的选择和潜在的文化互动关系，硅谷人必须面临哪些挑战？人们正在制造什么样的工具以应对如此复杂的文化？人们在践行实用主义时，又创造出了许多更为复杂的新工具。人们也正在通过设计、游戏化技术和风险慈善等方式来解决硅谷的社会问题。当某个社区的符号、隐喻和价值观统统都与技术有关时，这些抽象的东西又会如何影响公民的生活？还有，我的终极问题是，我们能从硅谷这个天然实验室中学到些什么？

第二章

压缩：用数字设备重塑时空

饮水机旁

在硅谷，几乎每一个工作场所都有一个"员工加油站"，那里至少会摆放一台供应冷热水的饮水机以及一些茶和咖啡。更好一点的茶水间里还供应现煮的浓咖啡和冰可乐。在竞争最激烈的工作场所中，还会在一天的不同时间内给员工提供免费食物。现在是上午10点左右，人们纷纷涌向饮水机，准备喝点热咖啡；工作时间比较灵活的人则会在星巴克或者菲尔兹点一杯定制咖啡，喝完之后再续一杯，然后开始一天的工作。菲利克斯不紧不慢地走进公司的自助餐厅吃早餐，那里光线充足，通风良好。人们三三两两或四五成群地坐着。有几个人走到餐厅外面，围坐在露台里的伞下，享受晨光和新鲜空气。还有两个人在打乒乓球。菲利克斯是一个工程师，他在改造汽车。"物联网"运动声势浩大，汽车改造就是其中一项任务。他大部分时间都在实验室里设计电路，但也会不时上楼跟别人聊天，或者在自助餐厅里和别人碰面。餐厅里供应的早餐和零食都是免费的。有一排透明的箱子里装满了玉米片、蜂蜜坚果麦圈和混合谷物麦片，他从中选择了麦片作为早餐。桌子上摆着一大篮桔子。他的一位同事去找可乐机了。因为在这里，人们会接受任何形式的咖啡因。公司外面停着一辆餐车，专卖"印度"食品，有一些同事去了那里。人们成群结队地散坐在草地或台阶上，边吃边聊。这家公司注重健康饮食、健康生活，但菲利克斯和他的同事们悄悄地在一个工作间的橱柜里藏了些糖果，里面还放着一个用来装零钞和硬币的盒子。大家会自觉地往里面投钱，然后一起分享这些甜食。

饮水机文化是在过去二十年里发展起来的。员工加油站、免费的咖啡因饮品和零食组成了公司一景。给员工提供餐费补贴或者为员工提供付费餐是大公司的特色，所有拥有自己园区的大公司都会这么做。在过去的几十年里，为了满足劳动力的需求，大公司们开始更有意地提供这些便利设施，还会对这些场所进行精心设计。这么做是希望人们在公司里停留更长时间，正如餐饮经理杰奎因所说："如果你不提供这种服务，那么员工们的生产力可能会下降……在更大型的科技公司或者企业里，他们提高生产力的方式……就是试图切断员工和外部世界的联系。所以，为员工们创造快乐时光，给他们空出去酒吧的时间，提供足够的酒水，就能留住员工。"不管这是不是在管理上行得通的逻辑，员工们却都默认这是可行的。大家广泛认为，"偶然间的碰撞"会催生人们的创造力，所以在饮水机旁，人们的互动就有了积极意义。因此，饮水机现在已经演化成了微型厨房、咖啡馆和快闪店。伊莎贝拉所工作的那个共同办公空间的设计宗旨就在于"促进合作、创造偶遇"。

伊桑所处的工作环境和我在世纪之交看到的那种工作环境很像。这是一家网络公司，规模不大，但位于北圣何塞科技中心。伊桑的团队很小，他学的是和网络工程相关的专业知识，却把它应用在了"售后"工作里。一旦客户购买了新系统，无论客户位于哥斯达黎加还是牙买加，他们都得在电脑上安装这个系统，如果出现问题，有人会为他们进行诊断并修复系统。伊桑的团队做的就是这样的工作。他们得运用所有技术，并且确保一切正常运行。他们有时能够远程解除客户的系统故障，但大多数情况下，如果出现问题，他们就得耗费长达数周的时间赶到客户家里，现场排查系统问题，这会打乱日常生活的节奏。伊桑叹了口气说道："我们的团队很小。所以一旦出了问题，你就是唯一能够解决这个问题的人。我是所有这些项目的系统工程师。面对小型项目，我们通常可以先构建项目，然后完成项目、测试项目，之后再做交接。但是我们也有一些大型项目，那些项目好像永远也做不完……我感觉我永远都赶不上进度！"在他的公司里有一个配置齐全的厨房，早上他可以在那里休息一会儿。团队成员会在不同的时间来到办公室。他们来的时间比较分散，所以可能会进行电话会议。如果他们都到齐了，也可能当天面对面开个会。他们开会的次数几乎从不会超过四次。因为大家把大部分时间都花在了电脑上。因此，对他们而言，不用对着电脑的时候，迷你厨房、饮水机和提供咖啡因饮品的避风港就是他们的活动中心之一，这非常重要。

艾娃最近的工作经历和伊桑的很不一样。艾娃是一名设计师，她在为一家创业公司工作，她帮这家公司把传统广告转换为在智能手机和平板电脑等移动设备上都能销售的广告。艾娃在硅谷长大，所以，她在没有意识到硅谷达到了技术饱和的情况下，就已经了解了科技企业之间存在的细微差别。艾娃到东部学习设计，主攻设计思维和企业品牌设计，但等到她回到家乡寻找工作时，她却又感觉自己学的东西和市场需求不匹配。在她离开家乡的时候，她甚至从没想过为移动设备做设计的工作。于是，艾娃不得不边自学边工作。谷歌公司的生态圈里应有尽有，艾娃从它们那里获得了一些参考资料。在向苹果公司询问一些更需要"意会"的技术要求时，她倒是碰了点壁。之后，艾娃开始在这家创业公司里当合同工。头一年里，她每两周都要跟这家公司续签一次合同。一年之后这家公司才雇用了她。艾娃工作的地方在洛斯盖多斯（Los Gatos），那里交通状况稍好一些，她需要的通勤时间很短，大约9点的时候，她会到达公司。等艾娃到的时候，其他人已经到齐了，相较之下，艾娃开始工作的时间也会比他们稍晚一点。艾娃到了之后会吃早餐，因为公司里有一个"装满了食物的小厨房"。这家创业公司有两个分部，一个位于硅谷，另一个位于北加州的奇科（Chico）大学城。这两个分部都配备有一个大型显示器。每天上午 9 点半的时候，公司会打开谷歌 Chromebox[①]，开始远程视频会议，全体员工都会参加。在会上，每个人都要汇报自己前一天做了什么、计划接下来做什么。这个远程会议成为了一种传递信息的媒介。不过，艾娃说："我认为它并不是很有效。因为很多人都在重复做着同样的事情。"但是它确实给人们提供了一个互相了解的机会。艾娃可以通过会议了解到"他们的性格"，而且她还能判断出哪位工程师爱开玩笑。远程视频会议还有一个好处就是，它让艾娃觉得"自己更像是公司中的一员"。因此，公司不再开每日例会了，但是远端临场系统却让人们能够随意地互动。"我们走过那个大显示器的时候，会看看位于奇科的团队正在做些什么。他们也可以利用这个机会向我们这边的人提问，反之亦然。"现在，"饮水机"被运用在了多个地方，为人们"偶然间的碰撞"创造机会。

公司运用一个叫作"关键任务追踪器"的项目管理工具给员工指派任务，艾娃也会从这个软件上获取任务信息。项目经理们明确每个员工要做的任务后，会在每个任务上加上标签。艾娃完成任务后，也需要把设计图和相关信息附在这个标签下面。然后某个工程师会收到相关内容，按照要求制作出相应的产品。有时，工程师们也会完全背离设计师的设计，所以，直到成品出现之前，艾娃很难弄清楚她的设计到底有没有被采

---

① 一款迷你个人电脑产品，支持互联网连接和蓝牙技术。——译者注

纳。有时，某个工程师会跟艾娃讲，她的设计太复杂了，这时候他们会进行一番讨论，最后会让艾娃继续改进自己的设计。但是，即使两边的公司里都装有远端临场系统，员工之间进行随意交流的机会也还是有限的。艾娃说："大多数工程师都在奇科工作，所以我们没法面对面交流，我没法直接走过去，看着他们的电脑，［跟他们说，］'哦，这样做是对的'。更多情况下，当我在测试软件时，我会看见有东西弹出，上面写着：这样做好像有点问题。"设计师不比工程师，工程师有自己的社会影响力，所以，对艾娃来说，想让他们认真对待自己的设计实在是个挑战。艾娃非常喜欢自己在这家创业公司里所做的工作。她也从中学到了一些技能，积累了许多经验，她喜欢和同事们共事的时光。公司的执行总裁在政治上倾向自由主义，尽管艾娃对此并不赞同，但她非常欣赏他在工作中展现的聪敏睿智和道德责任感。然而，她所处的团队的规模却在不断变小。最后，设计团队里就只剩下了她一个人！这周工作结束的时候，准确地说是周五，他们得到的消息称，这家创业公司没有获得下一轮融资。结果是，位于奇科的那个公司会被保留下来，但艾娃这边的分部则要被解散。也就是说，星期一就是他们在这里工作的最后一天。艾娃为自己的一个朋友担心，因为那个朋友拿的是 H-1B 工作签证。她该怎么办？艾娃真的不想再回去当合同工了。她有一些朋友在自由职业网站和兼职招聘网等平台上做职业零工，他们过得也很不错。但这条路对于艾娃来说可能行不通，而且她已经参与了太多真正的设计决策过程，她在这方面的经验让她觉得再回去当零工有点可惜。艾娃也不想在大公司工作。她喜欢在创业公司工作，因为创业公司总是充满活力和创造力。

如果艾娃真的选择在这些网站当零工，她会失去很多东西，其中之一就是"饮水机"时刻。里克是一名软件工程师，他在这行干了三十年，现在已经退休了。他目睹了公司的兴衰：一开始，他所在公司在集体协作和员工满意度上有口皆碑，最后却因为一直裁员而走向了衰败。从公司的倒数第二个衰退期开始，处于公司底层的那20%的员工都被裁掉了，因此，评估员工绩效时就跟在战场上打仗一样。当管理模式发生变化时，绩效评估参数也随之改变。最后，评估绩效的方式基本上可以用这句话总结："强过别人比有能力更重要。"换言之，在制作人员绩效表时，员工的生产力看起来要比他的编程能力重要得多。里克在经济上很宽裕。他有自己的房子，他甚至可以租出一部分空间。里克爱好摄影，他曾想过要把摄影变成自己新的事业。但是，尽管他的确也组织了一个摄影俱乐部，而且还一直把相片传到网络上，但他知道把摄影当作事业并不可行。里克买了新车以后，觉得自己或许可以当个随叫随到的司机。当司机的话，他就能遇见很多人，而且他喜欢开车。最重要的是，他能够掌握自己的日程。从优步、来福车、随心租、路边车、卡玛拼车和共乘等拼车软件可以看出，拼车经济发展得很快。拼车服务在拥有车的人和想搭车的人之间建立起了联系。虽然共享经济中的劳动者人数只占总劳动人数的0.5%，但这一比例正在上升（Katz & Krueger 2016）。里克喜欢和他的"客人们"在一起，但是他很少有机会见到其他司机。里克之前在团队环境里工作了多年，所以这算是工作环境上的变化。里克用的那款拼车软件的"老板"曾在当地的一家餐馆里举办过一次新司机聚会，里克只在那里见到过其他司机，那也是唯一的一次。当时，大家都绘声绘色地跟彼此分享拼车时遇见的"战争故事"，他从中学到了如何面对消失的客人，以及如果精心安排好时间的话，他就能少费力、多收益。

里克主要在早上工作，他载着人们去上班、去参加各种会议、去机场和火车站。早上 7 点的时候，他打开拼车软件，然后开始等待。这款拼车软件的算法的根据是车主和乘客之间的距离远近。客人叫车之后，离客人最近的司机才能接下这个活儿。这时候人际关系作用不大，客人不能要求让某个特定的司机来接自己。尽管如此，里克根据自己三十年的工作经验，总结出一条：做人有趣会是一个有利条件，而且客人的反馈和评价反映出的也绝不仅仅是司机车技之类的东西。因此，里克每天会花几个小时的时间看新闻，他说："如果有人想谈论时事的话，我就能搭上话，我觉得这会让别人觉得我很有趣。"里克在工作时还会利用自己身为摄影师的审美，尤其是当他看见美丽的风景和鸟的时候，他会指给客人们看。他喜欢跟客人们交谈，他希望他们别像对待隐形人一样对自己视若无睹。虽然里克已经不在高科技领域工作了，但他仍然很关心高科技产业新的发展动向。有些客人刚刚参加完各种高科技会议，他们会在车上分享自己兴奋的心情，并且稍微讲一些相关的知识，每当这时，里克都很激动。里克现在能主宰自己的生活，这让他觉得痛快极了。雇佣劳动能给人安全感，却不能给人自由。里克说，现在，"我想工作的时候，我就会打开拼车应用；我不想工作的时候，我就会关掉它。我没有老板，所以也无须解释"。对里克而言，与同事在饮水机旁交谈的时光已经结束了，但他还是找到了在生活中制造"偶然间的碰撞"的方法。

关键技术

当考古学家挖掘出一件工艺品时——也许是一块黑曜石制成的石器的碎片——他们有很多种方法来探讨这件文物的价值。考古学家可以考察它的材料、形态和功能。经过检测，这块黑曜石碎片可能是人造品，也可能是一块火山玻璃，通过研究其化学成分，他们可以精准地指出它是产自哪次熔岩流。这件文物只是某个工艺品的一角，所以考古学家们可能据此辨别出它的制作工艺，然后根据使用这种工艺生产工艺品的鼎盛时期推算出它的制作时间，它可能是五百年前的东西。在显微镜下观察它的边缘，他们可能会发现上面有使用痕迹，但它接触过的东西并非植物组织。他们沿着商业贸易路线追根溯源，发现有人把一块火山玻璃带到了并没有火山的加利福尼亚海岸。这块黑曜石碎片承载着一段复杂的产品历史：最初，有人从一块泪珠状的、凝固了的岩浆碎片中切割出这块黑曜石，最后，它被制成工艺品贩运，这两地之间相隔了数百公里。考古学家们评估了这件文物的价值。加利福尼亚海岸很少出产火山玻璃，弗朗西斯科和蒙特雷是盛产燧石的地方，但是燧石的锋芒却不及这块石头。这件文物还被仔细地重新打磨过，或许经过数代，它已经成为了一种地位的象征。所以，这件黑曜石器具并不仅仅是一个物件——它是整个复杂人际关系的焦点。它就是文化的产物。

在硅谷，人们同样可以从很多方面评估像计算设备和电话技术这样的交易工具。首先，计算设备和电话技术被视为生产工具，因为如果没有它们，人们就无法研发新的技术。其次，它们也被视为建立关系和维护关系的工具，因为正是由于这些技术，人和人之间才建立了沟通与联系，形成了相互连接的人际网络。

人们互帮互助，共同使用技术，在这一过程中，相应的义务产生了。一整套关于技术设备的民间故事被创造出来。技术设备以及人们利用技术设备建立的联系，也已成为人们身处后现代生活的身份象征和隐喻。这些工具——无论是笔记本电脑、智能手机，还是老式的远程呈现技术——创造出了一个"电子饮水机"，在这个饮水机旁，一个社交空间应运而生，在那里，人们彼此互动、构建身份、共担义务。

人类学家对这种模式很熟悉。在澳大利亚北部约克角半岛居住着澳大利亚土著伊尔约龙特人（Yir Yiront），他们是一个具有民族历史意义的群体。伊尔约龙特人采集植物、捕鱼、狩猎，身边还跟着家养的狗。那里的经济围着磨好的石斧转。石斧在当地是一种重要的工具，土著人用石斧来劈柴、建造小屋、收集蜂蜜之类的食物，还用石斧来制作仪式用品。石斧是从600公里开外的遥远的南方换来的，它就好像出现在加利福尼亚海岸的黑曜石一样。物物交换总是发生在两人之间，他们会进行一系列面对面的交流，最后用黄貂鱼的刺交换石斧，黄貂鱼的刺可以用来制矛。只有成年人才能制造和拥有斧头。最初建立的贸易关系会加强人们之间的关系。当年轻人，尤其是女性，从拥有斧头的年长男性那里借来斧头时，义务之网就建立起来了。然而，如果要进行深入探讨的话，斧头其实具有一种象征意义，这一点不是太明显。斧头是阳刚之气的象征，也是日光云鬣蜥氏族（the Sunlit Cloud Iguana clan）的图腾和氏族族徽，斧头是该氏族的标志。石斧也曾是一项关键技术，它推动了经济和社会的发展，其象征意义对建立关系也十分重要。

当社会上出现钢斧之时，技术的意义就凸显出来了。后来，欧裔澳大利亚人建立起另一种社会结构，它强调的是团体和领导人的作用，建立起的是一种一对多的人际关系；这种社会结构的出现破坏了原先建立的那种立足于物物交换、互借互用行为的社会结构，后者建立的是一种以两人为单位的、一对一的人际关系。性别角色也被颠覆了，部落给成员们分发钢斧，原有的贸易网络被取代。东行尸体部落（the Head-to-the-East Corpse clan）联合了欧洲人，利用后推行的钢斧确立了自己的身份，他们的出现甚至动摇了伊尔约龙特人建立起的世界观，正是因此，氏族社会的神话源头内出现了矛盾之处，由此还引发了一场危机（Sharp 1952）。到底哪个部落"拥有"斧头？这件事永远没法弄清楚了。而且，既然年长的男性不再是斧头的唯一拥有者，连妇女都能拥有钢斧，为什么人们还得给予他们帮助呢？石斧贸易建立起来的关系网络发生了什么变化？石斧的故事给人类学家上了一课，它成为一个标志性的故事，提醒着人类学家，在思考技术扮演的复杂角色时，既要探讨其工具价值，也要探讨其象征意义。

硅谷自身也拥有一些复杂的关键技术，这些技术蕴藏在各种设备当中，影响着人们的生活；在生产系统中，技术往往是一项重要资本；技术还影响着人与人之间的关系，并且为他们理解世界提供了一个象征性的思维框架。特别是信息技术——计算机、电话和各种娱乐设备——已经融入硅谷居民的日常生活。人们在日常生活中越来越依赖笔记本电脑和智能手机，因此，工程师们的梦想——电脑无处不在——已经近乎成为现实。网络系统的诞生使更多的人联系在一起，而脸书、品趣志等形形色色的社交媒体网站则展示出，消费者们很愿意与他人分享自己制作的内容。当然，共享内容的出现也为广告业提供了新的机遇，在共享内容中安插广告已经成为一种新的全球商业模式。在硅谷，人们跟这些设备、应用程序和服务保持着独特的关系，因为他们不仅是跃跃欲试的消费者，也是它们背后的设计者和生产者。硅谷人对科技的强烈兴趣使他们有别于其他地区的人。技术是硅谷人存在的理由，也是他们发展经济的原动力，但是设备也是一项主要的生产资本，因为人们只有使用设备才能进行工作。

人们不仅仅是电子设备的拥有者和使用者。他们的身体、各种工作场所和家时时处处都与技术相连，形成了串联的技术生态系统。这个系统连接着各种设备、应用程序和服务，也将人与人联系在一起。与设备和他人保持联系状态是人类在社交领域里完成的一大突破，对此，有人欣然接受，也有人断然拒绝。娜塔莎是一名技术程序经理，她的各种设备总是保持开启状态，她受人监督，在工作时她也时常被打断，而且，她得保证自己处于随时待命状态。娜塔莎随时都在使用全球定位系统、互联网和电话。只有两件事能让她暂时"中断连接"，那就是下厨和锻炼身体，唯有这两件事让她可以独处一会儿，做点自己的事情，这也是她对目前的生活状态表达反抗的方式。这些设备在人与人之间的关系中发挥着中介作用。对人们来说，技术使用绝不只是一件无足轻重的事情，无论对个体工作者还是家庭成员来讲，他们运用各种技术建立起人际网络，并以此支撑他们的工作，这本身便具有重要的文化意义（Darrah, Freeman, & English-Lueck 2007）。人们的生活被工作和文化差异填满，但他们必须学会适应。因为这些设备就像石斧一样，它们能够促使人们建立关系。高科技工作节奏复杂，人们会通过使用设备来调整工作节奏。有时，他们为了获取信息会允许某些人获得通信访问权限；有时，也会通过限制他人的权限来为自己赢得工作时间。

人们需要信任彼此，也需要建立起人际关系，这两点需求促使人们将工作融入到家庭生活中去。对于硅谷人的生活来说，他们不能像大多数人那样料想"工作是工作，家庭是家庭"，因为这种划分太过简单了。在多种因素的作用下，尤其是当人们在家里也具备了完成工作的技术条件时，家庭生活和工作之间的界线早已模糊了。只要家里有一台接入网络的电脑设备，成年人就拥有了在家附近工作的特权，不过，这台电脑也会分散使用者的注意力，使他不能全身心地关注家人和家庭生活。参与工作的家庭成员会面临种种人际关系问题，他们会在家里讨论这些问题，而这些问题也会成为家庭生活的一部分。有了技术，人们可以把从前遵循的风俗、建立的关系搬进新的生活环境中来，他们可以充分发挥自己在工作中磨炼出来的沟通技巧，和远方的亲人重新建立起联系。

就像我们在伊尔约龙特人的案例里看见的那样，技术虽然更新了工作社区和家庭生活的定义，但它发挥的不仅是经济方面的作用，技术还具有其隐喻价值和象征意义。技术象征着人们进入新的文化环境。信息技术的使用让家庭和社区成为生产场所，自此，人们看待自身的方式也随之改变了。就像软件可以被升级一样，家庭和社区的概念也可以被"更新"或者"重新创造"。因此，家庭和社区本身也就成了产品。技术语言成了人们探讨生活时使用的语言。而且，在技术生产的过程中，从问题预测、管理、效率到解决问题处处有模型。现在，技术生产过程也成了人们在生活中生产文化的过程。正如斧头是人们理解伊尔约龙特人生活的基础一样，信息技术也成为人们理解硅谷生活的重要隐喻。

在这一章中，我们要探讨技术扮演的多种角色。例如，技术充斥着人们的生活，但是，技术饱和的驱动力又来自哪里呢？有哪些可能的选择？哪些因素决定了这些选择？最后，这些选择导致的后果是什么？人们频繁地使用技术会带来一些问题，这些问题会相应地影响文化，即影响人们的生活方式。技术还会影响人们的身份认同，即人们对自身身份的看法。文化和身份是界定硅谷社区的关键因素。

用技术制造技术

　　在硅谷，制造产品是一项紧张的社会活动。无论是分析人类基因组还是设计新的互联网路由器，这类高科技工作都需要人们互联互通、相互合作。在信息传递的过程中，信息必须由一个员工传递到另一个员工那里，每个员工获取信息、转换信息，然后传递信息。研发团队的成员最终会与所有处在公司网络中的供应商、生产商和客户建立连接。根据公司的需求，特定部门的员工会与一些传统的组织（如硅谷领导集团）协同合作（见 Castells 1996：191–95）。处于同一网络上的成员之间的交流是至关重要的，他们聊的不仅是一起做的决策，还会聊到家庭。这样，这条关系链就会充满人性关怀和温度。

　　全球网络是 21 世纪资本主义的一个不可或缺的特征，人们日益频繁地使用各种设备则加快了建立全球网络的进程。各种网真设备（Telepresence devices）、应用程序和服务虽不完美，但相较于从前人们之间的电话交流，它们满足了人们更多的需求。通过这些设备，人们可以看到对方的面孔，听到对方的声音，实时共享文本和媒体信息。还有很多不同的网络工具，让人们可以清楚地看到处于不同时区的人在干什么。如果你想和身处苏黎世的人谈谈，那你们可以约在什么时候聊天？如果想跟位于保加利亚、哥斯达黎加和帕洛阿尔托的人联系，你最好约在什么时间？诸如电子邮件和语音消息一类的异步通信工具让人们之间的交流变得更方便可控。除此之外，有了移动电话，人们就无须在特定时刻向其他地方打电话了。早上 7 点通勤的时候，妈妈可以打电话到欧洲，晚上 7 点的时候，她可以打电话到亚洲和太平洋地区，这样就不会耽误她回家和家人一起吃饭的时间了。

人们在面对各种沟通方式时，会明确地使用各种策略。在工作中，电子邮件仍然是最常见的沟通方式。几乎有一半的美国成年员工认为，尽管他们需要花费很多时间处理发邮件产生的沟通问题，但邮件交流会让他们在工作中更有效率（Purcell & Rainie 2014：2-4）。年轻人和经济条件差的人越来越多地使用智能手机而非电脑，来获取工作和健康方面的信息，或是接触媒体。处在经济链底端的人可能的确买不起电脑所需的各种基础设备，但年轻人却是主动选择了移动电话或平板电脑（Smith & Page 2015：5）。年龄在 18—49 岁、年薪超过 75 000 美元的加州人很喜欢使用智能手机，湾区人也是如此（Anderson 2015：3）。在硅谷，人们会在各种设备间无缝切换，通常同时使用多种设备。根据不同目的，消息的发送方和接收方可能都对某些设备有自己特定的使用偏好。文化因素和功能因素是影响人们做出媒介选择的主要因素。以下是一些例子。

- 一名员工在深夜给一位难缠的下属发了条语音邮件。发语音邮件背后的目的很明确。在凌晨 2 点，你可以通过发语音邮件来通知一项决定或者下达命令，它会给你省去无止尽地谈话的麻烦。语音邮件里的内容不容辩驳。
- 程序员知道，他在跟其他工程师同事沟通的时候应该发电子邮件，但在跟市场营销人员打交道的时候，他应该发语音邮件——这是他们在公司里做事的方式。这是公司里的不成文规定。除此之外，工程师们多数时间都在电脑上工作，手机对他们来说只是次要的沟通工具。而营销人员的生活则离不开手机，他们没法经常使用电脑。

- 某技术人员要发送一张带有数字签名的打印文件，他打了个电话，确保放置在几间办公室开外的联网打印机可以工作。打印机算是半公有财产。他会给某个特定的人打这个电话，要不然的话，这张纸可能会在那里一放好几个小时或者好几天，无人注意到它的存在。更糟的情况是，某个不该看到这张纸的人有可能会因此看到了上面的内容。

- 某质保工程师很沮丧，他打了一个电话后，很快就被叫去参加一个面对面会议，因为他声音中透露出的情感很清楚地表明，他们必须谨慎处理当前的情况，也就是说，他们需要在交谈时看到对方的面部表情和肢体语言。

- 某管理员知道，产品主管每天会收到50到300封电子邮件。由于某个时间紧张的项目，她需要把产品主管的注意力吸引到这上面来，因此这位管理员去到产品主管办公的地方，在对方的电脑上贴了一张便签纸，提醒她查看电子邮件以了解最新的出差计划。员工们都把这种方法戏称为"行走邮件"。

- 六个人安静地坐在共同办公空间里，他们找到舒服的姿势，面对着笔记本电脑，一起工作了几个小时。其中一个人看到了一篇博文，这篇博文怀疑人们的技术热情，由于他们都热衷技术，他大叫起来，以此吸引大家的注意力，让大家关注这个有趣的案例。

以上这些例子展示出的是不同的社交情景。面对不同的社交情景，人们会选择不同的设备完成沟通，在这一过程中，他们会考虑不同媒介设备的交流效果，而人们自身的媒介偏好也会在其中产生影响。若遇到有人缺席或者交流过程被打断的情况，擅长沟通的人也能够通过熟练运用各种设备来弥补沟通障碍。艾略特说，他的那些在高科技行业工作的同事度假归来时，往往邮箱里已经堆了 500 多封电子邮件——多到把人压得喘不过气来。人们要面对如此庞大的通信数目，这意味着，他们需要时刻关注自己的通信设备。在工作时，人们需要在固定的时间查看这些设备，这也是他们工作的一个重要组成部分。这样一来，休假一说就更像是天方夜谭了。

舞蹈节奏

在高科技工作中，工作网络不仅存在于空间维度上，同时也存在于时间维度上。进行各种活动的时机会影响工作的完成效果，并且展示出工作的"节奏、周期、起始点和过渡期"（Barley 1988 : 125）。如果计划和安排得当，人们即使做着不同的工作，有着各自的工作节奏，也能彼此合拍，形成一个协作无间的队伍（128）。现在，产品从其诞生、发展到推向市场的过程是在极短的时间内完成的。诺埃尔是一名软件工程师，他说，在过去，生产一个产品的周期可能长达五年时间，那实在是太奢侈了。他工作的时候需要使用路由器，路由器能把电子网络中的数据流量传输到特定的目标地址。诺埃尔说，他设计的设备越来越复杂了，"当然，里面还涉及更多的代码"。尽管任务越来越复杂，但是设定的产品周期却很短暂。十多年前，诺埃尔直言不讳地说："如果你是个农民的话，你会发现现在根本没有冬季。你在一年时间里面对的基本上是一连四个夏季。在这四个夏季里，你必须都得耕种，不然的话，你的农场就会破产。这就是……当前在高科技行业工作的感受。"人们的工作强度在增加，但工作负担却并没有减轻，他们需要完成更多的任务，掌管更多的活动。面对任务，他们还需要更迅速地做出反应。能够形容人们的这种状态的短语就是"最佳表现"，而他们的新目标则是"保持最佳表现"。

每个产品周期内都包含着一系列的活动。计算机科学家、专攻不同技术的工程师、技术人员、机械师、产品原型设计师、产品设计师、用户体验研究者、技术写作人员、营销人员和相关支持人员都参与其中，并且有各自的工作进度。亚伦把它比作"同时跟太多的人约会"。管理者会设定大家的时间表，并且对工作完成情况进行评估，以确保大家工作步调一致。伊桑和艾娃使用的任务标记系统就是管理者采用的一种管理策略，它能够确保员工们接收到信息，完成他们应该完成的任务。每个人都必须遵守这个任务标记系统的要求；不然，没人做的任务就会落到那些愿意在工作上下狠功夫的人身上，但这会增加他们的负担。不过，在评估绩效时，这样的任务是不被纳入考核范围的。所以，这种甘愿承担工作的行为固然英勇，也能让他们在同事间树立起口碑，但是这可能并不会对员工考核产生什么影响。

"救火"工作会决定人们日常工作的节奏。"救火"指紧急处理那些必须立即解决的问题，而且这些问题通常是由于别人犯错而导致的。"救火"的时候，不管人们正在编写代码、设计路由器还是整理出差文件，他们都得压缩自己的工作进度（见Perlow 1997：87）。还有一些人本身做的是非常需要创造力的工作，完成这些工作本不需要遵循那么严格的时刻表，但是，由于他们的同事在处理常规工作，他们就不得不把这两种迥然不同的工作杂糅在一起做。塔维说，为了保证自己的工作效率，她得花不少力气调整自己的情绪。

> 我是个夜猫子，但我团队里的人都喜欢早起工
> 作，所以有时候，我还没到办公室呢，他们就会来找

我。除非我在来的路上被撞死……否则我都会来上班，
查看电子邮件，弄清楚当天我要参加哪些会议，然后
我会在会议前后安插工作。如果我有半个小时的时间，
我可能可以解决一个小问题；如果我有两个小时的时
间，我就可以做些更难的事情。这样能保证我头脑中
的程序持续运转。所以我会尽量在空闲时间里安排好
工作。当然，总是会发生一些事情，让我中断工作：
出事了；有人给我打电话；有个需要赶紧答复的问题，
只有我能解答……所以我也要考虑时间因素。我一直
在努力地学习如何在脑海中更自如地切换状态，让我
可以随时进入编码状态、退出编码状态，这样，我在
不同场景中来回切换的时候，我就能少花点时间，快
点进入高效状态。

塔维解释说，她确实需要看着代码才能思考，而且她得把
它们写在纸上看，这样才能开始思考。被打断之后，她需要一
个起点，让她能够进入研究代码的状态，直到代码重新在她的
大脑中"流动"起来。她有很多方面的工作，有些工作需要她
去社交，有些则需要她集中注意力。

有些工作比较稳定，工作内容也是可预测的，完成这些工
作很少需要做出特别的努力。完成以客户为中心的工作可能需
要适应朝九晚五的工作节奏，或者，如果客户遍布全球各地，
就要考虑时区问题，因此工作时间可能会延长至早 7 点到晚 11
点。当一个产品的生产周期即将结束，最后冲刺阶段来临，这

时员工们可能需要一周工作 90 个小时，这种工作节奏实在不人道，这几天过去之后，员工们可能要连缓好几天。詹妮弗是一名公司内部培训师，她对自己的日程安排感到很高兴，因为她的工作是确定的。她说："这里的一些团队……每天晚上都要订晚餐，员工们每天得在办公室里睡觉。"

如果在创业公司工作的话，工作节奏可能会更紧张一些，而如果在一个发展了一段时间的企业里工作，工作时间会相对固定一些。伦尼是一位来自中国台湾的工程师，他的妻子就曾警告过他，让他要么从创业公司辞职，要么就等着她离开。他后来进了一家大公司，所以再也不用像在创业公司里那样遵循着紧张的工作节奏，忍受不固定的工作时间。现在他的工作时间更为固定了，相应地，伦尼的家庭生活也更美满了。然而，诺亚和丹尼斯都选择了创业公司而非家庭。创业公司能给他们更大的自主权，让他们去做有趣的项目，所以他们选择了创业公司。在创业公司里，他们可以控制自己的时间，所以如果要接受额外的工作强度似乎也值得。

由于工作任务、家庭生活和社区活动统统搅和在一起，人们面对的情况也就越来越复杂，他们必须想办法把一切都处理好（Hochschild 1997：45）。有些人的工作安排灵活，他们就可以在工作间隙做点其他的事情。一位母亲可能会在早上 6 点开始工作，一直工作到 7 点或 8 点半，这时候她的孩子们起床了，她就会喂孩子吃饭，然后送他们上学，错过上班高峰期后，她再开车去上班。然后，她会一直工作到晚上。她很清楚，她的丈夫会在下午 5 点半离开办公地点，因为他要及时赶回家陪孩子们踢足球，带他们吃晚饭。等她回家之后，她会陪孩子们玩一会儿，等孩子们睡觉之后，她还会再工作一两个小时。第二天也是如此。另一位母亲则无法如此自如地在工作和家庭之间切换，所以她必须"一心多用"。她会一边查看有关产品发布的最新邮件，一边打电话帮孩子约医生看病。还有一位母亲则是边照顾孩子边跟在伦敦的同事通电话。

人们会用各种各样的策略来应对大量的工作任务，其中一些策略是典型的"硅谷策略"。如果某高科技公司发现自己的人力、技术资源不足以完成项目目标，他们的解决方案之一就是将部分工作外包给外面的承包商。将工作外包出去的话，短期内公司可能会引入相关的专业知识，或者他们可能会直接让另一个组织接手一些非核心任务（比如培训和技术编写）。他们如果觉得在公司保留内部培训师的成本太高，就会从外面聘请"培训顾问"。公司内部不负责设计新设备的原型，他们会把这部分工作转包（即外包）给产品原型设计师。他们会根据公司正在做的项目灵活地聘请需要的人员，比如说一些合同工和自由职业者。

在硅谷，人们的日常生活由一连串的项目组成，人们不仅会把工作中做不了的事情外包给别人干，还把外包这个概念运用到了家庭生活和公民生活之中。由于人们需要更加努力地去完成工作，要把工作视为自己生活的全部，因此他们甚至连自己换车油、擦鞋的时间都没有。富裕的硅谷家庭主要就是通过外包来把自己的生活转变为工作的。克利夫有一段"和爸爸一起修车"的美好回忆，但即便他很想自己修车，最后也还是把维修汽车的活儿外包了出去。维多利亚在亚马逊网站上为自己的弟弟挑选了一份礼物，她让他们把礼物打包装好邮寄出去。但她可能还存有疑虑，因为她觉得自己应该亲手把礼物包好，然后在里面附上一张手写便条，但是，维多利亚根本没有"足够的周期"，让她能够亲自完成所有的事情。

由于出现了这样一个利基市场，私人助理和专业教练纷纷登场，因为有些生活细节的问题是无法在下班后的几个小时内完成的，而他们却能够帮助雇主解决这些问题。凯瑞会花费一整块一整块的时间为客户做各种各样的事情，她以此谋生，她因此把自己称为"时间皮条客"。个人可能会雇用凯瑞这样的人来代替"另一个自己"，但一些公司也可能会雇一些私人助理，让他们为工作奉献出时间和精力，为精英员工跑腿。私人助理可以根据工作需要购买礼物或者聘请装修承包商。除此之外，帮人做家务的还有管家、园丁和保姆，有了他们，父母们就被解放了出来，他们就能有更多的时间投入到工作、人际交往或者培养文娱技能上面。人们会有选择地把家里的活儿外包出去。林恩回想道，她没有雇保姆，因为保姆可能不太符合她的需求，但她雇了厨师和清洁工，这样她就不必为了当好"家长"而花费那么多的时间。为了让家里人关系更亲密，琳达在周末安排了一个家庭园艺活动，但是他们会把不好处理的植物留给专业的园丁。

除了这些，人们还会选择其他不同的方式来减少自己的工作责任或者家庭责任。有一些妈妈想要待在家里，所以她们会找一些在孩子们午睡或上学的时候自己可以完成的工作。乔安娜要留在家里照顾她的两个孩子，所以她暂停工作了。她梦想着能够成为一位网络幽默作家，一个女版的戴夫·巴里（Dave Barry），她正在网上社区锻炼自己的写作能力。这个网上社区是一个电子公共空间，她可以趁孩子们睡觉的时候练习写作。在一些自由职业网站（如 Upwork）之类的在线业务网站和在线零工网站上，人们寻找的是"高质量"的人才，也就是专业的自由职业者。对于那些需要履行家庭义务的人来说，这种网站为他们提供了新的工作机会。人们会不断地调整和改变自己的工作需求、家庭生活需求，直到他们能够兼顾两者，让生活继续下去。为了实现这个目的，他们必须想出办法。

有个设计学校举办了一次活动，参与其中的大学生们面对的挑战是：如何用技术解决人类面临的问题。在倾盆大雨中，成群的学生、教授、专业设计师和人机交互领域的专家聚在一起，他们都想来看看最新一代的学生贡献出了什么样的设计。他们会给学生们提意见，并且设立展台。学生们面临的挑战之一是，他们需要重新思考"家是心之所在"这句话的含义，并且充分运用技术的力量，想出办法，让父母觉得养育子女的经历对他们来说变得更有意义，也让子女觉得自己的童年很难忘。学生们需要想出方法，使得父母在孩子眼中"不仅仅是司机或钱包"，而父母在面对孩子时也会做出既"高效"又充满关怀的决定。最终获胜的设计产品叫作"任务控制"。该团队给出了一个众包应用程序，安装这个程序的人能够从跟自己位于同一地区、同样安装了此程序的用户那里收集各种各样的点子，这些点子能够帮助他们设计家庭活动，创造共同回忆。这个应用程序会生成一个列表，上面列着你"要做的事"，有了这个列表，忙碌的父母就可以决定哪些活动跟他们的家庭生活节奏最符合、最能实现他们和家人相处的目标。他们的口号是，这个项目能够"帮助父母和孩子捕捉并庆祝成长过程中的重要时刻"。为了解决父母对孩子关注不足的问题，硅谷的独有方法是，设计出某种技术解决方案，掌握那些要为孩子举办的活动。

设计行业并非一个新的工作领域。尽管如此，硅谷的公司发现，将设计思维应用于项目之中可以激发出新的见解，刺激"创新"。设计师在硅谷是一个特别的职业，他们提出路径，在技术中体现人的需求。人们会经历研发技术、使用技术、弃置技术和重新使用技术的过程。在这一过程中，设计师、设计研究人员和用户体验研究人员充当了起关键作用的媒介，促成了人类与技术的互动。当达到设计的最高境界时，运用设计思维就成了一个发散思维的过程，它能够激发灵感，并且在其未来用户和某种产品或服务之间建立起共情渠道。设计推理是一个充满创造性的过程，它会推动人们将自己的想象力和做研究的热情结合起来，设计出实验性模型或原型，然后观察人们与这些模型之间的互动过程。设计推理将人的体验或"用户"体验视为设计中最核心的东西（Kopp & Ganz 2016 : 44，70）。例如，帕洛阿尔托的艾迪欧公司（IDEO）研发了一种专利方法，它将所有认为"人类行为神秘难解"的硅谷科技公司联系在一起。诸如艾迪欧之类的公司会把设计思维转化为创新的动力，洞察出"人们想要的东西"（Coleman 2016 : 63）。

安德烈斯是这一领域的老手。他是一位工程师兼设计师，而且在这一行很权威。安德烈斯参与设计了人人熟知的"万维网"界面。他提供多方面的咨询业务。在跟踪和解读用户体验方面，尤其是解读用户对产品的感性认识这一块，安德烈斯有一套严密而直观的方法。他的公司不仅精于设计业务，而且能够设计出解决问题的方案。在展现设计工作对硅谷的影响方面，安德烈斯发挥了独特的作用。随着计算机和移动技术的推广，美国人在无形中形成了更高的视觉素养，所以他们会对产品和服务的设计美感有越来越高的期望。尽管在大多数情况下，相较于审美价值，产品的便捷性和价格更能影响产品的整体设计决策，但是美国人却对产品自身的艺术属性产生了更多的期望，而且他们期望在细微之处体验到设计美感。新一代的用户们仅凭直觉就知道，他们只需滑动屏幕就能进行人机交互，他们无须学习这些，因此，为了满足他们的需求，产品之中可以融合一些更讲究的设计。设计师正面临更大的挑战。安德烈斯认为大数据时代给设计行业带来了挑战。每天人们在使用智能设备的过程中会产生海量信息。美国人平均每天要在电子设备上花费 11 个小时，其中还不包括使用汽车的时间，实际上现在越来越多的汽车也安装了移动计算设备（Richter 2015）。理解这些数据并且根据这些信息采取相应的行动并非一个技术上的问题，而是一个认知上的问题。安德烈斯说，我们"正处于一个临界点，也就是说，我们虽然有能力收集海量数据，但是它们的数量实在太过庞大，超过了人类能够理解的极限。而且你不可能再通过研发技术来解决这个问题。你需要通过设计来解决它"。换言之，在人们与各种设备互动的同时，相关公司就得能够解

释信息、采取行动。但人际互动在本质上还是社会性的，所以
其中包含了所有混杂的信息。

谁在主导？

科技哲学家安德鲁·费恩伯格（Andrew Feenberg）指出，
科技对社会地位产生影响的方式有两种，一种是"保护等级制
度"，另一种是颠覆等级制度（1991：92）。我们观察和采访的
人也会通过使用科技来强化或者颠覆以往的社会角色。在使用
技术设备时，最重要的是能够获得使用权，甚至是对某设备取
得控制权，这样设备就可以用来控制或者挑战传统的父母角色
和性别角色。人们会制定一些有关技术使用的规矩，以此来控
制家庭成员，敦促他们随身携带自己的移动设备，并且将它们
保持开机状态。还有一些限制设备使用的规矩，比如，"你不能
在吃饭的时候查看电脑"，但是这些规则也会受到抵制。信息
技术使用不仅仅体现在人们的工作中，现在还渗透到家庭生活
之中，这样一来，就在家里也建立起了如同工作时建立的那种
等级制度，即"我希望能随时联系到你，但我同时会想办法让
你尽可能少联系到我"。由于人们会使用这种策略，他们在家时
也会尽量避免打扰别人，即使在家庭成员和朋友之间也是如此。
塔维想要在最大程度上保证自己在干净的环境里睡觉，所以她
整顿了家里的环境，以保证自己更容易获得好的睡眠。她不允
许自己的卧室里出现笔记本电脑。戴尔住的地方位于硅谷市区
和海岸之间的丘陵地带，他上班通勤时间为两小时，所以他会

尽可能地在家工作。不过，他也制定了一些规则，以保证自己远离杂事、耳根清净。戴尔说："在家里，我不会在办公室以外的任何地方工作。虽然我可以把电脑搬到客厅或者拿到户外去，但是那些地方是我的新的避难所，那些地方没有工作。"不使用设备的行为——关掉手机，或者只在特定的时间查看电子邮件或语音邮件——也可以用来调整人际关系。如果对方联系不上自己，人们也可以说自己遇到了技术故障，这样的理由是可以被人接受的。还有，如果失联的人称自己手机电量不足，特别是说自己手机没电的话，这种解释也是可以被大家接受的。

世纪之交时，人们会有意地跟世界各地的朋友们分享一些信息，那时候，交换信息就如同交换礼物一样，人们会利用电子邮件交流，在其中附上 JPEG 格式的照片文件，彼此分享新生儿、宠物或者房子的照片。无论人们在加利福尼亚、科罗拉多还是爱尔兰，与朋友之间的照片往来巩固了他们彼此之间的友谊。现在，有了社交媒体，人们可以选择自己喜欢的方式和朋友进行交流，而且整个过程方便极了。奶奶使用脸书时，她连电脑都不需要，只需要在手机上打开脸书就可以了。如果奶奶在查看或者上传自己的照片文件时遇到了问题，她可以向女儿和女婿请教，如此一来，一家人的关系也会更加亲密。送妻子手机可以体现出丈夫的贴心，送孩子手机可以体现出家长的关爱，不过这些行为也是为了保证人们在需要联系到配偶和孩子的时候能够顺利联系上他们。

由于人们所处的人生阶段不同，为人父母者要兼顾家庭需要，因此人们在工作时会产生分歧。父母要解决一堆为人父母时才需要面对的问题，情侣有情侣的问题，而单身人士也有自己才能体悟的烦恼。在家办公的父母渴望与大人交谈。工作的父母会经历各种冲突，而这些问题却是那些没有孩子的成年人无法理解的。保姆生病的时候，父亲会把孩子带到自己的工作场所，如果他在地上放上一叠要钉的纸，让孩子自己玩，那么他在工作的时候可能会少受点干扰。但是，那些坐在大厅里的、没有孩子的员工却可能在试图集中精力写作，最后被孩子弄出来的动静搅得无法集中注意力，这时候他们可能不会把父亲的这种即时育儿方式看作一件好事。詹妮弗说："我个人也有一点不满，因为我自己没有孩子。偶尔……如果我必须得为某人做点掩护……我还会有点怨恨。"其他员工也有同感。

在硅谷的社会结构中，教育背景和技术技能是划分阶层的重要指标，如果孩子身上展现出了从事技术工作的天赋，就说明父母把孩子教得很好。凯特是都柏林的一名高科技工作者，她给父母买了一台电脑，订了两年的网络订阅服务，当她谈到这些时，她又把掌握技术的重要性重申了一遍。她的孩子们在爱尔兰接受着"优等"教育，但除此之外，她还让孩子们接触电脑、游戏机和各种娱乐设备，以便把他们彻底埋进技术里。她说："永远不要拒绝任何接触技术的机会。每个人都掌握着很多技能，你绝不会想在技术方面掉队，因为你总有一天［会用上它们］。"

文森特对外称自己为 V，他向我们讲述了他自己掌握技术的经历。他随家人从墨西哥来到加利福尼亚之后便喜欢上了电子游戏。游戏背后的技术令他着迷。他回忆道："我一直都想学习怎样让游戏里面的小人动起来。我有学习这种技术的激情。我当时的想法就是：'哇，太棒了！这是怎么做到的？'我一直都在思考这件事。"高中时，他报名参加了一个学习编程的项目，他制作出了任天堂游戏里的一个角色，还因此获了奖，自此，他的游戏设计生涯开始了。他得到了一份关于动画的工作，然后"我让这个小人动了起来"。他后来搬到了北加州，专门学习技术，并且跟别人分享他对技术的热爱。他参与进了一个位于旧金山的创客空间。除了在那里工作，他还会去图书馆和学校学习，他在学习的时候常常会为技术产生的作用和其运作方式感到兴奋，他会想办法保持自己的兴奋。文森特工作的地方有意要维持一种人人平等的工作氛围。他说："我不希望别人是因为其他的事情了解到我，比如我的地位之类的东西。我就是我，仅此而已。"他是 V，而不是文森特，他对自己的身份认知很符合他所处的工作环境和工作气氛。"我找到了一个好地方，在那里，大家不仅对技术非常感兴趣，还喜欢把艺术和技术结合在一起，他们还会去学习木工、制作金属制品和缝纫。他们不在乎我在哪里工作、挣多少钱，对所有关于地位的东西统统不关心。不论我是什么样子，他们都会和我交往。如果我对别人好，他们也会对我好。这就是区别。"V 找到一种把童年激情转化为人生目标的方法。他为自己创造了一个能够反映自身价值观的身份，而且他同时还能够保持匿名状态。

我们的被访者在描述他们想象中的未来图景时反复提到的是，未来监控无处不在，通过运用技术，与人们生活相关的信息会被捕捉和记录下来。在世纪之交，父母梦想着自己能像医生远程监控病人的病情一样，远程看着孩子写家庭作业。这种监控愿望现在已经实现了。"家校通"为旧金山市的老师、家长和学生建立起联系，所有人都可以在上面看到学生们当前需要做的作业和获得的成绩。超过 4000 所学校都在使用这款应用程序，使用率覆盖了加利福尼亚 25% 的学区，家校通成为"硅谷和旧金山湾区公立学校使用最广泛的学习管理系统之一"（School Loop 2016）。在工作领域，雇主也可以利用公司的电子基础设施，远程监控办公员工的表现。

我们可以从多个维度阐释人们为什么会想要监控他人。这种意愿的产生不仅是因为人们已经掌握了监控技术，还说明，人们希望能够访问到他们所需要的数据来源。在工作场所中，获得他人的数据可能是轻而易举之事，但在人们设想的未来图景中，监控的范围会延伸，家也会成为被监视的对象。安德烈斯将这一点表述得最清楚：

> 到那时，监控会猛烈地入侵人们的生活。也会有越来越多的人接受自己的隐私被侵犯，他们会觉得现实就是如此。人们看不到监控带来的全部后果。换句话说，人们看起来似乎更愿意使用监控技术，而监控也会做得更加隐蔽，人们察觉不到自己正在被监控。可穿戴设备中开始使用监控技术，因此监控技术走向了可移动化，而且被内置在人们的生活之中。这样一来，有些人会说："由于计算无处不在，成为了主流，人们在使用各种物件时会觉得更容易上手，你根本不

需要去深究它。"那时候，你的自行车会提醒你，链条
上需要上油了，但是这没有看起来那么酷。因为人们
没有静下心来去想，如果自行车知道你有车油和链条，
它还知道些什么？它会把这些信息汇报给谁？

那么，由此产生的一个基本的问题就是，监控也会渗透到
新的社会公益事业之中，与之相伴而来的是一种设想，即任何
可以被监控的行为都应该被监控。可是，这之中还有一个问题
从未被提及，那就是，究竟是谁在实施监控？人们对某些监控
关系是心照不宣的。比如，显而易见，父母控制着孩子；夫妻
双方中强势的一方会监视另一方；中年人也会知道自己年迈的、
日渐需要被人照顾的父母每天都在做些什么。这些互动关系依
赖监控技术，在这些监控关系背后，也体现着中国的"管"的
概念。中文概念里的"管"意味着管治，但同样也意味着善意，
其中甚至有"温暖"之意。"控制"和"感情"两重概念交织
在一起。治国者想要通过使用技术来加强管控，但是他们相信，
自己是出于兼济天下和善良之心。

监控还被用来评估表现。掌权者监控，被观察者表演。由
于知识工作本身是很难衡量的，人们想要通过监控来解决这一
问题。随着越来越多的员工开始从事脑力劳动，对于雇主而言，
想要弄清楚员工做了哪些工作就更难了。而且，员工们的工作
产出不一定是实物，这使得评估工作变得难以进行。虽然公司
会制定工作进度时间表——生产力的有形载体——来掌握员工
的工作表现，但却难以监控到其他类型的工作实践。硅谷的员

工们谈到，他们需要"表现"出自己在工作，他们通常会使用各种技术设备作为小道具，以此来清楚地向外界展示自己正在完成工作。芭芭拉在一家高科技公司工作，她在训练新来的行政人员的时候，会训练他们让自己"看起来很忙"。因为组织工作虽然是知识工作中的重要组成部分，但它是无形的，员工的工作是在自己的头脑中完成的。所以，他们会把文件翻来翻去，摆弄各种设备，让别人看见自己正在工作，这些表演也会为他们赢来同事们的欣赏。在一个无形的工作世界里，知识工作者们需要出场表演，以此为自己的工作状态正名。

人们把控制权玩弄于股掌间，而且会根据工作需要表现出自己有事可忙的状态，这里反映出的是一种进阶的使用技术的策略——自我管理。高科技行业工作生活的特征之一就是自我管理（Kunda 1992：57），人们会通过操纵技术来控制自身所处的社会环境，这个过程就是自我管理。人们如果希望更多的人找到自己，就会添置更多的设备和服务。但他们同样可以通过操纵这些设备来切断外界联系自己的路径。比如，他们会使用电子邮件的自动答复功能，它会像电子机器人一样，告知全世界：某人正在度假，所以你们无法联系到他。

通过使用各种设备和实体物件，人们也会跟自己交流。有些人会给自己留言——发短信或者发电子邮件，提醒自己需要注意的事项。亚伦说，有一次他梦见自己破解了一个棘手的软件问题，他醒来以后赶紧给自己打了个电话，留下语音信息，告诉自己在梦中是如何找到破解方法的。人们一直在使用各种日历应用程序，这些程序能帮助人们编排好未来生活的节奏。这种应用程序支持共享，所以其他人也可以查看某人的日程，甚至会在他人的日程安排上做改动。米歇尔在她的日历中安排了一段做锻炼的时间。她实际上并没有在这段时间内做锻炼，但是有了这个安排，她就可以清楚地知道在哪段时间内自己可以不间断地工作。设备和人工产品无所不在，人们可以利用它们来掌控自己的时间。电子日历到点发出的"哔哔"声不仅能够把你的时间分成块、提醒你做锻炼，甚至还能督促你做锻炼。

可穿戴设备的出现让监控变得更加普遍，监控设备也更贴近人体。赛斯是一名程序员，在世纪之交的时候，他为了使自己不要迷失在脑力工作里，给身体的多个部位穿孔，以提醒自己关注自己的身体。投入脑力工作会使人们更难关注到自己的身体，也更难关注到自己呈现在别人眼前的状态。伊莎贝拉、塔维和艾伯特都给我们讲述了他们需要做运动的故事，毋庸置疑，他们需要通过做运动来提高身体机能，但是，他们同样要通过做运动来提高自己的认知效率，也就是说，做运动最终会帮助他们提高生产力（English-Lueck 2010：10）。艾伯特说，每天在进行攀岩运动时，他都需要集中注意力，不然的话，他就会从上面摔下来，所以做攀岩运动能够帮助他集中注意力，之后他可以把专注力用在其他方面。他认为，在工作时，"我的注意力分散在无数个地方。但是做运动的时候，我可以仅仅专注于运动本身，总体而言，做运动能够锻炼我的专注力"。我们的身体和头脑之间的联系并不是天生的，我们需要自己去创造联系。成套的可穿戴设备出现，人们似乎可以通过这些设备来监控自己，并且重新设想未来的自己应该是怎样的。

2007年，知名科技作家凯文·凯利和加里·沃尔夫联手，鼓励人们运用技术记录自己的"生活日志"，于是，更多的可穿戴设备流入市场。在湾区，人们热衷于拿自己做实验，所以它实际上为可穿戴设备市场创造了一个现成的社区。硅谷人渴望了解自己，获悉和自身情况相关的数据，然后据此改变自己的行为（English-Lueck 2010 : 15）。这就是量化自我运动的开始。参与其中的人们聚集在一起，他们首先会分析自己身体机能的数据，然后分享彼此的看法（Kopp & Ganz 2016 : 224）。量化不仅仅指获取数字数据，也意味着一种信息结构的形成（Butterfield 2012 : 10）。量化工具会加工处理人的心率、动作方面的信息，还会通过算法来记录卡路里消耗值。还有一些工具能够分析人的唾液，把它转化成具有统计学意义的个人DNA序列，它们还能够通过检测其他体液来分析被测者体内有多少种肠道细菌。随着各种创业公司进入市场，一个生产量化工具的生态圈形成了。健身追踪器品牌乐活和微生物技术公司优百（uBiome）都在旧金山开设了公司。23andMe公司是研究个人基因体学的先驱，它位于山景城，毗邻谷歌。苹果公司将苹果手表定位为健康追踪器，它可以很便捷地接入苹果旗下的其他移动设备。在艾娃看来，她的苹果手表设计精巧、便捷好用，她在苹果手表上设置了提醒功能，以确保自己每工作一段时间后都能够放松一会儿。伊桑通过乐活产品来了解自己的睡眠情况。伊桑的工作时间很长，还时常出国出差，再加上他本身睡眠就不好，因此他被失眠问题困扰已久了。乐活产品能够让他对自身的睡眠问题有一个更加全面的了解。娜塔莎则会用可穿戴设备记录自己的锻炼情况、体重、情绪和饮食状况。她了解这些信息是为了"更加注意"自己的身体状况，但是，这些可穿戴设备往往和社交网络平台连接在一起，这样一来，她就会将自己的步数和卡路里消耗量同其他朋友进行比较，但这很容易引发她的偏激情绪。

相信陌生人

人们需要运用技术，同时就得承担起各种义务，各种义务之间的关系不仅复杂，而且时而相互抵触，因此，人们的生活被这些东西塞得满满当当。然而，但凡涉及人际关系，想要通过简单而机械的"沟通"来替代承担责任就是不可能的。信任在担责这方面发挥着至关重要的作用（Baba 1999；Castells 1996：179；English-Lueck & Darrah 1999）。网络把一个团队的成员联结在一起，成员们会通过交换个人信息、发送电子邮件时跟别人开玩笑来建立彼此之间的信任关系。当人们将关心彼此看得比自我进步更重要时，信任就产生了。硅谷的各个团队在建立信任时，背后遵循的逻辑出奇地一致。建立信任既保证人们有好的工作质量，又能满足人们在情感沟通上的需求。在工作时，确保某人在其专业上靠得住是必要的，但仅通过这一点，他是无法与他人建立信任的。首先，人们要有共同的信心，这会帮助他们建立起情感纽带，在这个过程中，彼此之间的信任才能逐渐培养起来。要想使得整个工作网络运转得当，不仅要确保信息流动的效率，还得确保人们在相互交流时能够信任彼此。

如果人们之间距离很远，在很大程度上依靠技术来建立联系，那么，这时想要在彼此之间建立信任并非易事（见 English-Lueck & Darrah 1999）。信任关系很难通过发送电子邮件和语音信息建立起来，因为这些媒介都太"冰冷"了。远距离交流使人们很难确定是否某人背后隐藏着某种意图。这个人是有雄心还是靠不住？她会遵守时间期限吗？或者，她是不是一个麻木的、难以激励的人？他有没有能力理解那些简短的技术信息？还是说他觉得邮件内容含糊不清，需要提供一个语境才能理解其中的内容？他到底了解多少？

即使是每天都能面对面交流的同事，想弄清楚这些问题的答案也是相当困难的。因为就算人们能够每天见面，有时也很难培养信任。所以，即使人们会为建立信任创造各种有利条件，一旦专业知识不同、所处企业不同以及文化背景不同这些障碍加入进来，建立信任的过程也会变得更加艰难。此外，电子邮件等"扁平化"技术无法传递比较细微的信息，比如人们的语音变化和面部表情，所以，想要通过发邮件来达成社交目的也很困难。有时你必须把机密信息告知一些陌生人，他们会不会把这封机密邮件转发给你的竞争对手？这些人会利用你的信息来扮好人吗？

要想走出这一困境，有一种方法是，为人们创造面对面交流的机会，让他们向对方讲述自己的故事，以此来拉近他们之间的关系，从而建立起信任。有些组织会专门设计相关的活动，创造机会，让组员们能够在固定时间碰面交流。一个人可能会通过叫对方一起吃个饭，或者一起喝点啤酒，从而和他人建立起关系。远距离交流同样可以培养亲密感。人们可以给彼此帮点小忙，即使他们是通过邮件或者社交媒体交流的，这也是让对方觉得自己可靠的方法，在此基础上，人们就能够建立起信任。人们通过打电话、发邮件来跟家人讲述自己身上发生的事情，如果家里人都这么做，那么一家人共享的信息就会增多。同样，分享公司内部人士才知道的笑话能够瞬间建立起员工之间的纽带，此时彼此间的信任关系尚处在萌芽状态，而这样的互动会加快信任建立的过程。在你来我往中，信任感慢慢建立起来。

人们会在工作中展现出各种美德，信任感就是这些德行的化身。如果某人展现出很强的技术能力，并且长期以来都能够把任务完成得又快又好，那么别人就会信任他。最重要的是，由于人们处在远距离交流的状态中，而且工作中可能时而会碰见一些小问题，这时，信任就会起到缓冲作用，让人们能够宽容一些小的错误。因为人们信任彼此，所以当他们面对失误或者失败时，并不会对彼此采取敌对的态度，而且，由面对面交谈、可视会议、电话和电子邮件组建成的交流网络反而会让人选择宽恕他人。

部分科技工作完成起来总是让人觉得艰难，这时，值得信赖的朋友和同事可以帮助你渡过难关。电话系统的连接有时候不太通畅，服务器也会宕机。如果你在 Windows 系统上安装一个新的、更高效的程序，并希望在上面完成更多的工作，那么，你就得把苹果电脑上所有的数据都转移到这个 Windows 系统中。这件事也许不那么重要，不过，即便你的日程表早已排得乱七八糟了，还是得挤出时间把它安插进去。联网打印机没纸了。阅读器的数字签名功能不太好用了。同时，如果你的本意只是想了解一下某个重要的工作软件有哪些特点，比如你想了解微软的 Excel 程序或者谷歌的应用程序套件，你可能需要点进在线故障排除网站或者上视频网站做一些深入的研究，它们会向你演示某软件系统之前的一两个版本是如何运行的。这意味着，你需要花点时间在家工作或者挤掉午休时间，努力掌握另一套程序的特点。面对诸如此类的问题时，你可以给自己信任的朋友发送消息，向他们寻求建议。比如，你可以向他们询问如何能够确保某种特别的硬件能跟新的图形程序兼容。

意想不到的后果

工程师们有一句格言：每个解决方案产生之时，新的问题也会随之而来。人们依赖各种技术来解决日常生活中的烦恼，在这个过程中，一连串新的、让人意想不到的问题也随之产生了。有了移动化技术，人们可以在任何地方工作，但是移动化技术的普及却让"地点"这个概念变得不再重要。如果人们可以在车里、海滩上、浴室里完成工作，那么，工作场所和家庭对人们来讲还有什么特别之处？地点和人们在地点中扮演的角色是两组概念，移动化技术却将它们混淆了。某种技术（以及与这种技术相关的工作）所扮演的角色被提升了，其他角色（例如丈夫、父亲、朋友）的位置就被降低了。一旦移动化技术与家庭生活完全交织在一起，它就会对家庭文化和人们的家庭身份产生影响，换言之，它会影响家庭生活方式，影响某个家庭及其家庭成员定义自我的方式。人们创建了网络生活，由它来主导社会组织的工作，但是在这一过程中，我们是否牺牲了家庭、邻里、民族等组织概念？硅谷人会在工作中使用技术，也会思考技术、研发技术，在这一过程中，新的隐喻产生，硅谷人构建现实的方式也随之改变。于是，新的构建框架产生，硅谷人要建设出一个宜居社区，那么，它又会带来怎样的后果？

在新秩序中，地点这一概念以及曾经需要在特定地点完成的任务都变得不那么重要。人们不一定要在工作场所中工作，他们随身携带着自己的工作，而且把工作看作日常生活的自然特征之一。以程序工程师妮科尔为例，她声称自己永远不会把工作带进家里，但是她家里摆放的工艺品和她的人际关系向我们表明，她的说法与事实不符。妮科尔把电脑摆在了一个单独的房间里，而且在她家里，工程杂志随处可见（见 Nippert-Eng 1996：83）。妮科尔的室友和未婚夫都是工程师，他们家讨论的话题都是围绕着日常物流和商铺展开的。妮科尔并没有把她正在接受的专业教育同她当前的工作混为一谈。她将受教育视作自己的长期责任，而工作对她来说只是参与到公司的日常活动之中而已。妮科尔和许多人一样，并不把在硅谷的"工作"过程视为一个连贯的整体；相反，他们将其视为一系列不同的任务。

人们像谈论全球化那样谈论着自己的"工作"——他们正在为自己的事业进行准备，他们要理财，还要完成育儿工作。但是他们会将这些活动和他们的"正式工作"（work-work）区分开来；"正式工作"指他们为某特定企业工作，并从中获得薪酬。人们每天会花费大把所谓的"空闲时间"来思考自己的"正式工作"，无论他们是在洗澡、吃饭还是在开车。人们在开车去上班的路上、查看语音邮件时都会思考自己的工作安排，或者，他们会在心里预想自己当天要做的事情。在进行家庭晚餐时，他们会跟家人谈到自己在办公室中遇到的小摩擦以及公司里发生的重大事件。汤姆会在花园里除草，他用这种"禅意"的方式分散自己的注意力，但是他同时还在思考工作中遇到的一个严重的操作问题。拉尔斯回忆道，在他的孩子出生时，他还是没办法放下工作：

> 公司允许我待在家里，但这并不会让我远离工作，只会让我远离办公室。孩子出生后的那一个星期里，我还是在工作。看起来我并没有工作，除了有那么几天，我工作了几个小时而已，但是我确实工作了。工作是我生活的一部分，所以，在哪里工作对我来讲并不重要，只是地点不同而已。

许多人都谈到，他们觉得工作已经侵占了自己的生活。但是，在家回复电子邮件或者写报告这些行为并不足以阐释工作在生活中起到的微妙作用。管理财务、维护家庭和接受继续教育都成了工作的一部分。比如说，某设计师会在网上搜索开发移动界面的相关技巧，父母会在网上寻找带"不好带的孩子"的技巧，知识工作者也会在网上寻找课程，学习如何跟自己不喜欢的人共事，或者他们会为了下个假期报班学习意大利语。

在工作场所，人们培养人际关系的目的在于，他们要把掌握不同技能的人联系在一起，以便在需要时能够帮彼此一些技术上的小忙。同样地，家人和朋友之间也会交换信息和服务，比如，阿曼达可能会给某个朋友介绍一位不错的针灸师，作为回报，她的朋友会帮忙把她家的电脑和游戏机接入网络。为了适应不断变化着的日常生活，人们培养出各种技能，确保一切都井井有条。

完成工作的步骤包括设定大小目标，锁定达到目标所需的技能和服务，以及产出具体的、"可交付的成果"。技术工作的完成过程更是如此。人们同样可以在家庭生活和公民生活中沿用这些步骤。凯文是一位资深的计算机科学家，他宣称，任何非自发但却让人必须付诸行动完成的任务都是工作。所以，不管这些任务是公司指派的还是家庭活动，它们都是工作。他又举了一个例子："我得为我妹妹办一个聚会。这是一个有计划的活动，因为它有具体的、可衡量的目标。所有这些活动都以任务为导向，它们非常相似。所以我会把它们都称之为工作。"

由于"正式工作"和"生活中的任务"（life-work）交织在了一起，人们很容易将日常生活中不同领域的事情搅和起来。

当桌上堆着一叠待完成的、"正式工作"的项目时，做家务就变成了做工作。夏洛特和诺亚都在计算机历史博物馆里担任志愿者，戴尔也是如此。里克每周都会花一天时间到创新技术博物馆工作。但这些工作都不是真正意义上的工作，他们只是把对深入工作的热情转变成了有意思的事情而已。一个人在之前某份工作中获得过一些股票，现在他们追踪和交易这些股票，那么，他们到底是在管理家庭财务还是在工作？那本放在桌面上的关于禅修的书是人们的精神指南，还是人们用来进行工作管理的工具？人们在保养维护那个产自美国西南部的文物祭坛时，纯粹是出于个人目的，还是像汤姆在办公室里摆放类似神龛的东西的行为一样，是出于想要摆脱无聊、释放工作压力的心理？工作生活和非工作生活彼此纠缠在一起。正如凯伦在面对人类学家天真地发问"你是否会把电脑用于私人用途"时，挖苦地回答道："什么叫作私人用途？"

有时，处在工作中的人无法从工作中抽离出来，无论是从感情上还是思考状态上都是如此。具有讽刺意味的是，亚伦的工作小组会为患有工作压力疾病最多的工程师颁发"天美时"手表作为奖励。这个手表名的意思是，遇到故障，"舔一舔，指针继续滴答滴走"。人们也谈到，他们的同事或者配偶会利用工作来逃避社交。大约三十年前，莉亚曾向我们讲述，她前夫就是这类专注于工作的男人，他给自己和女儿的生活造成了不良影响：

我在上一段婚姻里嫁给了一个工作狂。他根本无法将工作［放下］，然后回家来……很多人都陷入了工作之中，因为他们面对的工作量太大了，在正常的工作时间内是根本完不成的。但这会给家庭生活带来不利影响，因为他们会花更多的时间来完成工作，更少的时间陪伴家人。而且，等他们回家的时候，他们已经被高强度的工作弄得疲惫不堪，所以他们根本没有精力去和家里人交流了。他们精疲力竭、焦头烂额，缺乏耐心。我想，他们影响的尤其是我女儿那一代人……我女儿的婚姻失败了，其中很大一部分原因是由于她丈夫是网络管理员，他把所有的时间都花在了工作上。我女儿没法让他回到家中……人人都缺乏安全感。

近二十年过去了，故事也没有发生太大的改变。伊桑正在努力使自己不要成为工程师工作狂二代。他会有意创造让自己能够玩一玩的机会，也会在文艺复兴节活动上激动地大喊"好啊！"，因为他有这方面的顾虑："我有点意识到，我就快掉进那个我父亲曾经掉进过的陷阱里面了，这个陷阱就是太过沉迷工作。"

人们认为，造成家庭和工作生活失调的罪魁祸首是设备，有了这些设备，人们就能把工作带到家里做。妮科尔马上就要结婚了，她发现，她的未婚夫每周都要在家里完成一次工作。妮科尔总是试着把他从电脑前拽走。当妮科尔叫他的时候，他也不会停下手头上的工作，妮科尔说："听到他说'是啊'之后，我还能听见他敲击电脑的声音，他还会说：'啊哈、啊哈，什么？什么？你刚才说什么了吗？你说的啥？'这真的很烦人。"
对于某个希望得到你全部注意力的人来说，你边回答边工作在
他看来可不是什么好的解决方案。安迪则说，她男朋友有一套
世纪之交版本的"双重标准"。她男朋友总是把工作带回家做，
但是，当她把一些"有趣"的软件带回家学习时，她男朋友就
会说："别研究啦，现在你的时间归我！"

　　然而，与其说技术导致了社会分裂，不如说它只是起到
了一些推动作用而已。人们一再把家庭生活破碎的原因归结于
使用技术。但是，据我们的观察，不同家庭会以截然不同的方
式使用相同的设备。也就是说，相同的设备会对不同类型的
家庭产生不同的影响。人们从世界各地来到硅谷，他们来的
时候，也将自己常用的交流系统和电讯设备一并带来了，这
些设备能让原本已经很亲密的家庭成员们走得更近，越南家庭
就是如此。但是对于另外一些家庭来说，即使使用的是同样的
设备，家庭成员之间仍可能日渐疏远。在一个来自拉丁美洲的
家庭中，他们有一整套设备系统，每当一种新的信息技术进入
家庭时，他们都会将它小心地归置进去，以此鼓励小家成员们
跟大家庭和社区中的成员进行亲密互动。另外一些家庭同样使
用这些设备——摄像机、电脑、家庭娱乐系统——但是家庭成
员的关系却破裂了，他们会根据自身利益画小圈子，而且这些
圈子会越画越小。华的父母是中国人，已经上了年纪，而华也
已经成年了，他要教年迈的母亲一些新的电脑技能，所以他进
入了父母的生活。华懂得专门的技术知识，他知道如何组装电
脑系统、安装程序，也知道如何教母亲使用 Excel 程序——因

此他有义务与老一辈保持联系。每个家庭使用的设备都是一样的，但是他们对于"谁能获得自己面对面的关注"这一问题却有着不同的文化期望和社会期望。在文化规范——人们认为自己"应该"做什么——的作用下，人们会形成自己的预判。

在硅谷，人们早早就将孩子浸淫在技术培训之中。技术本来只运用于工作之中，很快，它就成了家庭的一部分。艾琳是一个小孩的母亲，她回忆了自己的儿子在面对硅谷的技术饱和文化时是如何反应的：

> 使用电脑就是硅谷的文化。我儿子现在 6 岁——我从办公室拿了一台电脑放在家里——我儿子很快就上手了，而且他很快就掌握了使用电脑的方法。我们会一起玩很多电脑游戏，他也会用电脑做很多事情。我儿子的学校里也有一台电脑，他们也会用电脑做很多事情。我想，在硅谷孩子们的生活可能更是如此。孩子们会学习一些电脑术语和网络术语之类的东西。工程师和其他行业的人对技术有执念，所以他们会把电脑带回家，教自己的孩子这些东西。

技术能为处于不同年龄段的人们提供一个共同话题，否则，对技术感兴趣的父母、处于青春期的孩子和上了年纪的父母之间可能没太多的共同语言。正因为技术无处不在，跨越代际的讨论才能进行得如此轻松。南森是一名工程师，他在十五年前娶了一位科技作家，他回忆了他的家族"文化"是如何围绕技术展开的：

> 我父亲现在已经退休了，但他以前［为某个国家
> 物理实验室］工作了一百七十年（他自己在使用这种
> 夸张的说法时笑了），他参与建造了加速器供电磁体
> 和其他一些东西……在有程序员这个职业以前，我妈
> 妈就已经是一名程序员了……事实上，这就解释了我
> 为什么会对编程感兴趣。她会告诉我她在做什么：那
> 是……人们刚开始掌握帕斯卡程式语言的时候，她会
> 跟我说明帕斯卡程序是什么，我觉得它特别有道理，
> 堪称完美。于是我就学会了阅读程序语言，然后我开
> 始自己写程序。我妈妈还向我展示了穿孔卡片，我们
> 自己做了一些卡片，而且我们确实在机器上花费了一
> 些时间……总之，我绝对是在一个懂技术的家庭里成
> 长起来的。

成长在这种环境里的下一代必然会受到技术的影响，这一点在
艾娃和伊桑身上得到了证实。伊桑的父亲是一位电子工程师，
在伊桑的成长过程中，他经常看见自己的父亲和继父运用工程
逻辑思维来解决问题。艾娃则是直到成年之后才意识到，自己
之前一直处在技术的世界中。艾娃说："我没有察觉到我父亲从
事技术工作给我的生活环境带来的改变……我父亲之前是一名
电脑顾问，后来又成了一名电脑老师。我从没觉得它会给我带
来好处。我觉得我的童年跟其他人的童年没有什么太大的不同。

我之前也离开过旧金山湾区，我去萨克拉门托跟我的表兄妹住在一起时，我注意到他们没有那么依恋手机，即使在那时，我也没觉得我跟他们有什么不同。"艾娃的表兄妹们对一些常用的应用程序并不了解，他们当然也就不能像艾娃那样设计手机界面。

然而，我们不能想当然地认为，成年人掌握着所有的专业知识。正如由于钢斧逐渐取代了石斧，伊尔约龙特族的年轻人地位也随之提升一样，人们认为硅谷的年轻人在技术方面也有优势。在人们口中，有很多个不同版本的故事，讲的都是像艾伦这样的孩子："我们为孩子准备了一款电脑游戏……（我的朋友）很聪明，我也不笨。但我们都不知道怎么才能打开这款游戏的声音。（有个孩子）走到了键盘前，按下一个按钮，'哔'的一声，声音就出来了。他比我们更知道如何使用计算机，但他才一岁半而已。这太可怕了。"

社会秩序是由技术力量塑造的。五十多岁的工程师担心，由于年轻的工程师无须负担家庭责任，身上也没有房贷压力，因此他们可能会突然接到通知，得知自己将被年轻人替代。四十多岁的人则觉得那些刚从大学毕业的人给自己带来了压力。十五年前，高中生们看着自己年幼的弟弟妹妹，感到很沮丧，因为这些孩子从小就成长于技术环境中，互联网图形用户界面对他们而言只是每天都会接触到的事物之一而已。现在，那些年轻的弟弟妹妹成长了起来，他们注意到，更年轻的一代正在用自己的方式接受、批评、改动和操纵各种移动应用程序，而且这些对他们来讲显然是很简单的东西。老去的一代代人既自豪又有危机感，因为他们发现，未来掌握在年轻人手中。

技术使用会塑造家庭文化甚至家庭身份。当我们问是什么因素使家庭成为"家庭"，而非住在一起的一群人而已，反复出现的那个答案是："我们能够一起做些事情。"对于这些受访者而言，家庭并不是一个天然存在着的概念，而是一个由共同行动塑造成的单元。一家人会一起看电视、露营、旅行、吃饭、聊天。对于他们来说，人们在使用那些能够促成家里人一起行动或者聊天的设备时，比如使用电话、联网电脑、移动设备，甚至是可穿戴设备，其目的都是严肃的。人们展开友好的交谈时，谈论的话题可能包括音乐、书籍和电影，但谈话常常围绕着"有趣的新兴技术"和"新的应用程序及其缺陷"展开。诺亚和夏洛特开玩笑道，结束了一天的工作、吃过晚餐之后，他们会回到各自的工作室里，给对方发信息，一直发到午夜，而且会告诉对方：现在该睡觉了。不，这次真的该睡觉了！夏洛特开玩笑说，他俩花在给彼此发信息上的时间比花在实际交谈上的时间还要多。

技术为人们提供了一个共同的讨论框架。正如普里耶什所言："我发现，即使是我在和朋友聊天的时候，无论他们是印度人还是其他国家的人，我都很难绕开技术话题去谈论一些实际上很私人的东西……比如，谈文化或者谈音乐。在我看来，这种谈话都不会持续很长时间，但当我们聊回到与科技相关的话题时，大家才真正有话可聊。"人们会把技术当成聊天的话题，也会围绕技术开一些玩笑。技术就像脐带一样，把人们连在一起。人们的玩笑中展现着使用技术的利弊。人们会拿技术失败和技术给人带来的负担开玩笑。网络工作者经常通过电子邮件来互开玩笑以示友好。普雷姆是班加罗尔的一名经理，他为了理解美国人讲的笑话，有意地在网上搜集了美国政体的相关信息——因为这些笑话对建立信任、塑造融洽关系都很重要。

技术也在无形中改变了人们体验生活的方式。鲁本是一家高科技公司的机械师，他在世纪之交时会使用互联网处理自己的工作，但他自己也有一个展示实时拍摄作品的网页，鲁本对此感到很骄傲。在他的网页里有一段关于科威尔海滩和圣克鲁斯木栈桥的实时视频，里面还记载着当时的天气和温度信息。鲁本想要每个月至少去一次海滩，而这段视频则会一直提醒他这件事。这种虚拟化的体验并不少见。现在，冲浪者们的手头有了更精巧的工具。他们可以从美国国家海洋和大气管理局的浮标与潮汐数据应用程序（NOAA Buoy and Tide Data）中获取相关数据，这款软件会直接从美国国家海洋和大气管理局的浮标中心获取天气信息。有了这些应用软件，冲浪爱好者们就能够实时了解天气情况，在软件上分享自己的照片和故事，甚至能用这些软件来为环保事业筹集资金。在很大程度上，由于人们使用了环境感知传感器，环境信息才获得了爆炸式的增长。这是因为这种传感器会将某一特定位置的信息与设备连接起来，并且建立信息模型（Bezaitis 2013：126）。之后，相关信息会被转化为人们用得上的知识。有一个正在开发中的物联网的原型是一个时钟，它能连接到任何地点的波况，人们能够依据它提供的数据告知渔民和冲浪者各个地点的情况。

日常生活中，技术饱和向我们展示了一些有趣的东西。就像伊尔约龙特人假定石斧代表着阳刚之气或者认为换来的黑曜石工具有特别的价值一样，技术中富含意义，也正是这些意义使得硅谷居民的世界里充满了象征意味。如果人们在高科技产业工作，他们就会把技术看得更为重要。但是，这里也存在一个悖论，那就是，技术饱和也会导致人们看不见技术。就如人们太过沉迷于通信技术时，就会忘记通信技术的存在。潘娜是一位冥想老师和治疗师，她在为人治疗时会使用中国传统医学。她向我们展示了要忽视技术的存在是多么容易的一件事。潘娜的这种生活方式使她崇尚自然，她还主动告诉我们："我个人不太喜欢技术。"她希望自己能够适度使用技术。然而，她的哥哥却是一个黑客道场中的活跃成员，他沉浸在技术之中。而且，要想获悉加州最新颁布的按摩疗法法规，潘娜必须上网。她还在使用一款佛教冥想应用程序，这款程序每隔 15 分钟就会响一次。无疑，技术早已融入她的日常生活。

技术并不只是存在于人们使用的种种设备中。在技术生产者聚居的社区里，设计技术、加工技术、制造技术和维护技术的过程就像是一个模板一样，人们也会透过技术看待世界、定义世界（见 Mitcham 1994：210）。由于世界已经"拥有了种种机器般的特征"（Markussen 1995：166），硅谷人看待生活的方式也因此受到影响。在高科技工作中，人们会设定目标、制定重要时刻进度表、生成评价体系，现在他们把这一整套体系沿用至生活的方方面面。V 谈到，工程师解决问题的方法就是：先研究问题，将这个问题分解成若干部分，整理，然后有条不紊地解决这些问题。V 告诉他在创客空间里的学生，工程学逻辑可以改变他们的日常生活。

人们在生活中会使用各种各样的隐喻，而技术也已经渗透到了人们的隐喻之中。一位女士担心自己的女儿在负重参与运动训练时体内代谢掉的"周期过多"，"周期"是一个用来描述计算效率的短语。而追求效率正是硅谷的核心价值观。南非计算机科学家哈里开玩笑说自己有"记忆存储问题"。他还告诉我们，他曾经在漂流旅行中问过别人某些食物是否"属于公共领域"的财产。人们日常生活中使用的语言充斥着科技词汇，其数目之大、涵盖范围之广，以至于有人专门将这些词汇记录了下来，编纂成旅行者们可以随时使用的口袋辞典，这样到硅谷来旅行的人就能够破译"硅谷语言"中的行话了（Kopp & Ganz 2016）。

技术渗透进人们认知中的表现远远不止这些有趣的隐喻而已。人们也会把在工程设计中和创业时才会使用到的方法用到他们对社会的理解上。工程学的哲学假设是"工具主义"（instrumentality）和"经济理性"（economic rationality），而硅谷人则在社会实践中将它们转而理解为追求社会效率（见 Tiles & Oberdiek 1995：49）。也就是说，它们不再是人们进行技术推理时所需的品质，转而成为人们拥有美德的表现。简单来讲，在他们的道德观念中，说某人或某物"有用""高效"和说他 / 她 / 它"好"是一回事。在 20 世纪末和 21 世纪初的互联网革命中，发展技术的既定目的就是创造连接——将机器、人和社区连接在一起。创造连接就是一个主要隐喻，它能指代技术带来的所有好处。

人们普遍认为，技术是导致所有社会变革的首要因素，而且技术导致的社会变革有好有坏。硅谷的被访者们在展望硅谷未来时，也很少质疑上述这种假设。技术为工作赋予了额外的价值。用一位政府职员的话来说："如果从前我们没有成功研发出技术，我们就会变成一群蓝领工人，我们也不会像现在这样这么富有创新精神。我不知道怎么讲，只是，嗯，那样的话，硅谷就会跟世界上其他的地方没什么区别了。"有了可穿戴技术，人们跟自己的联系会更加紧密。有了环境感知传感器，厨师和购物者就可以直接和种植着食物的农场建立起关系。有了通信技术，尤其是通信技术接入社交媒体之后，原本各自生活的一家人也被联系在了一起。即使家人们分散在各地、正在做着各种各样的事情，只要他们在日常生活中携带移动设备，就能与彼此保持联系。

正是技术中蕴含的潜力，而非技术带来的效率，让各种承载着信息的工具产生了如此重大的文化影响。十多年前，扬参与到"智能硅谷倡议"（Smart Valley initiative）的工作之中，鼓励当地人使用互联网。尽管如此，他还是很谨慎，避免自己过于追求速度。他说，效率可能意味着"在错误的道路上以每小时200英里的速度驾驶"。然而，追求效率却是技术工作者必备的一项美德，因为效率贯穿在整个技术工作的过程之中。在技术工作中，人们高度重视规划能力、自我导向能力、设计能力和各种技术专长。这些价值观并非硅谷文化所独有，但它们确实能够体现出人们在这个技术饱和之地里部分心照不宣的情感价值。

　　硅谷人认同的硅谷生活方式有如下"诊断特征"：他们重视效率，为未来而工作，而且他们的日常生活中充斥着技术。这些价值观会以各种有趣的方式在他们的生活中发挥作用。即使对于那些自身工作与高科技产业没有直接联系的人来说也是如此，他们也很认同高科技文化。硅谷的人类学家成了"技术人类学家"。桑德拉的一个邻居是一位精神病医生，他也说自己是在"高科技领域"工作，因为"他所有的病人"都是高科技行业的工作者。行政助理、机械师和健身房老板也都认为自己身处"高科技文化"之中，因为他们的工作同样在支持着高科技文化的发展，他们对自身的这种认知也来自他们与客户之间产生的联系。克里斯是一位研究科学家，在世纪之交时，他研究的是一群来享受硅谷文化的欧洲人。他说：

　　　　在我所有的好朋友中，没有一个人"完全不懂技术"。……我认为在硅谷根本不存在这种人。人们承担不起无视技术的后果，而且在硅谷如果不懂技术的话，你也不能真正地享受生活……硅谷人会比你在其他地方见到的人更懂技术，即使他们是艺术家或作家……而且由于电脑的普及，他们知道所有关于技术的东西，你可以随时跟他们谈技术。过去你会觉得他们很怪，但现在你会觉得这很正常……他们不是一般意义上人们认为的那种技术人员，但是在某种程度上，他们就是很懂技术。

虽然这种说法很夸张，而且源于他的自身经历，但是，硅谷的价值观已经成为了主流。

价值观和思维模式并非有形之物，但硅谷人却依靠它们创造出了一种用技术解决问题的思路。人们在其他社会环境中也会各自使用不同的方法来解决问题。虔诚的基督教原教旨主义者会把生活中发生的事情归结为"善"和"恶"产生的结果，而且他们会用"解决宗教问题的方法"解决其他问题。在硅谷，人们会将日常生活中遇见的问题视为"社会工程问题"，如果经过深思熟虑和系统地评估的话，他们是可以"解决"这些问题的。

在下一章中，我们将探讨的话题是，硅谷人会使用各种方法，将自身的关系网络转化为有效的工具。我们还将看到硅谷居民如何运用自身用技术解决问题的视角，将硅谷"设计"成一个更有价值的社区。技术饱和、高强度的工作为人们确立自身身份和看待亲密关系的方式提供了另外一种框架。而这些价值观正是构成工具主义的基础，工具主义始终贯穿于硅谷的社会关系之中。因此，建立和维护关系网络成为硅谷社区生活的一个重要部分。

第三章

人际网络: 建立硅谷社区

吃午餐

　　米切尔坐在咖啡馆露台上他最喜欢的那张桌子前,享受着各种服务。这张桌子摆放在一小片草坪上,如绿洲一般,四周尽是各种工业建筑、人行道、停车场,还有一条通往机场的高速公路。卡蒂能记住自己所有客户的名字,她刚刚给米切尔端来了他最喜欢的午餐——一份"加州阳光",也就是一个单面煎的荷包蛋,外加一份火鸡牛油果三明治。就像平常那样,米切尔今天也要见一位客人,他要向这位客人解释自己供职的那个组织到底是做什么的。米切尔在一家非营利组织里工作，这个组织致力于在高科技产业的领导者、决策者和一些关键的非营利组织之间建立起联系。该组织的任务是出谋划策，让工业更好地为周围的社区服务。米切尔负责的领域包括气候变化和能源问题，因此清洁技术以及水资源政策属于他的职责范围。正如他解释的那样，他的工作是要"将可持续的环保精神融入企业的发展理念和运营过程之中"。从某种程度来说，在硅谷，倡导清洁技术、提升人们在气候变化方面的意识会相对容易，因为同米切尔交谈的人往往也从事科技工作。米切尔说："硅谷人都能理解，我们需要这么做。因为他们觉得硅谷里都是工程师和科学家，所以他们能够理解我们现在面临的生物困境，而且我们必须行动起来，做出改变。"但是，米切尔并不是一个天真的人，他知道，在说服别人时，既要证明自己论证的东西在技术上是行得通的，又要兼顾其商业价值。米切尔会促成领导者之间的谈话，这些谈话的目的都指向真实的行动。正如他所言，领导者们"讨厌纸上谈兵"，相反，他们想要"创建出某个产品或者某项服务，并确保它能够促进经济发展、改善既有问题，并且有助于提升人们的生活"。然而，要想推广清洁技术，难免要想办法获得政策支持，但是，这件事在湾区并不容易。米切尔解释道："湾区有9个县、101个城市，还有许多司法管辖区。因此，没有任何组织、个人或者任何事情能够凭借一己之力推动整个湾区的议程。就某些层面而言，这也是件好事，因为它会促使人们为了达到目的而做出创新。"米切尔所说的"创新"通常是指经过设计，使各种产品和服务变得更高效、更节约能源，以及能在生产伊始使用更少的材料。米切尔要做的是为工业创新寻得政策支持。他着手做的工作包括促成建立智能电网和更新城市能源网，以及确保更多的水利政策背后都有数据支撑。在能源效率技术领域投资获得回报的速度比以前要快，但还是不如在其他技术领域的投资。投资者们如果在其他领域投资，能够很快赚到更多的钱。所以米切尔必须证明，虽然在水资源、可再生能源、电动汽车和其他政策相关领域投资要经历漫长的等待，但是它带来的回报绝不会让人失望。在说服投资者们的过程中，最难的就是要他们抛弃以往的工业思维，即认为一个产品要经过构思、制造、销售的过程，然后在不知不觉中退出市场。创新者们需要改进这种"从摇篮到坟墓"的思维方式，设想出"从摇篮到摇篮"的生产过程。也就是说，人们会用旧的材料制造出新的产品，所以，这些新的消耗品实际上只是改头换面，重新回到人们的视野之中。不过，在这样一个瞬息万变的市场上，人们很难将这种重视环境的思想推销出去。因此，虽然一些小的创新想法可能会给人们的生活带来巨大改变，但它们往往只是停留在原型阶段，因为创造出它们的原型产品很容易，但是在大众中推广开来却很难。要想缩小这一差距，获得政策制定者和商业战略家的支持便至关重要，因为他们可以资助创新产品的生产过程，从而使世界各地的人都能获悉这些好点子。

在促成技术与创新的融合这一事业上，玛格丽特是米切尔的盟友。玛格丽特在圣何塞的一个社区里工作，离米切尔不远。

她在为一家 501（c）（3）型的非营利组织^①工作，该组织的名字中就包含了"可持续"这个词。玛格丽特的工作跟米切尔不同，米切尔更像个游说家，而玛格丽特则认为自己是个教育工作者、一个关系促成者，她能将那些有能力为社会带来改变的人联系在一起。玛格丽特已不年轻了，麻省理工学院教授梅多斯领导的罗马俱乐部（the Club of Rome）的成员们是她的导师，这些人如预言家一般，撰写了那份影响深远的报告——《增长的极限》（Limits to Growth）^②。玛格丽特上的是耶鲁大学管理学院，毕业后便在知名企业里开始了职业生涯。在她工作的过程中，日本的供应商使她接触到了全面质量管理原则。之后她便开始将它放入系统培训的内容，向别人介绍"全面质量"这一概念。在彻底了解这种方法之后，她搬回加利福尼亚，开始与硅谷的公司合作。两件事情改变了她的一生。第一件事是，她生了一对双胞胎，她打趣说，对于一个全面质量专家而言，生出双胞胎非常合理，因为"我一次就'处理'了两个孩子"。第二件事是，她的导师德内拉·梅多斯去世了。玛格丽特回忆道，当时她的想法是，自己需要为解决可持续性问题、气候变化问

---

① 根据《美国法典》第 26 编第 501（c）（3）条，满足其条件的组织、信托、非法人协会或其他类型的组织可豁免缴纳联邦所得税。它是美国 501（c）条款下非营利组织的 29 种类型之一。——译者注

② 1972 年 3 月，美国麻省理工学院德内拉·梅多斯（Donella Meadows）教授领导的一个 17 人小组向罗马俱乐部提交了一篇研究报告，题为《增长的极限》。他们选择了 5 个对人类运具有决定意义的参数：人口、工业发展、粮食、不可再生的自然资源和污染。其主导思想可见于副标题"罗马俱乐部关于人类困境的报告"。——译者注

题做点什么，她要成为一名能够做出改变的环保倡导者。为了完成这项任务，她发挥自己的优势，建立起关系网，将富有的企业家、创业者、社会风险投资人和非营利组织联系在一起。此刻玛格丽特正在赶往一顿商业午餐的路上，这也算是一个半正式的聚会。在用餐时，她要积极地促进"一群对清洁技术感兴趣的软件工作者"展开对话。安排这顿午餐也是为了对他们进行领导力培训。所以，这顿午餐其实是一个典型的社交产品。玛格丽特供职的组织提供即时培训课程，内容涉及培养社会企业家精神、培训清洁技术相关的业务，以及训练学员解决一些具体问题。比如，如何将冷却塔中的循环水用于服务器这一互联网的无形支柱。玛格丽特的客户们总是在经历变化，他们会换工作部门，也会调整自己的人际网络。玛格丽特评论道："硅谷人喜欢建立人际网络，他们会在组织间流动。所以我们总是在各种活动中建立人脉。我们还试图在建立关系的过程中用到人们所掌握的知识，以此作为关系建立的基础。"玛格丽特供职的组织还引进了一群掌握着特定专业知识的专家，这样一来，他们就不必总是让同辈人互相传授知识。玛格丽特的工作原则是：确保由她联系在一起的人都能学到东西。虽然人们总是想要保持学习的状态，不过，他们可以投入其中的时间有限，所以他们希望在需要某些知识时再去学这些知识。玛格丽特正尝试改进关于可持续性话题的谈话内容，每次更新一个培训模块。

迈克尔和多萝西身处不同的工作环境中。他们同在一所大学里工作，这所大学的设计和技术专业处在学科前沿。但是，迈克尔和多萝西专攻的领域既不是软件和移动设备设计，也不是网络系统设计。他们俩都对重新打造硅谷的食品系统充满热情，而且他们需要借助在硅谷发明出的各种工具来完成这项任务。他们坐在加利福尼亚的阳光中，在一家提供各种新鲜食物——水果、沙拉、即食三明治——的熟食店的露台上用餐，他俩之间存在着一种特别的亲密关系。迈克尔不仅教设计，还与多萝西一起合作，致力于将设计思维应用到大学的食品系统之中。这所大学的创始人在学校的章程中规定，学校要一直教授有关农学方面的课程。但是，随着硅谷成为世界的科技圣地，这里哪还有可以供人务农的地方？在硅谷还是"欢心谷"（Valley of Hearts Delight）时，这里到处都是果园。现在，旧的耕作制度似乎已无立足之地。无论这里能产出什么食物，跟发展房地产带来的价值相比，都会相形见绌。在这样一个地方，还能建立起新的食品系统吗？这在设计上是一个挑战。因此，迈克尔在校园里创建了一个有机农场的原型，这个农场生产的食物会成为大学食堂里的食材。迈克尔在一个农场家庭中长大，他非常想成为一个农民。但他的家人劝阻了他，也让他意识到，在当前的环境下，他是不可能成为他想成为的那种农民的，所以他想改变制度。他告诉多萝西以及和他们一起吃饭的学生设计研究员："说到底，我只是想当个农民。我意识到，我不可能真正成为农民，至少在当前的食品系统里，想成为我希望成为的那种农民是不现实的。"他不无遗憾地告诉他的朋友和同事，他家往上倒13代全是农民，他是13代以来第一个不是农民的人。所以他认为，如果他能把设计思维应用到食物系统中，也许有一天他会"成为"一名农民。他会说服这一代的学生去关注新的农业形式，并且教会他们相关的技能，让他们能够通过设计思维应对一些重要的社会问题和环境问题。迈克尔与附近的一家开放信托基金合作，旨在维持农田和渔业的正常运转。他将大学附近的农业区称为"食品棚"。迈克尔会在学生们的小型"学术创业"任务中安排一些设计挑战。其中一些跟校园息息相关。他要求自己的学生们寻找方法，将其他学生吸引到他们的示范农场中来。另外一些挑战则更为艰巨，比如，要提高当地低收入社区和少数民族社区的粮食安全，学生们要做出怎样的设计？迈克尔还带着学生们坐车穿过东帕洛阿尔托，他让他们在那里找到有食物的地方，检查食物的质量。这些经历对学生们来说往往是一种"唤醒"。这个过程让学生们理解到自己所学专业的价值。迈克尔会从妻子、同事多萝西、学校的学生委员会以及其他社区利益相关者那里获取灵感，因此，他的脑子里充满了各式各样的想法。

多萝西则来自完全不同的背景，她熟知企业管理的相关知识，并且跟硅谷技术公司里的人交往匪浅。她丈夫在一家一流的风险投资机构工作。多萝西很聪明，她会跟丈夫聊"食品空间"领域的创新。多萝西的诀窍就是在创新和需求之间建立联系。她给学生们提出的设计挑战是：想出让其他学生少吃肉的方法。学生们会运用设计思维——调查问题、建立同理心、制作设计原型、测试、学习、再重复这一设计过程——来应对这个挑战。他们发现，同学们一直搞不清楚食堂里复杂的食品标签，所以干脆忽视其存在。这些学生将很可能成为硅谷未来的员工，他们真正想知道的是，某种食物是否能够让他们补充能量或者改变他们的情绪。于是设计专业的学生们设计出了新的食品标签，并在期末考试期间对这些标签进行了测试。他们的设计非常成功！现在，学生们可以根据标签选择不同的午餐食品，并且确保食物搭配能最大程度地使自己的身体受益。等这些学生毕业后去公司上班，他们也会期待享受到同样来源透明的、当地生产的食物，因为这样的食品能够让他们保持身体健康，并且维持好的工作状态。

劳伦的工作是创建关系网络。在她与塞拉俱乐部（Sierra Club）和前进组织（MoveOn.org）等组织的合作中，一些有益的新政策得以推进。但是这之后，她在探讨有关环城公路的问题时，遭遇了一系列的负面情绪，劳伦感到厌倦了，所以她搬到旧金山。劳伦和丈夫搬过去不久，那里的房东想把房子卖掉，所以他们谈拢租约问题后，又搬到了奥克兰。他们手里拿着现金，住进了一个少数民族社区，但这个社区正处在被中产阶层化的边缘。

劳伦从早上 8 点就开始"工作"了，尽管她一直待在家里。她的儿子还小，就读于蒙特梭利学校。这是一所绿色的、开放的学校，学校声称，他们聘请的老师来自世界各地，包括非洲，所以在学校中，"多样性是真实存在的"。家长们可以通过电子门户网站与老师保持联系。中午，劳伦开车到公司所在的共享工作空间参加午餐会议。她走进当地一家相当"时尚"的熟食店，通过手机应用程序预付费购买了一杯咖啡，然后她又带走一块店里手工制作的火腿奶酪羊角面包。共享工作空间的中心地带挤满了人，他们舒适地坐在由世凯家具公司（Steelcase）和赫曼·米勒公司（Herman Miller）设计的椅子上，每个人都专注地盯着自己的笔记本电脑。这类工作空间的共同特征是，它们有着工业化的外观，空调管道暴露在人们的视野之中。劳伦带着自己的熟食午餐上楼，来到其中一间会议室，这间会议室四周安装了玻璃墙，可以透过玻璃俯瞰中庭，以及在那里工作的人们。

　　劳伦对于自己从东海岸搬到这里的举动感到很满意，我们问她为什么感到满意，她回答说："一个新的权力中心正在崛起，组织者们都想让世界变得更美好，所以我们需要理解它。这里存在着一种乐观主义。"她笑着补充道："由于它现在是个热门话题，我所说的一切听起来显得很老套，但我能感觉到人们非常乐观。"虽然劳伦是实用主义派，身上充满了解决问题的精神，但她还是补充道："以前人们会顺从精英，按他们的要求喝下'酷爱'饮料①，但现在的情况并非如此。现在的情况更像是，你走进任何一家咖啡店都能发现人们正在谈论创意。"劳伦正在为实现一些非常有雄心的想法而工作。她的父亲是一个木匠，受父亲的启发，劳伦致力于改善工作群体的生活。为此，她与工会工人、科技公司的首席执行官、劳动者中心的非营利组织领导人，以及媒体中的"进步声音"展开合作，这在硅谷是一场艰苦卓绝的战斗。并非所有和她共事的人都是左翼。但就连支持右翼的人也想知道，共享经济将会如何改变监管劳动力的方

---

① 酷爱（Kool-Aid）是一种掺有氰化物的果味廉价饮料，常见于黑人贫民区。——译者注

式。劳伦正在努力让尽可能多的、愿意付诸行动的人共聚一堂。她是一个"实干家"。

吃午餐的时候，劳伦正在计划一场会议——这场会议要为另一场更为正式的活动做准备——会上人们要讨论如何让服务于共享经济的人们，比如来福车司机或者优步司机，获得更便捷的好处。例如，美国人把大部分医疗、保健福利限定在工作场所中。但这样一来，那些在两份工作间来回倒替的人，以及公司的非正式员工（比如合同工或零工）就无法确保自己一定能够享受到这些待遇。这次讨论仅仅是个开始。如果在优步等线上平台工作的人可以享受到更便捷的福利，那么，人们或许可以为那些在苹果或英特尔等高科技公司工作的合同工创建更大的工会。目前，想要实现这一目标并不困难。如果一些重要的组织或人员——工会、政策制定者、科技企业——能够参与进来，为临时工的福利制定出更详细的实施步骤，那么一个充满可能性的世界的大门就敞开了。对于技术公司而言，它们并不会在聘用合同工尤其是服务领域的合同工上面花费最多的成本。他们可以重新设计劳动关系，成为社会领域的创新者。这值得一试。

劳伦和朋友时常会交流照顾孩子的技巧，她为自己可以专心工作、不必太担心儿子的情况而心生感激。因为作为一名顾问，她的工作至少可以让她在照顾孩子方面做出灵活的选择。劳伦和丈夫会在应用程序上找保姆，但是这里面一直存在的问题是，他们不确定保姆是否能够配合他们的工作时间。不过，他们家附近正好有一所好学校，所以他们夫妻俩都解放了。劳伦告诉朋友和同事："我觉得自己真的很幸运，因为我简直无法想象，如果手头紧的话，我该怎么平衡好工作和家庭之间的关系。这听起来太难了。"劳伦刚刚创建了一家社会企业，与此同时，她也一直在思考工薪家庭面临的困境，这是让她每天精力满满、投入工作的动力之一。她还为此发起了一场要求员工获得家庭带薪假的活动。劳伦总结说："是的，做这件事对我来说很困难，但如果手头真的很紧的话，没有什么比……总之它激励了我！"

硅谷的标志——技术

有一个非常古老但普遍的想法是，标志某地文化的可以是该地的经济特色，也可以是该地的技术优势。丘马什人（Chumash）是加利福尼亚圣巴巴拉地区的原住民，他们之所以被命名为丘马什人，是因为他们能够"制作出贝壳货币"。贝壳货币是由橄榄贝壳（取自海洋紫橄榄蜗牛的壳）制成的珠串，这些串珠曾在整个地区作为货币流通（Miller 1988：111–12）。丘马什人因此在当地的经济中占据了一席之地，因为他们创造出了一种交流的媒介，使海峡群岛的人们能够与沿海山区的邻居们交换资源。无论是纽卡斯尔的采煤业，还是堪萨斯城的牲畜加工业，抑或香槟谷的酿酒业，地方经济特色往往能成为各个不同社区的标志。就像人们一提到汽车城就会立刻想到底特律，一提到电影制作就想到好莱坞和中国香港。

虽然没有人会想当然地认为，处在上述社区中的每个人都跟当地的关键经济活动有直接关联，但是，这些经济活动的确塑造了社区。并非所有丘马什人都是贝壳货币商，但是他们的安塔普萨满①却能决定贝壳货币的价值，他们同样也会参与选择当地的政治领导人，而且他们还是由丘马什精英阶层组成的托摩尔船艇协会（Tomol Boat Society）中的关键人物。制作贝壳货币为当地人建立起一整套围绕着资源交换发展起来的生活方式，也培养出了社会的精英阶层，而且，他们塑造的整套世界观也会反过来支持这些社会精英。贸易精英和宗教精英会决定社会秩序。正如在底特律，有些人并不参与汽车生产过程，但由于汽车工业的特殊地位，它仍然会对服务员和教师的生活产生影响。

　　硅谷的高科技产业基地是建立在发展研发技术，发展航空航天和国防事业、半导体、计算机、软件、电信和生物技术等行业的基础之上的。它们都对硅谷的经济发展起到了一定的作用。在这种以技术饱和为特色的社区中，技术无时无刻不出现在人们日常生活中，影响着当地的经济，也决定了当地人会怎样发展社会关系，从什么角度看待世界。在个人层面，人们会把在工作中解决一个个项目时使用到的逻辑和方法融会贯通，用它们来解决生活中遇到的其他问题。软件工程执行官乔纳的行为将对上述结论做出例证。由于要履行合同义务，乔纳被迫前往意大利。起初，他已经下定决心要忍受那里的悲惨生活——他做好准备，觉得自己会痛恨在意大利的经历，厌恶意大利的食物。但是之后，乔纳调动起自己解决项目问题时所用

---

① 安塔普（antap）是丘马什人的精神领袖，据说能够阅读人的潜意识、预知未来。——译者注

到的能力，想用它来应对自己当前遇到的麻烦。乔纳作为高科技领域的工程师，在解决问题时会使用各种方法，他把这些方法借用过来，为自己设定了一系列的新目标。然后，他开始按部就班地行动起来，尝试各种各样的食物，学习意大利语，拓展自己的视野。为了让自己能够适应新环境，乔纳"重新设计"了自己的样子。

在更大的社区层面上，居住在硅谷的人们在理解硅谷社区时，也会借用在高科技工作中用到的各种模型。例如，在媒体领袖和民间领袖口中，硅谷好像是一个巨大的、具有象征意味的操作系统，它与各种不同的、在其平台上运行的文化应用程序连接在一起。这就像是，由于工程师们制作出了电脑操作系统（如 Windows）或移动操作软件（如苹果的 iOS），因而人们可以通过它们来玩转电脑或者手机应用程序，同理，那些受过良好教育、具有相应职业道德的员工也会为来自越南或者中西部的新人"提供一个平台"，让他们站稳脚跟、茁壮成长。技术饱和社区会催生出一种独特的风气和公民话语。硅谷的科技隐喻和人们解决问题的视角在人们眼前形成了一重滤镜，因而，人们会透过这重滤镜思考自己的人生轨迹和社区价值观。

技术饱和社区在社会层面也会展现出其独特性：无论是人们所处的劳动关系还是他们扮演的家庭角色，所有这些社会秩序层面的东西都已被重组，都要服务于工业发展。在硅谷，人们深深认同的、唯一的"自然"资源就是专业知识和人脉。因为硅谷只有保持高知识密度，才能在动荡的技术资本主义世界中保持其主导地位。通过教育，尤其是那种培养职业技术技能的教育，硅谷培养了众多工程师、教师甚至快餐工，因而教育使得硅谷有动力和能力为自己创造出"附加价值"。也正是得益于此，硅谷才与内布拉斯加州林肯市①这样的城市区分开来。硅谷的个人、组织和社区都可以通过运用专业知识来为自己的产品增值。硅谷的员工们认为，他们与其他人的区别就在于他们倚赖技术。或者更准确地说，区别在于他们的世界观不同。恰恰是技术隐喻和技术模型左右着硅谷人的世界观。

高科技工作在硅谷占据核心地位，而且产生了一系列连锁反应，同样影响着不在高科技行业工作的人们的生活。非科技工作者要面对那些富裕的"技术专家"客户，适应他们的生活节奏和品味。健身房服务员和按摩师会努力地让自己的客户——那些压力重重的高科技工作者——保持健康，以便他们能更好地完成创造性的工作。客户们总觉得时间紧迫，这一点他们也必须适应。更重要的是，他们必须认同客户们持有的信念，那就是，人只是完成生产的一种手段，这意味着，人们要充分调动起自己的身体和头脑，以确保生产力最大化，这也是他们要完成的项目之一。由于高科技赞助商会使用艺术家的作品装饰公司墙壁，艺术家们也必须迎合他们的期望。艺术家们会利用技术媒体，并将其与传统的电脑技术结合起来，生产出赞助商需要的产品。这种事情发生在这样一个技术之地并不奇怪。

在人们看来，即使是最传统、最卑微的工作也完全被科技

---

① 内布拉斯加州是美国中西部大平原区的一州，农业在其经济中占重要比例。林肯市是该州首府兼第二大城市。——译者注

重塑了。安吉莉娜是就业培训中心的主任，她在培养硅谷的下一批清洁工：

> 就清洁工作而言，现在有了一些特别厉害的设备。人们当然不会再用拖把和扫帚了，但是他们用的也绝非一些简单的过渡性装置。他们使用的是非常非常专业的设备，这些设备同样可以由电脑控制。我们是非营利机构，所以我们现在正在申请一些补助金，用来购买这些设备。我们希望能申请成功，这样的话，在我们这里学保洁的学生就能够接触到这些设备了。所以，课堂现在不再仅仅是课堂了。课上大家谈论的是如何使用化学品、混合化学品，大家都明确地知道每种化学品是什么。我想，在未来，等到消费者意识提高、环境保护的任务变得更加迫切，清洁溶剂在人们的生活中会扮演更重要的角色，人们也会想出更多的解决方案，因此，我们也想让学生们为此做好准备。

安吉莉娜认为，硅谷技术饱和的一个标志就是，技术改变了人们的生活，甚至改变了那些卑微的人的生活。即便有些人看似跟迷人的高科技工作毫无关联，他们仍然有着更强的设备意识。围绕着这些设备，一种新的工作形式出现了，即那些数字劳动平台上提供的微工作，有时也被称为"零工"。

兰德公司（Rand）的研究人员卡茨和克鲁格指出，在美国，合约型劳工——包括机构里临时聘请来帮忙的工作者、随叫随到的工作者、公司的合同工、独立承包人和自由职业者——的比例在 2015 年时升至全部劳动人口的 15.8%（Katz & Krueger 2016：2）。在硅谷，随着经济的震荡、繁荣与萧条的交替，合约型劳工的规模也随之扩大或收缩。个体工作者可以决定要不要做这些工作，也可以决定要不要离职。人们也可以身兼多职。艾娃和里克都属于这支劳动力大军的一分子：艾娃刚开始她的设计师生涯，而里克则在进行退休后的业余爱好活动。艾娃寻找的是一些为移动设备设计界面的小工作，而里克则在利用一款数字应用程序联系需要乘车的客户，然后为他们提供驾驶服务。

与人们工作相关的社会创新很多，共享经济就是其中之一，它模糊了工作场所和社区之间的界限。共享经济指买卖双方通过数字媒介建立联系，并从中产生消费行为，易贝就是这样的数字媒介平台；它也指协同消费，参与其中的人会共享汽车、共享房地产、共享知识（Kopp & Ganz，2016：130）。按理说，优步、爱彼迎和可汗学院都可以被理解为共享经济的一部分。共享办公空间或协作空间则不仅让人们分享同一片土地，同时还鼓励人们共享工作中建立起的社交网络。伊莎贝拉和劳伦就是在这样的空间里工作。成立企业培育中心和加速中心也是一种合作形式，它服务于特定目的，旨在为创业公司提供帮助。社交媒体则宣称，人们共享的是有益的社交网络，这是人们与彼此分享的前提。为了确保处在数字网络上的人们也能在现实世界中建立紧密的联系，一些应用程序鼓励人们见面，鼓励网上相识的人进行面对面交流（Shen & Cage 2013：407）。有了这些社会创新，技术延伸到了人们的生活之中。

高科技工作对非技术领域的重塑同样体现在公民生活中。非营利组织设立起颇有价值的社区项目，把有才华、懂高科技的志愿者们联系在了一起。在整个硅谷地区，各个自治市功能不同、相互交织——但每个城市都有自己的环境代码和建筑代码——这使得一家企业很难同时在库比蒂诺和弗里蒙特拥有自己的建筑。于是，高科技企业敦促各个政府相互合作，制定出一套共同法规，并且将其在互联网上发布出来，以便企业在区域内各市中设立分部、扩大规模。之后，各市政府精简了硅谷地区许多司法管辖区的规程，以此推广"一站式"管理。

最初，人们认为硅谷的地理区域只包括圣克拉拉县边缘的城镇和城市。随着经济的扩张，弗里蒙特市积极地加入硅谷的版图，希望能以此吸引新的商业企业进驻，弗里蒙特市位于邻近圣克拉拉县的阿拉米达县。吉尔罗伊市虽然仍以农业和生产大蒜而闻名，但也已经成了高科技通勤者们聚居的社区。旧金山虽然最初不希望人们在提到硅谷现象的时候提及自身，但现在也承认它已经和硅谷在媒体业务和互联网业务上建立了联系。正如劳伦举例说明的那样，硅谷越过旧金山，向东部挺进，把伯克利和奥克兰纳入了自己的科技版图。

人们对生产高科技商品的热情塑造了硅谷的公共景观。加州的每个人都看到过宣传房地产、当红餐馆和食品的广告牌。但只有在硅谷，人们才能看到宣传儿童医院的含义隐晦的广告牌，上面写着"协调是家庭的隐性基因"。在电影故事开始前的几分钟里，观众们会看到各种广告，这些广告试图吸引技术人才到特定的公司里工作。人们还会开玩笑说，他们会在影院里来来回回地交换名片。

硅谷的社会秩序反映出了高科技产业的主导地位。在硅谷，提供服务的人——教育者、餐馆老板、清洁工——服务于那些真正对硅谷"有用"的技术精英。专家级员工被视为"硅谷真正的自然资源"，公司在招聘时，为了留住他们，会开出各种各样的"增值"条件——洁净的空气、良好的教育、合理的交通状况，任何能够提高生活质量的便利设施都会被提及。

设计新平台

在硅谷，人们不仅是在"过"生活，而且在"设计"生活，这句话至少在部分情况下是成立的。就像你已经读过的那些故事一样，人们作为个人去体验日常生活时，超越个人层面的社会制度往往也在发挥作用。硅谷的技术饱和不仅会影响个人的选择和行动，也会在更广泛的层面发挥效用。硅谷文化如何对个人层面之上的社会实体产生影响？人际网络、工作组织和公民组织如何支持和塑造硅谷？硅谷社区的市民结构在大体上反映出，硅谷的市民群体是在有意识地做出努力，而非展开各种无组织的、随意的个人行动。硅谷不是一个由各自拥有着独立身份的个人组成的集合体，而是一个容纳着多个社区、多重人际关系、多种联盟关系的复合社区，而且这些因素仍在发生着变化。复合的自我概念、吸引人们来到硅谷的独特工作，都让他们建立起新的身份。不仅个人会用符号来塑造意义，群体也会将其用来定义整个区域。由于硅谷人是在自己创造的文化中学会了生活，因此技术不仅对个人产生了影响，还影响到整个社区。

创造新文化的过程被称为"族群生成"（ethnogenesis）。人们创新出新的经济模式，发明了各种技术，建立起各种社会组织，用它们来取代或者改进旧的生产方式。在这一过程中，一种独特的风气得以出现，它先是融合进人们的生活方式中，之后才成为真正能够定义这个新社会的标志。我在寻找跨文化案例时，发现边境史中充满了族群生成的例子。

当一个族群迁移到某片新的土地时，他们既缺乏复制原有社会的资源，也没有意愿这样做。人们不可能在新的、资源稀少的环境中重塑原有社会的经济特长，或者说，这么做极不合适。由于旧的社会秩序没有得到充分再现，新的社会关系和价值观便开始形成。历史上讲述这个过程的例子数不胜数。中世纪早期，后罗马边境社会分裂，人们要散播欧洲的、"文明"的社会秩序，这可跟打仗不同，因为打仗的目的只是扩张罗马的政治经济版图。然而，这种大规模改造缺乏相应的基础设施。而神圣罗马教会充当了促成改造的文化代理人。

在公元 5 世纪至 7 世纪时，天主教隐修会促成了许多文化上的发明，它们改变了西欧社会。隐修运动的"前哨部队"并没有简单地复制原有社会的社会秩序，他们创造出了各种新的社会结构。修士们建立了本笃会规（Benedictine rule），据此建成专事工业和文化生产的岛屿。新的隐修会建立的社会秩序成了"经济史上的里程碑"，它从根本上重塑了人们工作实践的模式（Sullivan 1979：33）。新会规规定，所有阶层的人都要从事体力劳动——甚至连贵族也不例外，而有些人以前从未接触过体力劳动。他们还引入了一种平民生活方式，平民们要按照日程来进行各种事宜，在此之前，这样的生活方式只出现在军事概念中。

根据宗教秩序，修士们还发明出管理僧侣的新方法。圣徒传记和圣人的生活故事不仅全部用来阐释领导力，还定义了什么行为是"好的"。故事中的圣人否定"人性"、臣服上帝，依据这样的故事，人们期待现实中的圣人也有这样的品质，同时，人们对国王、勇士和工人应该具有何种品质的期待也发生了改变。一种悲观主义弥漫在中世纪，它怀疑人类本性脆弱，需要完全依赖上帝。这种悲观主义恰恰源自于隐修会的意识形态，它奠定了一种宗教认识论、一种解释宇宙的方法，以及一种用宗教解决问题的视角。这种视角不仅指导着中世纪知识分子进行各种活动，还影响着人们日常生活中的各种行为。上帝和柳树皮起的作用大相径庭，柳树皮的化学属性能够帮人们减轻疼痛、治愈疾病，而上帝则主导着一切话语，从政治宣言到各种程度上亵渎上帝的话语都包括在内。僧侣曾是"基督的健儿"（Christ's athletes），这一形象暗示着，僧侣的行为和其神圣性都将作为社区的榜样。隐修会建立起的社会组织、树立起的信仰虽诞生于边境社会，但它们作为创新之举，却改变了古老的欧洲。

在硅谷，"族群生成"呈现出不同的形式。企业实体和组织之间的人际网络主导着硅谷的社会秩序。技术创新者是大家的英雄，他们身上体现出的创造力、效率和企业家精神令人钦佩。

在解读硅谷神话一般的历史时，艾略特表达了这种钦佩之情：

> 我们在硅谷感到很乐观，因为我们没有理由不乐观。我的意思是，曾经，一个名叫"仙童半导体"的小公司开始摆弄集成电路，然后，"嘭"的一声，硅谷就产生了！然后斯坦福的某位研究人员开始捣鼓 DNA 分子，把它们拼接起来，然后，又是"嘭"的一声，我们有了生物技术革命！爆炸地点就在斯坦福大学附近，那里是震中……但是世界各地都可以听到这"嘭"的一声。所以，我们当然会很乐观地看待技术。互联网……基本上始于马克·安德森[1]以及他为生成图形用户界面所做的工作。阿帕网（ARPANET）那时候已经问世几十年了。但谁用过它呢？几个研究人员而已。之后，这个图形用户界面出现了，还是"嘭"的一声，全世界都在使用它了！

每一股创新浪潮都催生出新的公司，这些公司会培训员工，等他们离开公司之后，他们自己也会创建新的公司。戴尔称赞道，这种人员流动就是硅谷成长的机制。硅谷自身的英雄故事版本，再加上媒体的宣传，使人们培养出了一种乐观的世界观，这一过程既具戏剧性又非常成功。能够体现这种英雄主义的工

---

[1] 马克·安德森（Marc Andreessen），马赛克（Mosaic）浏览器的创建者、网景公司（Netscape）的联合创始人。——译者注

程技能主要包括规划、设计以及开展其他面向未来的活动。尽管人们对苹果公司的联合创始人史蒂夫·乔布斯的脾气和人际交往能力嗤之以鼻，但他仍然受人尊敬。诺亚是一位成功的企业家，他还以司法工程师的身份为自己开创了一席之地。诺亚说，他喜欢与行业先锋合作，他在寻找才华横溢甚至有点古怪的成功人士。人类学家杰米尔尼亚克（Jemielniak 2012：101-3）研究了欧洲和加州的技术高地，他指出，人们在技术行业里创造出了一种非正式的权威结构，权威的形成以个人获得的信任为养分，而人们只有通过"解决问题"才能获得别人的信任。这些品质被灌输到各行业的领导模式之中，也就是说，它从工业延伸到了教育、管理甚至宗教领域之中。这些品质结合起来，为人们创造出了独特的、解决问题的视角。在这种视角下，人们更青睐的是创新精神，而非那些久经考验的真理。从人们的健康问题到文盲问题，各种各样的社会弊病都可以通过技术解决。硅谷尤其容易受到"炫目效应（dazzle effect）的影响。炫目效应是指，人们会想当然地认为最具技术含量的方案就是最好的解决方案"（Hakken 1993：118）。技术很"酷"，所以，成为技术产生过程中的一分子，甚至只是跟技术扯上关系都是"令人兴奋的"。在工程思维过程中，工程师们会在产品的功能和结构之间建立联系，也就是要把产品本身和它的用处联系起来。这个框架反过来也被应用在了人际关系上，它将人们的行为和身份联系起来，这是个将人们工具化的过程，但它却将效率、人际网络和创新精神变成人们自然而然会钦佩的品质。

可汗学院，连同其他许多类似的数字教育平台，正在切实

地向我们展示，它们把解决工程问题用到的方法应用到了解决
社会问题的过程之中，尽管这些平台已经走向了货币化，但上
述这一点确是如此。可汗学院制作在线视频，生成一些基于文
本的练习，并且通过使用个性化的学习仪表板来教授数学、工
程、艺术和科学学科的知识。最初，这些内容是为儿童学习数
学而设计的，但是现在，老师、成人以及任何试图获得或者更
新自身现有技能的人都可以使用这些内容。于是，可汗学院变
得流行起来，它获得了比尔及梅琳达·盖茨基金会、谷歌 CEO
埃里克·施密特以及风险投资家安·多尔的支持。按照设计，
如果人们有校内教育经验，那么他们就会重复听在线讲座，多
做练习，更多地参与进校外数字化游戏之中。从理论上讲，课
堂时间会留给师生人际互动和指导。但实际上，这些课程跟老
式的视听教学相差无几，只是在以教师为中心的课堂上使用了
数字材料而已。尽管如此，可汗学院在洛斯阿尔托斯和奥克兰
的试点地区进行测试时，还是具有一定的潜力，它能够使学
生们的学习过程变得主动、有趣，因此也更高效（Cargile &
Harkness 2015：21—22）。

　　将这些观念渗透到文化之中的主要媒介是硅谷的工作场所，
它相当于中世纪的隐修院。硅谷有成堆的企业文化——它们各
自拥有自己的使命、结构以及"价值观文化"——即使其中有
些是暂时性的东西，企业的普通员工也都会认同它们。临时员
工为了升职，可能也会分享企业文化、参与文化活动。人们将
沉浸在公司文化之中的行为视作文化适应和获得成功的工具，
但是远程办公者或外部承包商却不能保证自己总是能参与其中。

像苹果这样的公司将企业文化视为一种重要的商品。贝丝认为，企业文化就是将企业遵循的理念灌输给公司的员工："在硅谷，人们全身心地投入到工作之中，这也是文化的一部分……［它］似乎更像是社会意识层面的东西……你会考虑，你为之工作的地方是如何影响了社区，又如何影响了世界……我第一次在苹果公司工作时，我觉得我们正在改变世界。在苹果，你肯定会觉得你做的事情正在影响人们的生活。"李谈到，他"对（他所在的公司）有一种无缘无故的信任感，只是由于这家公司多年来建立起了好的声誉，这种信任感就产生了。这是我选择来这里工作的原因之一"。

戴维·帕卡德在其著作《惠普之路》（*The HP Way*）中讲述了两个人在车库工作的故事，并把这个故事作为倡导民主和包容精神的管理哲学的起源，而正是这一理念指引着惠普走过了 20 世纪末的时光。像惠普这样的公司定义出了自己的工作风格、各种使命和工作精神，这些公司想要做的不仅仅是解决就业问题，而是把工作的意义提升到推动社会转型的高度。后来，惠普以改变其企业文化而出名，它不再强调自身对员工的忠诚，而是越来越注重个人表现，而非团队表现或集体评价。社交网络发挥出的最大效用就是，它能够放大个体员工的工作能力。但个体化的评估让员工们更难与彼此"分享知识"或者向彼此"展示自身的弱点"。在这个过程中，人们要顶着更大的压力去表演。杰罗姆原本是一名熟练的电气工程师，后来成为一名高管，他在 20 世纪末准确地预测到，工作会对个人做好自我管理提出更高的要求，否则的话，个人就有被利用殆尽而后抛弃的风险：

> 我们起床之后，会淋浴、刷牙、吃早餐［然后开
> 始工作］。我们会接触到很多信息来源。当工作成为人
> 们 24 小时都要去做的事时，这就成了一个非常……吓
> 人的场景，我觉得那太可怕了。但是有了信息技术后，
> 人们就有可能会工作这么长时间。因此，我认为，你
> 和你的自律会决定你是否能做到"政教分离"。［我们
> 每个人］都必须把在工作与个人生活中倾注的时间和
> 精力分开来，因为它们之间的界线将越来越模糊。

人们将硅谷的员工视为流动在各个公司之间的"技能包"，
他们必须一直提升自己，这样才能满足不断变化的市场需求。
"提升自我"包括自我营销，持续更新个人简历，维护好社交网
络，准确预测未来，提前准备好未来可能需要的产品和技能。
硅谷员工最热衷的事情就是预测未来的就业市场情况以及提升
自己的技能。这也表明，个体工作者要担负起重任，维护企业
和员工之间的社会契约关系。里昂斯写过一本自传，讲述的是
在创业公司中的工作经历，他在自传中就描述过这种妥协。他
说，雇主希望员工对自己忠诚，但他们不会给予员工一丁点的
忠诚。惠普在鼎盛时期时与员工之间的关系被比作家庭关系，
不过现在，二者维系关系的时间又缩短了不少。人际关系平台
领英称，它的员工们正在进行的不过是一场"任务之旅"（tour
of duty）（LinkedIn 2016：115–17）。

多重联系

高就业流动性催生出这样一种社会契约：人们越发将彼此视为工具，只要认为对方有用，就会建立关系。20世纪末，硅谷的员工流动率是全国平均水平的两倍（Joint Venture: Silicon Valley Network 1999 : 10）。在经历了两个兴衰周期后，硅谷的公司流动率（即公司成立和关闭的速度）仍然很高（Hancock 2013）。员工和公司之间不存在永远的忠诚，忠诚只是暂时需求。员工们对这种社会契约的残酷性已经有了深刻的认识。有时公司可能需要把已解雇的员工返聘为合同工，所以硅谷公司也形成了一股谨慎裁员的风气。毕竟，无论对雇员还是雇主来说，没人希望看到过河拆桥的场面。

员工和公司之间的雇佣关系是短暂的，所以人们必须创造出另一套组织原则。人们不再围绕着工作组织建立关系，而是围绕着工作网络建立关系。也就是说，现在他们关注的是同事，而不是公司。信息系统应用架构师安东尼发现："人们结成团体，特别是那些共事者组成的团体……他们的关系不仅经受得起公司内部的考验，等他们流动到不同公司之后，这种关系还会发挥作用……这些关系比围绕公司建立起来的关系要强大得多。而且……由于员工的流动性很高，现在这种联系更多地建立在人与人之间，而不是人与公司之间。"

吉尔的故事向我们展示了关系网络的强大力量。她是，或者更确切地说，她曾是一家大型高科技公司的市场营销总监。她最初就在这家公司工作，后来，公司聘用了一个又一个新人，吉尔和他们组建了关系网络。在她所在的部门中，从行政管理员到副总裁都作为节点，处在她的私人关系网络或者工作关系网络之中，由此，团队也就形成了。当公司遭遇重组之时，公司建立团队的过程被翻转过来，处在关系网络中的成员被一个接一个地解雇了。但是最后，原有的关系网络仍旧有效，只有行政管理人员脱离了出去。

人们为了做好工作、获得机会，会有意识地使用这些关系网络。想一想下面这个例子。由于硅谷地区房价过高，一群年轻的专业人士——四男一女——住在一个集体公寓里。在他们之中，有三个人在创业公司里工作，西德尼供职于一家研究公司，还有一个人在网景公司工作。西德尼解释道，他有一个企业家室友一开始在苹果公司工作，之后，他和一群同事离开了苹果，一起开了一家创业公司，但他们每个人都还跟苹果公司里的人保持着联系。在接下来的 6 个月中，他们所有人又全都去了其他地方工作，所以，他们在其他企业和组织里扩大了自己的工作人际圈。6 个月之后，他们又去了其他地方，与更多的组织建立起联系，也因此又一次拓宽了自己的工作关系网络。当他们一起去做一件事的时候，就可以用到所有人建立起的关系网络，也就是说，对他们而言，跟部门的人搞好人际关系就已经可以帮助他们满足工作上的需求，因此，他们都会努力维持好现有的工作网络关系。

关系网络有很多种。它不是简单的、同质化的实体。它可以是非正式的，也可以是正式的；可以是短暂的，也可以是持久的；可以发生在远距离场景中，也可以存在于亲密关系里。又或者，在不同的时间段，上述所有情况都会出现。由"秃鹫"公司组成的关系网络发展起来的就是一种临时的、短暂的关系，他们中的任何团队在参加完会议后，如果发现还有什么剩下的、未决的项目，他们就会发邮件告知彼此。在节日庆祝活动中，同事们扮演起自己的角色，仿佛彼此是来往密切的亲戚，大家汇聚一堂，把几个在几十年间相互联系的核心家庭凑到了一起，这是另一种完全不同的关系网络。关系网络的共同之处在于，它们虽然建立在人的工具价值上，但是人们也在其中倾注了感情。人们会关心处在关系网络中的其他人，但是，他们同时也会寻找机会利用好这个网络。

硅谷人生活在一个复杂网络之中。其中，人们同密友、家人建立起的是强关系；而人们和组织、公司建立起的则是弱关系。当同一社群的人们一起进行某些活动时，人们在工作、参加宗教活动和娱乐时会共同参与一些活动，人们之间可能会发展出密切关系或者维系起远距离关系。有些关系显然是建立在人的工具价值之上的。西尔维亚是一名科技作家，对她而言，最重要的人际关系就是她同自己的职业教练和心理医生发展起来的关系。多年来，她一直在精心经营这些关系网络。

在硅谷，建立起的关系网络都有一个令人惊讶但又十分重要的特征，那就是，人们可以轻轻松松地跟偶然结识的人建立起关系，与他们交换一些有用信息和实用信息，然后又分道扬镳，结束这段关系。让我们来看看卡尔对这种现象的看法。卡尔在一家创业公司工作，他负责收集信息。卡尔的大部分工作都是在互联网上完成的，但他需要一个不那么扁平的环境，让他可以在其中获得灵感。卡尔说：

> 我可以走进镇上的任何一家酒吧或者餐馆，坐下来，听人们谈论最新的技术。我能从别人那里获得灵感。有好几次，我到楼下的一家小餐馆坐下以后，就开始和邻桌的人交谈，我们就很多话题来来回回地说了很多。那些人也在创业公司里工作，跟我一样，哎呀，我发现我们可以一起做些事情。他们曾试着实现某些想法，但没有成功，我们可以再试试，或者，我们还可以一起做点别的事情。

其他的关系则建立在现有关系的基础上，但它们仍然有用——芭芭拉在公司里帮女儿找到了一份工作；在制定商业策略、处理工作中失灵的关系时，诺亚和夏洛特会给彼此提出很好的建议。这两种方法并存，都可以用来建立具有工具价值的关系网络。也就是说，一些人会培养战略关系，另一些人则会利用从家人、朋友和同学那里"继承"来的关系网。相较于个人关系网络，在工作组织中建立起的关系网络则带有很强的偶然性，因此，工作组织只是建立关系网络的场所之一。借用都柏林企业家约翰的话说，在硅谷，建立人脉对于确立个人身份至关重要。他把它称为"硅谷两步走。你只需要跟每个人都跳跳舞，最后你就会成为其中的一员"。

　　硅谷也有一些更加正式的关系网络。一些组织会为企业家、商人和自己的员工提供支持小组。圣何塞市中心协会（the

San Jose Downtown Association）已经成立，它的目标是扶持特定领域的企业，让它们成长起来。门洛帕克的沙丘路①上，有一条风险投资走廊，里面的金融家们常常约在 Quadrus 咖啡馆会面，一起品尝美食、谈谈合作。退休高管协会、基督教女青年会（YWCA）和当地的学院也都为人们建立关系网络提供了场所。硅谷商业学院（the Silicon Valley Business Institute）为华裔企业家提供指导。在下一章我们将看到，拥有多民族背景的组织为特定群体建立关系奠定了基础。在公司内部，来自同一民族的人会聚在一起，爱好演讲的人则会组建俱乐部，而且公司里还会提供各种体育设施，这也为员工之间彼此交流提供了更多的机会。

建造公司城

在社区层面，企业组织具有巨大的影响力。在硅谷，社会组织的最大创新之一，就是它们围绕着商业，重塑了整个社区的话语体系，并影响了社区行动。各个组织形成社区伙伴关系，它们进一步将非营利组织、政府组织以及金融、政治和知识资本经纪人联系在了一起。在结成的社区伙伴关系之中，硅谷领导者团体（Silicon Valley Leadership Group）和硅谷合资企业协会（Joint Venture Silicon Valley）发挥了最突出的作用。

硅谷合资企业协会的成员来自市政府、高科技公司、媒体、

---

① 硅谷著名的风险投资大街。——译者注

非营利组织和教育机构，以及各种以商业为导向的关系网络。
当 20 世纪 90 年代初的那一波经济衰退来袭时，硅谷合资企业
协会指出，硅谷应该大胆地"重塑"自身（见 Saxenian 1994：
163–64）。硅谷社区随即发挥出自身在工程、创业和设计领域的
优势，重新定义了整个社区的职能，这样一来，诸如住房、交
通、教育和娱乐一类与社区相关的因素也被赋予了"增值"价
值，硅谷人以此来吸引新的企业进驻、招募新的员工。当时，
为了让住在硅谷的劳动力生活得更便捷，政府制定并实施了一
系列措施——在社区里加入更多技术元素。在 20 世纪 90 年代，
硅谷合资企业协会率先发挥了社会企业家精神，至今，它仍然
在这一领域发挥着巨大的影响力（Squazzoni 2009）。硅谷合资
企业协会每年都会发布一份名为《硅谷指数》（*Silicon Valley
Index*）的报告，该报告汇总了硅谷各种指标的统计信息，涉及
硅谷的人口、经济和其他环境问题。《硅谷指数》以电子版形式
发布，其纸质版则会在每年 2 月硅谷召开的会议上发放出去。

　　正是在一次这样的活动中，美国前副总统阿尔·戈尔发起
了清洁技术的投资狂潮。十多年后，在清洁技术领域的投资是
当时众多投资项目之一。当时也出现了一系列新举措，其中之
一就是设立智能能源企业开发区（the Smart Energy Enterprise
Development Zone，缩写为 SEEDZ）。智能能源企业开发区建在
山景城和森尼韦尔市之间，谷歌和雅虎等公司的工业园区也都
在其中。智能能源企业开发区的存在为创建智能电网提供了强
有力的例证（Bray, Paul, Massaro, & Jennings 2016）。而且，该
开发区的建立还将利益相关方聚集在了一起，比如太平洋天然

气与电力公司（Pacific Gas and Electric）、公用设备供应商、商业居民和私人居民，以及清洁技术企业家。在硅谷合资企业协会的支持下，利益相关方展开合作，类似的合作不再受错综复杂的跨司法管辖区政策的制约，而且，在这一过程中，他们还创造出了一种全新的、通用的评估体系，用以评估当地任何一块试验区。

1992 年，成立硅谷社区的团体们对硅谷的未来展开了设想。这些年来，人们会定期对这份最初的愿景进行更新和重塑。相关人员通过总结各种调查结果、听取焦点小组的意见，精心撰写了这份关于硅谷未来的、名为《硅谷 2010》（*Silicon Valley 2010*）的报告。这份报告的执行概要中充斥着人们的文化预设和价值观："我们将会发挥创新精神、创业精神，为硅谷地区的管理工作打下坚实的基础，这样，我们的后代就可以在硅谷享受全面的繁荣、享受健康而有魅力的生活环境、享受具有文化包容性的社区。"（Joint Venture: Silicon Valley Network 1998：5）在这个版本的硅谷未来场景中，人们设定了四个目标：刺激创新型经济发展；维护当地环境；尽可能让来自各个阶层、各种文化背景的群体都能享受到硅谷的教育、交通和健康资源；创建一个超越硅谷传统政治实体的区域管理模式（Joint Venture: Silicon Valley Network 1998：7）。2010 年已经过去了，上述愿景中体现出的价值观将硅谷武装了起来，然而，这些价值观倒更像是为巧妙应对硅谷固有的繁荣 – 萧条周期而设计的。曾经，"硅谷 2010"只是个新闻词汇，但如今，硅谷已经将愿景变为了现实。硅谷正在成为一个政治共同体。

　　技术在硅谷发展经济的过程中扮演了核心角色，除此之外，它还在硅谷建设社区的过程中扮演着英雄般的角色。早前，硅谷合资企业协会倡导建设"智能硅谷"（Smart Valley），我们可以在这项倡议中清晰地看见人们的技术乐观主义——在展望未来之时，乐观地看待技术将会起到的作用。1992 年经济衰退期间，人们开始推进智能硅谷倡议。菲利普是智能硅谷董事会的成员，用他的话说，他们想要建成"一套高速的、功能齐全的宽带基础设施，如此一来，每家每户、每间办公室就都会有高速的通信体验了"。智能硅谷的另一名成员杰罗姆是一名工程师，他补充道，他认为，"负责研发这项技术的行业"感到，它们有责任让当地民众使用上这项技术。智能硅谷的投建者们以一种推进社会运动的方式，弱化了营销目标，转而将建设智能硅谷视作一项使命。这一愿景显示着人们的勃勃雄心，他们要"建成遍及各处的高速通信系统和信息服务系统，以便让硅谷社区中的各个部门——教育部门、医疗部门、地方政府、企业和家庭——都能从中受益。这些基础设施将会改变人们工作、生活和学习的方式"。智能硅谷是早期获得最多投资的项目，也是唯一一个有全职总裁的项目，它每年都有高达 130 万美元的预算。智能硅谷公司里也有少量的带薪员工，不过公司里的大多数工作都是由志愿者和从硅谷的其他雇主那里借来的人完成的。

　　"智能硅谷倡议"是技术乐观主义和公民行动力的结合。它的目标是通过建设信息技术基础设施、招募使用高速信息技术的用户，将硅谷创建成一个"电子社区"。智能硅谷公司的存在就是为了实现这些目标。所以，1997 年时，这家合资企业认为自己已经实现了这些目标，随即便将公司正式解散了。智能硅谷的支持者们认为，这一网络基础设施的建成为社会带来了影响广泛、意义深远的益处。智能硅谷公司也发起过几个项目，它选择的项目和自己的愿景一致，也得到了组织成员的支持。于是，通过这种方式，智能硅谷最终完成了自己的使命。

"信息技术的有效利用"这个短语蕴含着极重的假设意味，它衡量的是价值观上的东西。人们设计出的解决方案蕴含着他们对技术力量、效率优势的肯定，以及对知识经济占主导地位的认可。我们的采访对象——教育工作者和工程师——在展望未来时表达出来的观点也呼应了上述这些价值取向。描绘者将经济基础设施和教育基础设施看作实现这些愿景的关键因素，但是只有当劳动力展现出自身的活力时，人们才会全面肯定愿景中的场景。也就是说，社会变革的原动力，即人们认为的、引起社会变革的原因，在这些愿景中呈现出了一个单一的维度，这一点很奇怪。企业显然认为引起社会变革的主要因素是依靠高科技产业发展起来的经济，这就好像中世纪时隐修会曾认为上帝掌握着因果关系一样。

市民改造

人们在谈论自己时会使用技术隐喻——他们在"升级"或"刷新"自己的技能，或者他们在经历了每周 90 小时的工作之后"死机"了。技术语言中蕴含着明显的技术隐喻和人们默认的思维模式，它已经进入到了公民话语之中。硅谷劳动力组织认为，相关部门需要"在教育系统的各个部分之间重新建立联系"（Sandoval 1996：1C，2C）。萨克森尼安将硅谷比作"千变万化之地"，因此人们能够在其中"改造自己"（Saxenian 1994：161）。人们不再只在研发的过程中"创新"，还将其运用到了更广泛的社会进程之中（Delbecq 1994）。

更微妙的是，20世纪90年代初，我们采访过创新技术博物馆和智能硅谷里的人，这些受访者在设想未来场景时，探讨了技术与生活的关系，而且他们的回答中展现出一种特殊的思考方式。在多数受访者设想的情境中，效率将成为最重要的价值观，而且他们认为这将带来十分严重的后果。人们时时处处鼓吹效率，购买食品杂货时要讲效率，赶到某目的地要讲效率，去除政府的繁文缛节还是要讲效率。受访者们还谈到，他们会在多个平台上生活，这又是一个关于工作、家庭、教育、宗教和场所的隐喻。不管是软件平台还是硬件平台，技术平台都会支持许多其他的设备或程序在其平台上运行。许多早期的受访者也将自己的家描述为运行着各种媒介的"平台"，显然，平台中连接着多少设备、各种设备是否整合得当是一个非常重要的问题。教育工作者也将学生的家庭看作学生进行学习准备的平台。

而且，人们显然将各自的家视为避难所，只要回到家里，他们就能够逃离那个要求严苛、节奏飞快的工作世界。人们面临的问题是，工作节奏过快，工作量太大，而且它们还无休止地侵入到人们的日常生活中，公司事宜更是无孔不入，这些因素统统威胁着人们的幸福感。因此，人们愿意待在家里。但是，人们同样认为，如果只在家里待着，切断与外界的联系，恐怕也有后顾之忧。从概念上讲，那些把家当作一座孤岛的人，完全不用接触那些需要自己的人，抑或是那些认为有权接触自己的人。个人如果将自我孤立至此，就会错过很多信息，无法做决策，而这两点正是一名成功的信息工作者需要完成的事情。更可怕的是，这些人可能因此无法履行与他人"保持联系"这一社会义务，如此一来，他们也会疏于维持与他人之间复杂的、相互依赖的关系。生活在电子社区中的人展现自身参与度的做法是，购买社区的产品和服务，而那些不与外界联系的家庭也因此缺少参与其中的证据。技术对家庭的影响是显而易见的。家庭既然成了平台，就必须联入网络之中，这样才能发挥其平台效力。硅谷新社区的建立直接倚赖这种网络隐喻。

20 世纪 90 年代，硅谷出现了另外一批机构，当时人们成立这些机构的目的是重新定义硅谷社区，将硅谷的技术隐喻变为现实。比如，计算机历史博物馆和科技创新博物馆都是那时成立的。最初，人们把科技创新博物馆叫作"车库"，这会让人想起惠普公司和苹果公司神话般的发家史。硅谷的第一座技术博物馆是一座原型博物馆，其中的原型皆以人们的创业理想为蓝本，这显然是当时的设计者们有意为之的。科技创新博物馆的成立起源于这样一种想法："硅谷和旧金山湾区为创造一种新的教育模式提供了契机，在这种模式下，工业、学校和社区联系在了一起。"成立该博物馆的目的是"激发出每个人身上的创新精神"，不过，我们可以在这句话中看出，他们在刻意强调硅谷的包容性（Tech Museum of Innovation 年份不详）。

当时，一群具有工业和教育背景的倡导者推动建造了一个"发现学习"式技术博物馆。这些倡导者想要证明，把博物馆变成一个互动场所是可行的，他们希望人们可以在互动的过程中受到启发，从而走入相关行业。当时，如果这个博物馆能够成功地创造出教育产品、吸引资本，那么它就会扩大规模。技术人员们会布置各种各样的展会，展示硅谷的创新产品——新材料、半导体、机器人和生物医学技术。他们还为地方学校和教育工作者准备了各种拓展项目，这些项目的内容涵盖范围很广，适应各种人群的需求，中学生可以参与到动画工作坊的学习中，教育工作者则可以进入技术学院进行学习。

1998 年万圣节那天，一座规模达到 1 万平方米的科技教育中心成立，它取代了最早的原型博物馆。当时的硅谷人大肆庆祝了这个活动，因为它是硅谷被冠以技术高地之名后拥有的首座"世界级"博物馆。硅谷终于能够以这样一座实体建筑为自己正名了。就像好莱坞有环球影城、蒙特雷有水族馆一样，硅谷也有了科技创新博物馆。此前，很多让硅谷闻名于世的东西都源自企业，但公众无法接触到这些企业，而且，如果真正去看这些企业的话，人们也会觉得相当枯燥。但是科技博物馆的出现改变了这一点。科技博物馆为大家提供了一片土壤，它可以展示惠普创始人休利特和帕卡德的手印，同时也可以展示最先进的过山车模型、宽荧幕投影系统（IMAX）展映出的内容以及公共互联网站。科技创新博物馆为硅谷提供了一个强有力的技术隐喻，它还提供了一个舞台。在这个舞台上，企业组织可以用各种方式支持和塑造硅谷。虽然硅谷绝不会允许企业明目张胆地打广告，但是人们总是可以在各种设备上、志愿活动中和展品致谢名单上看见企业的身影。

在过去的二十年里，慈善界发生了翻天覆地的变化。简单的捐赠行为不再能够使人满意。人们将自主创新、策划设计等思路运用到慈善事业中。在数据的推动下，慈善事业也变得愈发透明，在这一过程中，慈善事业的道德价值被重塑了。公民通过志愿服务参与到慈善事业之中，这在本质上是将企业人才与社区需求相匹配。大公司内部加强了人力资源部门和公共关系部门之间的联系，使之联合运作，处理慈善事业的相关事宜。他们会寻找做慈善工作的机会，将公司员工的才能、企业资源与需求相匹配。大公司还在自己的".com"域名下创建了".org"版本，它们会把一定比例的收入用于慈善事业。20世纪的各种重大活动，如硅谷慈善舞会，都已经逐渐退出了历史舞台。硅谷社区基金会负责汇集捐款，它掌管着逾70亿美元的资产，并负责对来自各方的受助人进行审查，像这样的组织帮助硅谷"应对棘手问题、从做慈善的角度给出创新的解决方案"（Silicon Valley Community Foundation 2016）。

在硅谷，社会企业家的出场方式多种多样。他们可以以营利性创业公司的身份出现，但这样的公司也会有明确的、需要在社会领域达成的目标。米切尔、玛格丽特和劳伦代表的则是非营利组织中的社会企业家，他们会使用各种尖端技术来完成社会领域的任务。在设定企业目标时，他们可能会运用各种指标，并在金融、社会和环境领域为企业设置三重最低标准，以此衡量企业在这三个领域分别产生的影响（Kopp & Ganz 2016：

22–23）。还有一个关于革新食品项目（Revolution Foods）的例子，美国在线的联合创始人慷慨地捐助了这个项目。这个项目始于奥克兰地区，其目标是让上学的孩子们能够享受到真正的食物，也就是在田园里慢慢成长起来的、新鲜的食物。令项目成员们感到自豪的是，来自低收入家庭的学生获得了享受免费和低价午餐的资格，这些孩子享受到了项目里 80% 的餐食。他们还开发出了一个叫作"饭盒"的商业产品，"饭盒"提供健康的预制食品，忙于工作的父母可以把这些食品买来供自己的孩子食用。这个项目既有环境影响，又为促进社会正义做出了一定的贡献，同时它还兼具商业创新潜力，可谓在各个领域都交出了满分答卷（Perez 2014）。

风险投资家劳拉·阿里拉加·安德森是互联网创业家马克·安德森的妻子，她提出，在慈善事业中运用技术会面临各种条条框框的限制和挑战。有了技术，生产者和消费者之间不再需要中介，以往二者之间存在的障碍被消除了，一种定制关系应运而生，即"定制"消费。众筹网站 Kickstarter 是一个数字平台，它专门为特定项目募集捐款。这个平台就是捐款人和受援者之间不存在中介的情况的一个例子（Hoover & Lee 2015：32–33）。这种去中介化交流也为慈善行业带来了挑战。考虑一下，捐助人直接给受援者提供帮助时，如果捐助之物并不能解决受援者的问题，怎么办？更糟糕的情况是，它如果使受援者陷入更困难的处境，又该怎么办？这不禁让我想起，在募捐食物活动中，有人捐赠了过期的蔬菜罐头。安德森指出，就"当前"的情况来看，慈善活动的中介仍旧在充当着非常重要的审查代理人角色（Andreessen 2012：58）。在资本融资过程中遵循的活动规则也被运用到了风险慈善事业中。这两类活动的结果都很重要，而且人们必须使用适合的方法来检验所获得的结果。新一代的捐助者们希望慈善行业也能施行问责制，他们还期望自己的投资能够获得有形的回报。

技术生产重塑了公民生活，这背后的意义是什么？还有，在技术生产的过程中，又相应地出现了哪些隐喻？我们在第二章中看到，电子设备中介化交流催生出了一个独特的公共空间。人们在各种电子媒体的协助下完成工作，彼此互动，玩乐放松，创造意义。技术重新定义了信任关系，重新定义了什么是工作和家庭，技术以一种难以言喻却又显而易见的方式改变了人们的日常生活。宏观上，高科技政治经济在硅谷占据了主导地位；微观上，人们接受并使用着各种技术隐喻。在这个过程中，硅谷的公共文化被重新定义。

在硅谷，与技术相关的工作场所成千上万，而且彼此临近，这样一来，人们换工作的过程会变得更加容易。人们经常换工作，对他们而言，新旧公司离得很近，所以这也不是什么麻烦事。随着时间的推移，这种"铁打的营盘流水的兵"的模式催生出多种建立联系的方式。个人会与他人建立联系，他们彼此之间互相帮助，以加强感情。不同关系网络也会相互串联。而且，不仅个人在同各种公共和私有组织打交道，关系网络也会延伸到公共组织、私有组织中去，如此一来，各种组织、公共领域、私人领域之间的界线就变得模糊起来。得益于技术，这些联系才可以建立，而且这些联系本身也体现着技术的隐喻特征。

人们将硅谷文化定义为"创新的""理性的"文化。而且，硅谷文化欣赏那些能够体现出人们某方面意识的设计。创造硅谷文化的人们认为，他们正在从事重要的社会工作，即塑造出一个以技术为依托的未来，那时候，人们可以依靠技术解决问题、增进交流。硅谷赋予自身的重要性为其实现了"增值"，这也是吸引有志人才来到硅谷，共同创造未来的方式之一。最终，硅谷本身成为了一种商品，不同的个人、网络关系和组织都可以向全世界推销硅谷。

社交网络十分强大，它对硅谷倡导的一大核心理念产生了威胁。人们一再援引精英管理制度的概念，他们认为，因为组织重视人才和人们取得的成就，所以其等级分化程度较轻。但是，正如我们将在接下来的几章中看到的那样，现实情况并没有这么美好。硅谷的老将们找到了"无等级"这一概念。即使是在创业公司中，人们也会设立管理角色，任何规模的组织都会以差异化的态度对待不同的员工。这就如同当社会的规模变大，不再只是一个小群体时，社会的不平等就会被制度化，硅谷的公司也是如此。精英统治表明，要想获得成功，你是谁并不重要，重要的是你做了什么。这个概念通常与一个想法联系在一起：任何具有技术能力的人都能获得成功。不过，这是一个非常一厢情愿的想法。因为，硅谷并不是由一个个单独的、正在反思重要技术的程序员组成的。相反，社会分析人士指出，社交网络在硅谷发挥着首要作用。程序员需要在团队中完成技术工作，大家一荣俱荣、一损俱损。换句话说，你所认识的人，也许比你做的事更能决定你未来是否会成功。艾伯特对精英统治的迷思很感兴趣。他激情澎湃地说道："我认为硅谷不存在精英统治。"他接着说："社会关系决定着硅谷的面貌，人们觉得，这是件了不起的事。在某些情况下，社会关系会促使机构之间建立关系，而在机构的合作中，让人意想不到的创新出现了。但是，人们还有个由老熟人组成的圈子。就因为他们是你的'兄弟'，你就让他们帮你做投资决定……这太可怕了。"总之，社交网络就像是一个社会学工具，人们在使用它时，可能会被以往的情谊束缚住，也有可能借此创造出一些新的可能性。

扰乱社会的实践

19 世纪时，马克思主义理论家们在旧金山汇集资金，希望在内华达山脉南部设立起一个卡韦赫（Kaweah）乌托邦社区，当时，湾区的确尽到了地主之谊，接纳了这群人（English-Lueck 2010 : 11）。硅谷这种反主流文化的根基很深厚，其中还夹杂着技术乐观主义（Turner 2006 ; Markoff 2006）。戴尔回忆起自己 1979 年搬到旧金山湾区时的情景，当时斯图尔特·布兰德（Stewart Brand）和其他反主流文化的创新者编写了《全球目录》（*Whole Earth Catalog*）与《共同进化季刊》（*Co-Evolutionary Quarterly*），他们在杂志里谈论技术以及技术的适用性，就如同家酿计算机俱乐部率先推出个人电脑的举动奠定了该俱乐部的创始地位一样，他们也成了这个领域的先锋。戴尔说："在硅谷，创造力先于技术出现。因此，技术创新雏形刚现，便和硅谷的创新精神完美地融合在一起。"戴尔认为，硅谷人在创造力方面的天赋不仅仅存在于前几辈人身上，他说："那么现在人们的创造力体现在何处？我可以举两个例子：第一个例子是火人节（Burning Man），还有一个例子是制汇节（Maker Faire）。不过，这两个例子展现的是反主流文化和技术共生的最佳状态。所以，是的，创造力未死，而且人们还在运用创造力做事情。创造力太重要了。在我看来，创造力就是促使硅谷发迹的一股强大的力量。"

塔维和她那些来自"火焰莲花女孩"艺术团体的朋友会为火人节制作很多以火为创意点的艺术作品。他们会边开玩笑边鼓励年轻女性"玩火"，他们还向人们传授如何制作大型雕塑。塔维所在的艺术团体还把这些艺术技能带到了位于奥克兰的一个名叫"虚构之物"的艺术展之中，该艺术展把社区的儿童和前卫艺术家聚在一起，鼓励孩子们参与到艺术创作之中，和艺术家们进行互动。塔维喜欢在旧金山的大街上进行现场角色扮演（LARP）——他们会设计、组织并表演他们想象出的事物或者表演行为艺术。马库斯则会在线上参与类似的文化干扰活动，他会和其他活跃的、志同道合的朋友们一起进入某个互联网角色扮演游戏，比如《魔兽世界》，然后他们会抗议：这个游戏中存在过度性别化的角色，而且游戏还会强迫人们就一些无意识的性别歧视行为展开对话，由于游戏设计者将这样的设计理念带进了游戏之中，玩家们在玩游戏时便自带性别歧视属性。

创客空间、DIY 和黑客空间的存在模糊了技术表达、艺术

表达和政治表达之间的界线。文森特（也就是前文中的 V）反
对那种认为"黑客都是破坏者"的想法。他认为，"真正的黑
客"渴望知识，并渴望跟别人分享自己的专业知识。V 认为，
他的偶像——意大利文艺复兴时期的博学者列奥纳多·达·芬
奇就是最初的黑客。在 V 的黑客空间中，有一个免费的电脑工
作站，空间里的人能够免费联入互联网，还有几台 3D 打印机
（其中一台是他们自己制造的），以及几个电子游戏黑客空间。
除此之外，这里还有一个电子实验室，这样一来，空间内的任
何人都能进行电子工程工作。这里还有一些缝纫机、几个木工
车间和金属车间。志愿专家们会来到这里，反复展示上文提到
的这些技能。美国进行了普及技术工具的相关运动，位于奥克
兰的"黑人女孩编程"（Black Girls Code）组织也参与到了这一
运动中。该组织的创始人出席了硅谷动漫展、制汇节以及其他
活动，他在这些活动中寻找志愿者，而且他也想通过这些方式
证明，现在，处在数字鸿沟弱势端的人们也在学习编程，因此，
民主化的成果可以通过技术来体现。

在黑客的世界里，甚至还存在一些更令人瞠目结舌的可
能性。在乔布斯和沃兹尼亚克利用个人电脑图形用户界面赚钱
之前，他们是两个飞客，他们会侵入电话系统，打免费电话
（Kopp & Ganz 2016：6）。再讲得深一点，艾伯特认为，区块链
的产生有可能会打破现存的社会规范。在这个领域，比特币是
最有名的例子。区块链是由分布在多台计算机上的软件代码块
构建而成的。每个代码块上都存在独立的验证方式，数据区块
之间呈链式结构相连。每个新的数据块得到验证后都会在原有

链状结构上再添加一个链接。获得授权的编码员可以抽取、挖掘区块链中的数据。区块链技术的意义在于，它完成了两个技术上的突破。首先，连接在数据网络中的代码块呈分散状分布，并不依靠某个核心数据中转站进行数据导流。其次，每个代码块需要进行独立验证。代码一经验证，就无法篡改。从理论上讲，这个体系就如同一份永久生效的合同，它不会受到潜在的欺诈威胁。区块链作为一种虚拟分布式的账本，可以演化为一种新的政治治理手段，政府可以利用区块链技术展开数字投票、管理跨国公民——有了这个相对便宜的分布式系统，这些活动都能成为现实。艾伯特则认为，有了区块链，用户就"可以在一些不能被审查的东西上做文章，比如设计出全新的计算方式、出版方式，以及想办法倡导言论自由，等等"。艾伯特补充道，最具有乌托邦色彩的未来愿景是，"人们……不需要想办法打破现存体系。我们不需要抗议任何事情。我们要做的是创新。我们只需要做好自己的体系，让人们觉得很难对付或者破坏我们的系统，这样我们就可以仰赖自己的系统"。我们无须再"遵守原有系统的规则，因为它已经无法真正地适应我们的需求了"。

然而，当硅谷人将他们的公民文化转变为商品时，他们常常会忘记，文化本身也是一种媒介。硅谷地区个人主义盛行，因此人们忽略了社会制度的力量。在硅谷，政治、教育和医疗领域的发展仍然意义重大，它们不仅仅是硅谷的"增值"因素，更重要的是，它们会推动社会变革。人们常常将自己或他人的文化身份视为一种工具或者商品。因此，人们认为聘用拉美裔员工可以帮助公司将产品打入拉美市场。但是，人们在使用这样的方法时，遗忘了文化在其中发挥的作用——正如我们曾谈到过的，人们的工作价值观、家庭角色甚至教育期望都存在差异——文化本身就是一个十分重要的、推动变革的因素。在一定程度上，硅谷的公共生活都是按照"自上而下"的思路设计的，但它也在不断地发生变化——它是一个由不断变化的关系网络、各个公司、各个民族群体、内外部移民组成的有机混合体。在以高科技经济和技术隐喻为主导的公民文化中，像阶层、民族和国籍这样传统的身份标记将如何发挥作用？同样以这些标记为尺的身份政治又将如何发挥作用？要回答上述问题，我们必须看到硅谷双螺旋结构中的第二个部分——硅谷的身份多样性和文化复杂性。在接下来的三章中，我将要探讨，生活在科技高地会带来怎样的人口统计学上的后果。硅谷的人、组织和文化信息在地区内来回流动，他们都在收集和存储文化碎片。在文化变迁的背景中，硅谷人发明了一套应对文化差异的策略。虽然有些策略很老旧，反映出人们还在恪守典型的民族中心主义观念，但是，人们还展现出了另外一些行为，从中我们能够感受到一种新的风气，那就是，人们不再假定文化具有同质性，也不再对此抱有绝对的期望。人们很少将硅谷的文化和技术直接地联系在一起，而且人们常常以技术之地定义硅谷，但是，硅谷的技术饱和与文化复杂性却紧密地交织在一起。

第二部分

穿梭于复杂性之间

第四章

投入/产出：全球文化催生记

相对时间

    硅谷的午餐时间结束了。伊桑在陪同队友们去当地的一家墨西哥快餐馆后，回到了位于阿尔维索（Alviso）的办公室。伊桑每两周进一次城，所以他也会每两周和队友们小聚一下。阿尔维索是旧金山湾区最南端的一个社区，它曾经是个小镇，19世纪时它还是个农场，到了20世纪，阿尔维索被改建成湾区南端的港口和交通枢纽。阿尔维索社区里住的大多是拉丁裔工人阶级群体。现在该社区正在经历转型，它将转变为一个中产阶层化的科技中心。这里既会有野生动物收容所，也会有崭新、高耸的办公楼。圣何塞北部还有一些实验室大楼。公路对面坐落着一座"世界级"的体育中心，里面有各种美食场馆。体育中心里还摆放着该建筑获得的美国联邦绿色建筑委员会金奖证书，向人们证明这座建筑以环保作为设计理念。大多数时候，伊桑只是出去买个午餐，然后就又回到办公桌前继续工作。在圣何塞，每个月只有两到三周能够享受到这么清静的工作时光。

伊桑在一家全球公司，该公司在硅谷和保加利亚都设有开发中心，在亚洲、中东和南美洲都有自己的团队。伊桑说："目前我们在非洲还没有团队，有可能未来会有吧。但是非洲现在还是有点乱。"在这家公司位于硅谷的开发中心里，员工们来自世界各地。"这种人员配备能够保证大家听到不同的声音。"伊桑认为，在他所有的同事中，有"相当一部分"人来自亚洲，或许这只是他的猜测。在公司里，全员都能以标准的美式口音进行沟通的部门只有援助部门，因为他们主要通过接听电话来完成工作。最近，伊桑一直在努力地对一名同事的事情保持高度的敏感，这位同事也是他的好朋友。这位同事的家里人已经给他包办了一桩婚事，但事情并没有按计划进行，而且他的准新娘也回到了印度。他们夫妻俩都是穆斯林。到了伊桑这个年龄，也是时候见证自己身边的单身朋友一个个地走入婚姻殿堂。他的老朋友里有一部分人现在也已经结婚了。对伊桑来说，向别人求爱是个挑战，因为他的大部分时间都花在了赶往工作地点的路上。

虽然伊桑可以通过远程控制系统在办公室里完成一些工作，但是各地的时区是不同的，因此他很少能够保证异地同步工作。

伊桑经常坐飞机，他要去特立尼达、牙买加、安提瓜岛、玻利维亚或者阿根廷。在一个月的时间里，花上一个星期的时间去别的地方还算"有趣"，但是如果旅途延续两到三周就会让人觉得"筋疲力尽"！伊桑叹了口气说："我根本没法过上正常人的生活。"过去，他一度很爱参加"文艺复兴集会"，这让他的社交生活变得丰富多彩，但是，现在他要为了工作在各地奔波，所以他就无法经常去参加集会了。伊桑考虑过使用约会应用程序，他开玩笑说："我们应该支持机器人称王称霸，并且开始尝试着像机器人配对那样为自己配到一个伴侣！"不过，伊桑是一个很浪漫的人，这种操作根本不适合他。伊桑还会继续努力，尝试在面对面的社交场合中找到合适的人。

　　与此同时，伊桑时刻准备着开始自己的工作旅行，他的背包和行李包都准备好了。每当他到达一个站点，就意味着他可能需要先连续工作24小时，然后在接下来的几天时间里没日没夜地开展故障排除工作。伊桑也会花一些时间跟当地的团队成员见面、吃饭、聊天。起初，他尝试着在旅途中挤出一些时间，做点有趣的事情，但随着旅行逐渐变成例行公事，他现在干脆就瘫倒在当地的旅馆里，吃东西、看书、查看电子邮件、睡觉——如果有时间睡觉的话。原本在一个时区里他就感到很难入睡，更别说现在经常要跨越好几个时区了。

　　伊莎贝拉过去经常出去旅行，但在她成立了前哨站之后，越来越多的人主动找上来。原本伊莎贝拉只跟一两个人对接，现在她面对的是一整个数字沉浸式培训项目，她身上背负的责任增加了十倍。伊莎贝拉所在的是一家颇具声望的全球公司，它并非科技公司，但是，即便是老牌实体企业，现在也得在互联网和移动设备领域占有自己的一席之地。要想取得商业上的成功，就必须弄明白金融、零售、品牌和营销工作在网络端该如何运作。前哨站的功能是培训那些被挑选来的员工，让他们了解各种新兴技术，了解硅谷的商业思维。伊莎贝拉每天早上都会通过电话和互联网跟位于欧洲的母公司取得联系，她会不断向母公司汇报，自己的工作又产生了怎样的重大意义。我们就是在她联系母公司的过程中见到她的。午饭后，伊莎贝拉会和其他团队成员交流，这时她能"更放松"一些。她所在团队的成员来自世界各地。虽然他们都在这家创业公司里轮换工作，但是，伊莎贝拉还是找到了跟自己最亲近的助手，她来自印度尼西亚。团队的其他成员分别来自俄罗斯、日本、瑞士、英国以及美国的其他地区。伊莎贝拉跟来自印尼的同事昂哥卡萨聊起了她们面临的挑战，即如何确保每个受训者都能在跟硅谷的多元"文化"碰撞时感到自在。她们在对"物联网"空间中的创新型公司进行实地访问。在 6 名新成员中，有几位似乎不太能够融入进来，他们表达了自己的怀疑，认为这些在加州能够实现的、独特的实践活动不一定能在他们本国的公司里推广开来。伊莎贝拉推测道："文化因素也在其中起着作用。有些人真的很开放，他们喜欢跟这些公司打交道。他们想彻底地把自己沉浸在这些公司之中，真正地开始接触这些公司里的东西。他们会参加各种活动、做实验，他们对很多事情都很好奇。但这确实取决于个人的性格，我想这也跟人们的文化背景有点关系。"有些新来的人很乐意跟创业公司的人交谈。伊莎贝拉向昂哥卡萨转述了他们的兴奋之情："哦，天呐！这里的一切都太让我兴奋了，这儿有那么多吸引人的新事物！我想好好体验一番！"伊莎贝拉和昂哥卡萨需要与新来的人合作，让他们放慢脚步，不要被眼前炫目的光芒吞没，并学会如何使用合适的指标来评估这些公司。硅谷的公司既兴奋地跟别人分享信息，又要求来学习的人签署保密协议、保守行业机密，这两种做法显然相互矛盾，所以，跟新来的人沟通也是一项很难掌握好的技能。他们应该分享些什么内容？如果硅谷人不跟前来学习的人们分享，那么他们就得不到反馈，而他们需要反馈：了解反馈的内容能让他们把公司变得更好；没有反馈的话，公司就会"固步自封"。团队成员在跟创业公司聊公司发展的潜在机遇时，该如何把握分寸？他们既不能过分承诺，也不能太沉默。如果人们之间相处不来，他们会在什么时候、用什么方式表达出"我想终止这段关系，继续向前"这层意思？伊莎贝拉跟昂哥卡萨心照不宣地笑了，她们说："这些都是关于硅谷的小事情。"

旧金山湾区很大，但与世界上许多更大的城市相比，比如雅加达，湾区就像一个村庄一样。昂哥卡萨和伊莎贝拉分享了一个故事：她居然在街上遇到了在印尼和自己一起上同一所高中的女人！伊莎贝拉很惊讶："什么！你没开玩笑吧？"现在，除了在前哨站认识的人，可以跟昂哥卡萨一起打发时光的人又多了一个。"太棒了！"伊莎贝拉说，"这世界太小了，这样的事情居然也会发生？"硅谷有将近一半的人口都是在国外出生的，因此，在这里，人们还是有可能经历这种全球偶遇事件的。伊莎贝拉喜欢硅谷的美食，这里汇聚了全球各地的风味，而且，硅谷还有个活跃的欧洲侨民社区，她也喜欢到社区里玩。伊莎贝拉和她的朋友们一直在寻找和尝试新的美食。在硅谷，食物品种丰富、品质极佳，这对她来说很重要。

昂哥卡萨则比较沉默。她期待在硅谷看见一点不一样的东西。昂哥卡萨不是第一个这样做的人。她环顾四周，问道："这里是硅谷吗？"她期待看见的是一种真正的现代城市风貌。毕竟，硅谷是世界上最富有的地方之一。昂哥卡萨预想自己会见到一群富人、看见最前沿的技术，但是她看到的只有"技术气泡"（tech bubble），而且只有无家可归的穷人才不在这个气泡之内。伊莎贝拉在旧金山待的时间更长，她评论说，尽管硅谷存在多样性——这里有不同的民族文化，当然，人和人之间也存在财富上的差异——但整个硅谷却出奇地同质化。人们穿着同样的休闲装，享受着同样的休闲活动，大家都重视教育和工作。硅谷人在商业活动和技术研发上极富创造力，但在政治上却出奇地缺乏冒险精神。伊莎贝拉对硅谷的政治保留自己的评价，不予置喙。

阿尔谢尼刚来硅谷，他对一切都充满热情，他也并不那么沉默寡言。阿尔谢尼对自己所经历的一切感到震惊，硅谷与他的祖国俄罗斯截然不同。按照分配的工作内容，阿尔谢尼和他的日本同事肯需要做一个研究用户体验的项目，这个项目能够帮助他们设计出一个更好的数字工具。要进行这个项目，他们就必须跟自然状态下的、真正的消费者进行交流。阿尔谢尼惊讶地发现，在硅谷，人们会很轻易地分享自己的联系方式：他们实际上对这个项目很感兴趣！阿尔谢尼说，在俄罗斯，"没有人会免费提供这些信息，但硅谷的人们非常开放"。肯对此表示同意，但是他不太确定硅谷人所持的这种开放的态度是否是一件好事。阿尔谢尼说，他真的很享受"旧金山的开放。在这里，你得到许可，你可以做你自己！你可以表现得有点疯狂！你不必隐藏自己的个性。你可以展现真实的自己，这太棒了……我们在俄罗斯就不能这么做"。阿尔谢尼期待在硅谷短暂地停留一段时间，让他能够好好在加州转转，去看看约塞米蒂国家公园，参观一些创客空间。他希望能够去内华达参加火人节，但在火人节举办之前他就得离开。不过，现在是体验硅谷的时间！

流动中的人们

技术对文化人口学有着错综复杂的影响。人们由技术连接在一起，他们在硅谷中穿梭，跟世界各地交换信息、产品和资本。人们访问硅谷，学习完毕后又回到本国的公司里，然后又在其他技术高地间传递有关技术的专业知识，从波士顿到台北都是如此。人们也会移民到硅谷，为硅谷的文化融合做出自己的贡献。技术为人与人之间的联系提供了方式——就像后勤支持一样。技术促进了交流，这种交流可以发生在同一座建筑内，也可以发生在整个世界范围内。更微妙的是，有了技术，各种文化融合起来，成为新的文化混合体；有了技术，人们在定义自己或者他人的身份时又多了一套可以选择的框架。这两者叠加起来，可以得到的结论是，社会的复杂性被技术重塑了。一方面是技术饱和，另一方面是身份的多元化，在硅谷，这二者融合在了一起。

其实，在这片区域成为高科技产业园地之前，人们就已经向这里流动了。早在圣克拉拉谷地区成为技术之地之前，该地的农业就吸引了众多移民工作者。新旧社区在这里并存、交织。一拨拨新移民的到来、资本与信息的流动以及产品的全球化生产过程都使得硅谷的文化景观变得更加复杂。处在"流动中的物体"不仅包括人，还包括"思想和意识形态"以及各种"商品、图片和信息、技术和技巧"（Appadurai 2000：5）。人们已经在极广的范围内建立起了各种联系，我们可以通过以下描述思考这一点：

- 某统计学家要处理来自东南亚、俄罗斯等不同地方的营销数据，并写出销售报告。但是每个数据网站对于"什么样的数据才是合适的数据"这个问题都有各自的标准。
- 为了提供优质的客户服务，思科公司的支持人员必须了解加拿大和美国在法律、文化和技术方面存在的微妙差异。
- 某应用软件工程师会通过电子邮件或面对面交流的机会与身处硅谷、德国、日本的客户和电路设计师直接沟通，并设计和制造出集成电路。
- 某教学设计师去南美洲的时候感受过文化冲击，所以，当他在培训来自日本、中国、澳大利亚、法国、德国和意大利的培训师时，他利用了这部分经验，设计出符合文化习惯的课程。

全球各地都被包罗在一个复杂的网络中。人们必须合作，也必须提供各种产品和服务。各地的技术高地在进行相互交流时，这种复杂的、相互依存的关系体现得最为明显。二十年来，人们一直在拿硅谷开玩笑，说硅谷是"ICs"的产物。懂技术的人马上就知道这指的是集成电路（integrated circuits），但那些了解硅谷情况的人明白，"ICs"也指代"印度人和中国人"（the Indians and the Chinese）。根据 2010 年的人口普查情况，硅谷有一半的专业工作者都是在国外出生的，而来自美国以外国家的、年轻的计算机和数学工作者占比高达 73%（Massaro 2016：15）。硅谷与其他技术高地相互依存，其技术人员既效力于硅谷，也同本国或本地区的科技高地互通有无，印度的班加罗尔、中国台湾地区的台北新竹走廊就是这种依存关系的产物（见 Saxenian 1999）。中国一些地区为其企业家进入硅谷创造了一个"软着陆"前哨站（Weise 2015）。法国、德国、瑞士、瑞典、挪威、丹麦、芬兰和冰岛也都设立了类似的前哨站。

有些公司可能需要建立复杂的联系网络。大型组织可以扩大规模，在多地建立多个站点。如思科、脸书、谷歌、惠普、IBM、微软、摩托罗拉和甲骨文这样的跨国巨头企业都在以色列设有分部。"两足公司"（two-legged companies）则会先将一只脚迈进硅谷，同时预备着把另一只脚迈进其他技术高地。它们会通过以色列合作网络（ICON）等"媒人"与以色列等国家建立联系，希望以此来吸引高科技企业，或者作为共同出资人资助位于特拉维夫市的矽谷（Silicon Wadi）[1]中的以

---

[1] 即以色列的硅谷。——译者注

色列本土企业。以色列合作网络是一个非营利性组织，如上文所说，各国政府会促成本国企业跟硅谷建立联系，该组织则致力于在以色列和硅谷的企业家之间建立联系，以帮助以色列培养出一些自己的创业公司（ICON 2016）。该组织坐落在一个犹太社区中心。个人在多地之间穿梭时，也可以建立起全球联系。立陶宛、南非等地都有望成为未来的技术高地，它们都在积极地寻求与硅谷商业社区的合作，希望能够吸引资金和人才。

我们的受访者用自身的工作经历向我们证实，其他技术社区同样存在人才流动率高的现象。他们在讲述工作经历和自己未来的工作规划时，反复提到的地点有：奥斯汀、波士顿、圣地亚哥、波特兰、西雅图、爱丁堡和中国台北。受访者们都知道"其他地方也有高峰。技术高地不止硅谷一个。硅谷是最高峰之一，但并非唯一的技术高地"。曾经，人们把人才流动称为"人才流失"，但是，如果描述的是全球高科技人才的流动，更准确的说法应该是"人才循环"（Saxenian 1999：3）。

人们建立起了这些链接，但它们连接起来的远远不止个人和组织。各个技术高地中的文化经纪人都在努力，他们会把来自中国香港的资金引入硅谷潜在的投资项目之中。爱尔兰知识分子们则在努力地让硅谷的产品适应欧洲市场。我在中国台北采访了范，他是一位互联网高管，他谈到，他开发的产品"立足"硅谷，并且用到了美国的风险投资资金和法律基础设施。事实上，他所在的公司正计划聘请一位知名的硅谷首席执行官，这么做是为了提升公司的地位和威望，但他们仍会在中国台湾地区做创意和研究工作。由于硅谷的生活成本不断上涨，专业移民面临种种限制，技术人才很难把硅谷作为自己唯一的选择。

硅谷文化会影响移民人才和合资企业，但这并非硅谷出口文化的唯一途径。硅谷的特色旅游产业正在孕育当中。每天，硅谷都会迎来一批批外国学生、政府官员、未来的企业家和记者，他们会访问硅谷的知名企业、拜访主管硅谷经济发展的官员，以此来了解硅谷文化的"精髓"。这些游客会选乘灰线巴士，这辆巴士会把他们带到休利特和帕卡德创造惠普时待的那个车库，以及其他跟高科技相关的地点。来自印度的游客则会在谷歌和脸书的公共区域内展开朝圣之旅（Baron 2016）。如果游客们购买一件印有苹果或谷歌标志的 T 恤，或是在它们位于库比蒂诺和山景城的"母公司"那里买个水瓶，就算是留下了个"到此一游"的纪念品。戴尔笑着说："每天都有一车车来自欧洲、亚洲和所有的大公司的人来硅谷旅游！"

正如我们在伊莎贝拉的例子里了解的那样，在前哨站工作的人们会待在其公司在硅谷的分支机构里，这些公司专门设计了这样的分支机构，以方便来此进行短期学习的人进一步感受硅谷的技术发展过程。然而，当我们问一些更深入的问题时，他们表示，人们想要在这里感受的并不是技术本身，而是硅谷神秘的文化，硅谷文化中包含了组织的高流动率，以及人们敢于冒险的态度。来自爱立信或戴姆勒 – 奔驰的管理人员和研究人员团队尝试着筛选出一些硅谷的备用商业计划和文化产品，比如，硅谷人会使用非正式的称呼方式、穿着休闲服装，他们想看看是否能带点硅谷的东西回到本国。

硅谷的文化多元化景观反映出全球高科技产业相互依存的特征，同时也反映出前几代移民给硅谷带来的影响。人口输入是这个地区文化的一个恒定特征。凯莉是一个硅谷本地人，她反思了硅谷的人口情况：

> 在加利福尼亚有很多爱尔兰人，加利福尼亚简直是爱尔兰人的天下，我觉得他们的人口比例应该是最高的。接下来是意大利人，还有些德国人，一小部分俄罗斯人、英国人、苏格兰人，然后是拉丁美洲人。硅谷之前是一片农场，人们是来农场当工人的，当时人们把硅谷称为"宜人谷"，再之前硅谷的绰号是"[李子]坑"，然后人们把它重新命名为硅谷……关于这一点我要谈的是，在生活中，我可以一眼就判断出某人来自哪里，几乎99%的时间里我都是正确的。他们会问我："你怎么知道我是哪里人？"……之前有一群又一群人涌入硅谷，从那时起我就很敏感，他们的族群都不一样……极个别新泽西人到硅谷后，回去会告诉他们的朋友："嘿，硅谷太棒了。"然后硅谷就会遭到新泽西人的"猛击"，然后是芝加哥人的"猛击"。他们以前会从各地一波波地涌进硅谷。

虽然民间的人口统计结果能够显示出硅谷地区的人口复杂性，但是实际上其复杂程度更甚。我们不能把硅谷人简单地分为当地人、旅居者和移民。硅谷有着复杂的人口流入流出历史，这使得我们很难在硅谷追踪特定的文化群体。在其他许多地区，人们可以很清晰地辨别出哪些人属于多数族群①，哪些人属于少数族群。硅谷与它们的不同之处在于，硅谷里人口混杂、文化种类众多。

例如，在亚利桑那州的弗拉格斯塔夫市，由于其原住民印第安人在那里建立了社区，而且其社区有着悠久的历史，有别于其他社区，所以很明显，在那里霍皮人和纳瓦霍人就成了主要的"他者"。但是在圣克拉拉县，由于这里聚集着形形色色的来自各个"部落"的人，某纳瓦霍人的身份就会被等同于"印第安人"。在圣何塞，接受采访的美国原住民学生认为，自己所属的民族只是众多民族中的一个而已（Christie 1997），也就是说，在这里，他们本身的部落身份的独特性变得不再那么显著。加州拥有比例最高的美国原住民人口，但在多元文化的背景下，大硅谷中的美国原住民只占所有人口的 0.9%（U. S. Census Bureau 2015）。每个族群都只是硅谷这个复杂整体中的一小部分。我们可以用这种方式理解硅谷里的每一种文化。

加州财政部的数据反映出，在圣克拉拉县，各民族以一种很复杂的方式混杂在一起。尽管 1970 年的数据显示，非西班牙裔的欧裔美国人后代人口明显占多数，占当时总人口的 82%，但到 2015 年，这一族群在大硅谷中不再占绝对的人口优势，而是占到 54%，成为主要族群中的一支。其次，拉美裔人占总人

---

① 根据语境，此处原文中的 population(s)，以及下文中的 group(s)，都应被理解为用以区分不同人种或民族的名词，因而通译为"族群"。——译者注

口比例的 22.5%，亚洲人占 32.5%，非裔美国人占 5.8%，非裔
美国人主要集中在阿拉梅达县（Alameda County），其中也包括
奥克兰地区（U. S. Census Bureau 2015）。然而，这种分类方法
本身可信度不高。2016 年，硅谷有 4.6% 的人口被分类为混合
种族，这使得这种本就存疑的分类方法变得更不具效力。

1965 年颁布的《哈特－切勒法案》（Hart-Cellar Act）以及
1990 年的《移民和国籍法案》（Immigration and Nationality Act）
极大地改变了硅谷地区的面貌。《哈特－切勒法案》的颁布以前
所未有的方式向亚洲移民敞开了大门，而《移民和国籍法案》
的颁布则使能够获得特殊职业签证的人数增加到原来的两倍。
在世纪之交，圣克拉拉县有 23% 的人口是在国外出生的，超过
了旧金山的这一人口比例（Saxenian 1999 : 11）。到了 2016 年，
圣克拉拉县的这一比例已经跃升至 37.4%。按照人口占比从高
到低的顺序，当地居民主要来自墨西哥、中国、菲律宾、越南、
印度、欧洲、美洲和其他地方（Massaro 2016 : 6）。在硅谷，只
讲英语的家庭占少数，讲西班牙语和亚洲语言的家庭占比高达
72%（15）。

硅谷依赖移民，这也暴露了未来硅谷劳动力市场可能存在
的问题。硅谷只能在联邦政策允许的范围内引进全球技术人才。
各州和各地区不能自己制定移民政策——只能进行游说。硅谷
的确组建了一个游说集团，但却无法说服人们，即让人们不要
担心移民问题。湾区有 25 万穆斯林，是美国穆斯林最集中的地
区之一。穆斯林来自世界各地，他们中有三分之一是受过高等
教育的南亚人，他们集中在硅谷的中心，即南湾地区（Senzai &

Bazian 2013：1–4）。阶层分化同样存在于这些群体之中。这里有受过良好教育的南亚和阿拉伯精英阶层，也有从事低薪服务工作或在小型企业中工作的北非、阿富汗、印尼和马来西亚工人阶级。这代人在"9·11"事件的阴影下成长起来，他们中40%的人表示有过被人区别对待的经历（Maira 2016：40–41；Senzai & Bazian 2013：5）。

新移民和老移民之间也存在巨大的差异。当探讨民族社区问题时，历史学家和社会学家们会把历史悠久的社区与当代移民区分开讨论。让我们按照种族源头、亲属关系和地位的顺序来探讨一个族群——华人群体。18、19世纪时，有部分华人移居到了新加坡、苏里南、印度尼西亚和旧金山。20世纪末，又有一部分华人移民到了加拿大不列颠哥伦比亚省的温哥华市，其中尤以来自中国香港的华人居多。这两拨移民是完全不同的。这两类移民都可在硅谷里找到。

1965年《哈特–切勒法案》颁布后，旧金山湾区迎来了一波又一波的移民浪潮。那时，移民并非汇成单流进入湾区，而是分成多股移入。就这样，这些移民进入了还保持着19世纪面貌的湾区社区。这一移民政策颇具历史意义，它表明，美国向亚洲、南美和非洲的部分移民敞开了大门。例如，1965年后，华人移民并非全部来自某个同质化族群，他们分别来自中国、新加坡，还有一部分华人来自缅甸、菲律宾等国的华人社区。在地理位置上，这些华人社区原本并不分布在一起，但是现在，这些华人一同工作，一同参加华人社区的活动，还会同其他华人发展成夫妻关系。

　　每一拨从其母国来到这里的移民都携带着各自版本的母国文化。一位来自旧金山的广东裔美国人的祖先于 1880 年来到加利福尼亚，在他的记忆中，中国文化是以鬼月和春节为特色的。来自中国香港的青少年则跟他有着不同的华人身份感，香港青少年把手机和星空卫视视为其华人身份的部分来源。

　　移民脑海中的记忆与其母国国民的记忆是不一样的。在过去的几十年甚至几个世纪里，其母国的文化一直在发生改变。弗里曼在其著作《改变身份》（*Changing Identities*）中谈到，生活在硅谷的越南人回到越南的时候，心中萌生出了一种错位感（Freeman 1996：120–25）。一名受访者谈道："我认为越南已经同我记忆中的越南不一样了。或者，也许是我变了。"（24—25）跨国旅居者们把自己称作"宇航员"，他们经常飞回家，因此，他们会对印度、中国、墨西哥或者越南的生活有一小部分的体验，但那些一直住在美国的同胞们却只能依靠更遥远的集体记忆来构建自身的身份。

　　人口处在持续流动中，因此，这种把人分为"华人"或者"墨西哥人"的简单的分类方式存在问题。在华人移民群体中，无论他们来自中国还是新加坡，他们在构建自身身份、进行社会交往时都会受到中国文化的影响。另一些人则会留心某个华人是"刚上船"（FOB）① 还是"在美国出生的中国人"（ABC）。如前所述，硅谷的华人社区中容纳着许多不同地方的文化、来自不同移民时期的人，以及他们各自的社会政治取向。有部分

---

① 即新来的。——译者注

华人和其他民族的人希望与中国新一代有技术背景的官员们建立起更紧密的联系。硅谷出面把这些人组织在了一起。2015 年，脸书的创始人马克·扎克伯格就是会见来访中国领导人的众多科技企业领导人之一。扎克伯格说，他很高兴自己能用普通话跟中国领导人打招呼（Wattles & Riley 2015：3）。

硅谷有很多家华人公司。由于华人一度被排除在原来的"老伙计网络"之外，华人增开了许多本民族的技术协会。在世纪之交，萨克森尼安记录了一些华人组织，包括中国工程师学会、亚洲美国制造商协会、中国软件专业人员协会、华美计算机公司、玉山科技协会、中国硅谷工程师协会、华美半导体专业人士协会、中国信息网络协会、中国互联网技术协会以及北美中国半导体协会（Saxenian 1999：29–30）。它们中的一些组织使用普通话作为团队语言，但是讲广东话的人，以及在讲普通话上有困难的华人和非华人专业人士可以不讲普通话。另一些组织则使用英语作为团队语言，它们会邀请尽可能多的人进入到它们潜在的关系网络之中。这些组织提供一系列的服务，他们会为客户创造组建关系网络的机会，举办英语研讨会和撰写商业计划的研讨会，各种服务不一而足（30–36）。

这样的核心团体通常由以前的同班同学组成，他们会在一个能够提供可口饭菜的场所聚会，这样的群体把民族身份和工作网络联系在了一起，同样也将硅谷和亚洲联系起来。来自澳大利亚、印度、伊朗、韩国、日本、以色列、法国、拉丁美洲和新加坡的技术移民们也组织了类似的团体（Saxenian 1999：255）。来自北欧的旅居者们则以"硅谷维京人"的身份和彼此聚在一起。

由于硅谷聚集了各种各样的文化和亚文化，新的经济利基市场便应运而生。专门的经济－民族利基市场比比皆是。针对硅谷华人社区的需求，这里出现了周六华人学校、墓地、企业风水顾问和几十家杂货店。硅谷的有线电视台为来自各地的华人提供普通话、粤语和越南语节目，除此之外，还提供印度语、日语、菲律宾语和中东语言的节目。华人企业家与华裔美国企业家共同创建了一个英汉双语电视频道——丁丁电视，播放各种电视节目。其中还包括一档真人秀节目《硅谷之战》。在这档节目中，一些知名的风险投资家会针对那些潜在的创业者发表自己的看法（*Asian Week* 2013）。旧金山和圣何塞都有几条历史悠久的日本街，在那里，人们会举办一系列的祭典，在这些祭典上，人们会表演日本太鼓，供应日本民间制作的各种寿司。当然，不论对哪个地区的民族节日来讲，食物都是其最核心的特色。戴尔说："硅谷吸引了来自世界各地的工程人才和创意人才。这些人才的到来会使硅谷容纳更多的观点和态度，也会使硅谷的文化变得更加丰富。"他打了个手势，示意自己现在讲述的是斯坦福大学校园里的事情。他说道："你们知道吗？斯坦福大学里有一个专门庆祝印度霍利节的组织。"他们每年都会为这个节日举办活动，以吸引印裔美国家庭、年轻的德西（Desi）①、移居海外的南亚人，以及他们来自不同文化

---

① "德西"是对来自南亚（印度、巴基斯坦、孟加拉国等）的移民及其后裔的统称。——译者注

背景的朋友，举办活动的目的是筹集资金、资助印度儿童教育事业。来参加活动的人们兴高采烈，他们互相追逐，向对方身上投掷彩色粉末染料。戴尔补充说，华人们正在"庆祝另一个节日，因为他们在唐人街上举行了声势浩大的游行"。他总结道："我认为这些活动让硅谷的文化变得更加丰富、更具吸引力和光彩。"

拉丁裔社区也是一个复杂的社区，其复杂程度堪比华人社区。"拉丁美洲人"的身份可以对应来自不同国家的人，无论是去年才到达加利福尼亚的阿根廷人，还是已经在这里生活了一百五十多年的加州人，他们都属于"拉丁美洲人"的范畴。它还包括来自葡萄牙和西班牙的欧洲人，以及连两种欧洲语言都掌握不了的美洲原住民。拉丁裔社区中存在严重的阶层划分和语言划分。他们不会把墨西哥移民的孙辈和上个月才从瓦哈卡来的人归为一类人。追溯起来，夏洛特的先辈原来是占领加利福尼亚的西班牙殖民者，也就是加州人。阿瓦一家人来自墨西哥，但她并不会说西班牙语，而且她在与人交往时也不愿使用西班牙语，不愿强调自己的拉丁血统。阿瓦在一家创业公司工作，她在公司里设计出了一款双语游戏，这款游戏的灵感源于墨西哥纸牌游戏《和谁在一起》，她对两种文化的理解和体验在设计这款游戏时起到了很大的作用。安德烈斯出生在亚速尔群岛，但他不认为自己是拉丁美洲人，他的葡萄牙血统让他觉得自己算不上一个西班牙裔人，倒更像是个欧洲人。

费尔南多是一位活动家，供职于某非营利组织。他指出，在拉丁裔社区工作时，语言是证明身份的一个关键标志：

奇卡诺人（Chicanos）不太关心墨西哥文化或者西班牙文化，他们更关心政治参与。而那些自称墨西哥人或墨西哥裔美国人的人们则更倾向于保护他们的文化、传统和语言，他们中的许多人并不关心自己是否有权投票或者参加集会，但他们认为自己是纯正的墨西哥人。其实这取决于个人，但奇卡诺人在政治上一定是很活跃的，而且他们倾向于把自己看作第二代或第三代美国人。我的意思是，当你去参加任何一个标榜奇卡诺人身份的活动时，你肯定会发现，里面的人在用英语交流。而如果你去参加一个标榜墨西哥人或墨西哥裔美国人身份的活动，你会发现，里面的人要么既讲西班牙语又讲英语，要么都讲西班牙语。

实际上，这里所说的语言标志并非西班牙文学语言。在这里，它指的是加利福尼亚人创造的"西班牙式英语"（Spanglish），这种语言融合了西班牙语和英语。这种当地方言是一种语言混合体，它象征着众多拉丁裔身份中的一种。费尔南多说，在这里，人们在表述"停车"时用的词汇是 *el parkeo*，但在西班牙语中，表示"停车"的正确词汇是 *estacionamiento*。典型的西班牙式英语说出来可能是这样的："我们去海滩吧，伙计，我们要吃掉所有的食物，这太冷了，我们需要毛毯。"（*Vamos a la playa man and we're gonna get all this food, pero tambien seria too cold so we're gonna need blankets pero mucha comida.*）

V 是在墨西哥出生的。他在墨西哥上的小学，所以，等他搬到南加利福尼亚州之后，他在学数学上有了一定的优势，他把这部分优势用在了学习工程上面。V 在州立大学接受了高等教育，他还带着浓重的口音，人们可以据此判断出他的社会地位并不高，但他还是创造出了属于自己的利基市场。V 说道："由于我是移民，有时我的英语说得不那么好。"虽然不同的技能被排上了不同的等级，但这并不会让人们认为，西班牙人会表现得很好。V 是这样应对他人的歧视的："他们认为，我来自某一文化背景，所以我可能就没那么聪明。但是我会说：'行，你可以觉得我蠢，我就这么盯着你看，我还会摆出我的扑克脸，而且我是不会让你知道我手里有哪些牌的。'我真希望自己不需要这么做，但生活就是如此，在我的整个职业生涯中，我都必须这么做。这就是现实。"费尔南多、艾娃、安德烈斯和 V 都谈到，在拉丁社区内，各种文化之间存在复杂的交集。

在硅谷，各种文化进行着频繁的对话，这时，如果再把"故土"这个因素加进来，这里的文化景观会变得更加支离破碎。在某个家庭中，如果儿子移民了，若是留在故乡的亲人跟他保持邮件联系，在网页上发布相关信息，那么，这些亲人就不会那么容易被遗忘，也不会沦为儿子脑海中遥远的记忆。跨国公司的建立——"两足公司"——在硅谷移民和他们留在故土的亲人之间建立了联系。硅谷的印度人、印度裔美国人以及其他散居海外的印度裔德西们可以创建在线音乐频道，将跨国的印度音乐演出汇聚在一起，这就是一个关于全球文化循环的例子。21 世纪初，人类学家尚卡（ShanKar）记录了处在青少年时期的德西们的经历。每一代印度移民都各不相同。1965 年后的早期移民浪潮获得了成功，但是这些移民却被社会边缘化了。连续的移民浪潮创造出了各种越来越制度化的民族标志，比如游行、节日、社会组织和专业组织以及民族杂货店。在这种环境中长大的年轻人自嘲是 ABCD，即出生于美国的、困惑的德西（American-born confused Desi）（2008：5-6）。德西们继承了太多的东西，这些东西令他们晕头转向。他们的父母都是印度人，可能分别来自南亚不同的地区，能讲一种或多种语言——仅印度就有 22 种官方语言——他们可能信奉不同的宗教，分属于不同的职业阶层和社会阶层。年轻的德西们讲的是印度语版本的西班牙式英语，其中还混杂着其他各种语言。与身为拉丁裔工程师的 V 的经历不同，一位家长在接受尚卡的采访时指出，"在硅谷本身就是一个巨大的优势"，因为人们的刻板印象就是，在硅谷的人拥有高超的技术能力（51）。

　　硅谷人每天需要完成大量的交流和互动，正因此，硅谷文化的复杂程度和其他地方的文化相比有质的区别。如果某地只有 3 种文化相互作用，那么他们相互碰撞在一起的可能性极低。处在每种文化背景中的人都可以只跟自己所属的那个群体互动，3 种文化之间也可以相互影响。但即便这样，3 种文化至多产生 7 种互动的可能性。然而，硅谷有约 50 种不同的文化（保守估计），因此在这些文化之间潜在互动的可能性远远超过了 1.125 千万亿。而且，硅谷划分的文化身份类别是可再分的，每一个类别还可以被进一步分为更多、更细微的子类别，这样一来，硅谷文化互动的复杂程度就又上了一个台阶。在这种环境中，人们无法确保其日常交往属于什么性质，也无法预测它们会产生怎样的结果。

多重身份

　　文化和身份是不同的概念，但它们有重叠之处，因此人们很难把它们之间的区别弄得清清楚楚。身份是文化的一部分。与其说"身份"指我们做了什么——也就是我们的行为——不如说"身份"指我们认为自己是谁。身份具有反射性，它能够反映出多个维度的东西。我们的身份取决于我们如何对自身分类。身份为我们提供了一个剧场，因为我们总是会向他人展示自己的身份。最后，构建身份时还需要一个被动因素，即别人把我们归到哪个类别。身份识别同时在很多个层面上进行。我在面对密友和家人时有一个身份，在填写人口普查表格时又有另一个身份。根据美国的文化传统，人们会从社会政治和心理的角度来看待彼此的身份。美国人有自己的民族身份，或者说源于民族的身份，但是，美国人也会透过"流行心理学"的视角来看待世界——他们相信每个人都在寻找独特的"自我"。

　　但是，习惯用这种眼光看待身份会带来两个后果。这种将身份与民族或国籍捆绑起来的做法实际上过分强调了民族在文化中的作用。我们错误地将文化等同于"民族性格"——这是一个存在严重缺陷和过于泛化的概念，如果偏信这种概念，当人们不能按照自己头脑中的脚本行事时，就会发生混乱。如果人们过度认同国籍或民族，那么他们就会忽略家庭文化、团体文化、区域文化和跨国文化。另一方面，如果人们认为，身份纯由个人选择决定，那么他们就忽视了文化的力量。文化真实地影响着人们，它影响着我们的思考方式、行动方式和行为方式，而且，我们周遭的事物都是文化的产物。但是当代美国文化并不接受这种看法，当代美国文化将人生视为一系列个人选择的产物，人们在做出选择时不受"传统"枷锁的束缚——人类学家弗朗茨·博厄斯用这个短语来描述文化带来的限制。而且确实存在许多文化中介——文化对我们的思维方式和行为方式产生了影响——硅谷的各种文化也将影响人们的工作、家庭和社区生活。

文化身份不是简单的、要素叠加的产物，也就是说，即使某人身上展示出一系列文化要素，我们也不足以借此判断出某人来自某种特定的文化背景。相反，文化是一个由对象、思想和关系组成的巨大网络，人们可以从社会结构的其他部分清晰地看见它。身份认同是一个过程，人们在寻求身份认同的过程中简化了社会结构，以此来适应其复杂性。但是，身份只是文化的特征之一，它与文化是不同的。因此，比起研究硅谷中的某个身份群体，或者将"硅谷文化"作为一个特定的身份群体，我们更想了解的是人们如何理解他们自己的文化身份。人们是否根据不同的类别来定义自己的身份？他们使用的这些类别中存在一些规律性的东西吗？这些类别之间有何联系？为了理解不同身份背后的含义，我们还有必要问一下："哪些差异会对人们产生影响？"

在思考身份和文化这组概念时，我们还能找到很多和它们对应的概念。在我们的采访中，我们用不同的方法询问人们如何定义自己的身份。我们观察了以物质形式呈现出来的文化——也就是成堆的艺术品——以前，人们通过这些艺术品来展示自己的身份。我们目睹了人们在讨论、公开辩论和人际交往中皆提到"文化"问题，但这些问题背后实际上掩藏的是人们的身份斗争。我在解释这些观察到的现象时遵循这样一种观点：文化——进一步说，也就是民族——并非与生俱来或由生物遗传而得，而是人们在后天不断的学习和实践中得到的产物，文化是一种复杂的社会结构。

　　下面这个经典的人类学例子表明，能够影响身份的因素多种多样。旧的殖民政治经济推动了人口的流动，创造了多元文化，它的作用就如同今天新经济发挥的作用一样。苏里南是个小国，位于南美洲的东北海岸。许多部族的土著人占领了苏里南，其中最著名的两个族群是阿拉瓦克人（Arawak）和加勒比人（Carib）。土著人从事着渔业，他们也在临时性农田里摆弄植物、种植苦味树薯，过着"刀耕火种"的生活。1667 年，苏里南成为荷兰的殖民地，隶属于阿姆斯特丹市和泽兰省，不少企业在这里出现。在苏里南，人们尝试开设了首批农业企业，但是，这种企业农业获得经济利益并运作下去的前提是，涌入当地的非洲奴隶能够提供廉价劳动力。荷兰人的文化中几乎没有与奴隶制有交集的部分，他们雇奴隶主要是出于强烈的经济目的。因此，它带来的恶果是，一种极具压迫性质的奴隶制出现了，然后爆发了奴隶逃亡事件。在这个案例中，奴隶们逃往雨林（van der Elst 1970）。到了 1700 年，许多由逃跑的非洲奴隶组成的逃亡者社区已经发展起来。逃亡的黑人奴隶创造出他们的文化拼图，其中不仅囊括了尼日利亚、喀麦隆、塞拉利昂、加纳和安哥拉等不同西非族群的文化元素，还融合了美国土著人文化适应的部分，以及他们在种植园生活中生产出的文化元素（Hoogbergen 1990）。黑奴们与荷兰人发生了冲突。成批的逃亡者为非作歹，严重破坏了种植园的生活秩序，因此，种植园主协会专门雇佣了士兵来消灭他们。抓捕行动通常以失败告终，这实际上变相地加强了逃亡者的力量，还使得问题变得更加严重。直到 1760 年，政府发现，给予黑奴们自治权不失为一种权宜之计。虽然这一过程中也存在着冲突，但最终，拥有自由身份的黑奴出现了，他们不再以逃亡者的身份生存，其中包括 18 世纪 60 年代的恩久卡人（Djuka）、萨拉玛咖人（Saramaka）和马塔瓦人（Matawai），19 世纪 90 年代的帕拉玛咖人（Paramaka）、昆蒂人（Kwinti）和阿鲁库－伯尼人（Aluku-Boni，主要出现在法属圭亚那地区）①。

　　与此同时，种植园仍然需要劳动力。在 1863 年废除奴隶制后，东印度人，也就是"印度斯坦人"（Hindustani），成了热门的招募对象。19 世纪 80 年代，他们又引入了印尼人，也就是"爪哇人"，作为他们的合同工。还有一些族群的人也来到了这里，包括欧洲人、北美人、葡萄牙犹太人、叙利亚人以及来自中国香港的华人。从前的非洲奴隶变成了城市克里奥尔人（Creoles）。到了现在，这种由殖民因素产生的文化多元化现象

---

① 恩久卡人、萨拉玛咖人、马塔瓦人、帕拉玛咖人、昆蒂人和阿鲁库－伯尼人是苏里南共和国的六个栗色民族，也是法属圭亚那的栗色民族。——译者注

以各种独特的食物和语言形式表现出来，而且这种文化多样性也是当前政党组织的基础（Dew 1990；Bureau of Inter-American Affairs 1998）。宗教成为重要的民族标志。

民族和种族——种族就是民族的可见形式，可以通过肤色判断——可以引导人们形成各种身份。黑奴逃亡者的孩子们最喜欢的游戏之一就是"白人会抓住你"，这是种族标签的一种变体，也是父母们用来吓唬孩子的一种方式。但是种族是决定身份的唯一要素吗？尽管在苏里南人的日常生活中，民族因素明显发挥着重要的作用，但是这里还存在着另一套与之完全不同的身份认同结构，二者相互交织、相互竞争。当一个新人来到昆蒂人的村庄时，人们不仅会在意他的民族，还会关注他是个 *baka busi* 还是 *ana foto*——即他是来自丛林还是城市。这是一个重要的区别。在某种程度上，这套标准将黑奴逃亡者、土著人与城市"他者"区分开来，强化了他们的民族特征。但是这套标准也与民族因素形成竞争关系，二者构成一个完整的、跨越种族（或民族）凝聚力的核心身份标准。

其他身份也很重要。在这个母系社会中，性别是一个很重要的身份因素。源于统一血统的女性们拥有花园，它象征着女性掌握一定的经济权利和政治权力。宗教身份也很重要。信奉天主教的昆蒂人住在比塔共（Bitagron），新教徒则住在凯曼斯顿（Kaaimanston）。温蒂教则融合了非洲-苏里南宗教，它也是另一个关键的宗教身份因素（van der Elst & English-Lueck 1977）。1986 至 1992 年间，民间黑奴逃亡者叛乱爆发的一个决定性因素就源于信众们对于温蒂教的信仰（Thoden van Velzen

1990）。任何人在尝试理解苏里南的身份政治时，都必须从多个维度看待问题，他们既要考察那些常规的民族类别，还要兼顾一些其他的社会类别——比如精神、经济和生态维度上的东西。

殖民因素导致了苏里南的文化多元主义，而硅谷文化的复杂程度与之不相上下。在硅谷文化中，人们运用许多元素来塑造身份。从古至今，祖先们为各种文化定下了基调，不同的语言、性别、移民与"故土"之间的互动，以及各族群之间的融合会进一步细分各种文化。人们承担的社会角色和家庭角色也属于他们的身份；单身者、已婚夫妻和有孩子的家庭形成了不同的群体。阶层也有助于身份的形成，不过人们很难察觉到阶层在身份形成的过程中起到的作用，这是因为人们可能会跨阶层交友，甚至也有可能跨阶层组建家庭。工作也是决定一个人身份的主要因素。工作和职业会显示出工作者的身份，有时，知道了某人当下的雇主是谁，也可以判断出他的身份。甚至，你使用的计算机、选择的互联网服务商也会定义你的身份，更重要的是，这些因素会影响你的关系网络，决定谁能进入其中。上述的所有因素都并非独立存在的"文化"，但个人可以根据上述提到的每一种标准将自己的身份概念化。

在构建身份的过程中要参见多种标准——祖先文化、国籍、跨国因素、民族、性别、代际、阶层、职业、宗教、街区。人们谈论身份时会使用不同的框架来构建"自我"。许多被访者通过建构心理伦理、评估自我的可信度或工作能力的方式来确定自我的身份。有些人用职业定义自己的身份："我就是我的工作。"其他人则用工作组织来定义自我：他们是"谷歌人"或者"脸书人"，因为他们在谷歌或脸书工作。很多因素会与人们的工作身份交叉，比如人们的民族、性别、性取向或家庭角色，当交叉发生时，人们也会做出相应的举动。塔维的办公室里会讨论，处在性少数群体中的员工如何做才能将自己看作一个健全的人，这时她会积极地参与讨论。塔维说，人们面对的不是"单个问题"，他们需要弄明白，如何才能调动起决定自我身份的不同因素，并让它们达到合作共赢的效果。例如，在每月一次的面对面会议上，塔维的亚洲同事们"谈起了自己与家人的关系。在有些方面，我的亚洲同事们面临的问题很复杂，这些问题是不会发生在我们家的"。几乎所有参与讨论的人都是第二代移民。他们对各种关系和生育有着不同的期望，移民家庭尤为如此。此外，塔维还参与了在线讨论，讨论的话题是，当他们在数字平台上传递内容和消息时，这种行为是如何微妙地影响性少数群体用户看待自己的方式的？他们感到自己融入了群体中，抑或是被排除在外？

　　人们在跨越"文化的边界"时，会制造一些争端，然后再解决它们。人们的身份并不固定，而是随着语境的变化而变化。弗里德里克·巴斯（Fredrik Barth）在开创性地提出有关民族本质的想法时，依据的就是上述思路。他意识到，人们在面对不同的观众时，会表现出不同的身份。他提出的这个民族理论并不强调各民族身份的不同之处，也就是其独特的、固定的特征；相反，它引导我们去关注人们在"与他者对话"时该如何面对身份之间的界限（Barth 1969；Cohen 1994：120-22；Jones 1997：72-85；Kuper 1999：235）。例如，流程工程师洛厄尔就指出，在面对加州以外的人时，他会觉得自己是个"硅谷人"。但是，当和另一位加州人交谈时，他会明确地表示，自己来自沿海城市圣克鲁斯——对于洛厄尔来讲，这是一重比较"反文化"的身份，但是在外人看来，这种差别并不存在。

硅谷有许多不同类型的人，他们之间存在着细微的差别。但是，这些差别可能只对硅谷人有意义，外人可能看不出这些差别。在硅谷，不同的群体生活在一起，他们之间总是存在裂痕，但是他们必须在学校、工作场所和公民活动中彼此互动。在公共场所，这些群体混杂在一起，他们一起购物、学习，或者一起设计互联网路由器。每个群体内部都存在其各自的偏见、想当然的想法，他们也有各自拿手的菜肴。更重要的是，这些群体仍处在变化之中。来自不同族群的人会通婚，这样一来，他们就拥有了两个或两个以上的族群身份，因而，人口普查中的人群划分方式根本无法覆盖这些情况。硅谷人会接受其他群体的文化元素，而且，对他们而言，能够让他们转变身份的理由就像沙漠里的沙子一样多。

在硅谷，人们研发出了一大批旨在"追踪"身份的技术，人们对其的热衷程度跟对"量化自我"（Quantified Self）运动的推崇如出一辙。23andMe是一家研究个人遗传基因的公司，其总部位于山景城。该公司会利用算法对祖先起源的地理坐标进行抽样，并进行统计，以此来确定民族遗产。他们运用的工具包含了各种机制，这些机制能够让他们识别出拥有同样基因片段的人，并与他们展开交流。现存的种族划分方式是存在争议的（Felzmann 2015：27–28）。比如，传统上，某人身上的犹太特征应该是由母系遗传因素决定的，但是人们在看过统计数据后认为，身上存在犹太特征的多是德系犹太人或西班牙系犹太人。还有，美国印第安部落的身份与历史条约、联邦和部落政策息息相关。在个人对自我基因的描述中，他认定自我美国原住民身份的指标可能是，他的祖先来自加拿大、墨西哥或美国，所以他有了美国原住民的身份，但这种认定身份的标准并不具有法律效力。艾娃和她的哥哥德尔都是听着家族故事长大的，在这个故事中，他们的曾祖母是个日本人。在德尔的成长过程中，他一直都回避自己身上的拉丁血统，而想往日本血统上靠。他热爱日本的经典电影，他为了寻根还专门去日本住了一段时间。但是，当这兄妹俩把各自的唾液样本寄给 23andMe 公司后，验证结果显示，他俩身上压根没有日本血统。

把身份视为一个流动的过程，而非一个稳定的符号范畴，这意味着，人们研究身份的方式发生了变化。人类学家关注的不是某一身份的"本质"，而是人们在与他人的互动中如何表达自己的身份。在不同身份类别之间，哪些文化边界至关重要？它们是否映射出了不同的身份类别？抑或不同的生活领域？这些差异能通过言语表达出来吗？我们意识到这些差异了吗？当我们在边界内或跨边界行动时，这些差异会改变我们的行为吗？哪些差异是由文化边界导致的，哪些不是？这一系列的问题引导着我们去关注人们在不同的生活领域间穿梭时，如何用言语或者文字表达自己的身份，即人们说了什么；或者去关注他们的行为，即人们做了什么。

在一种类似于民间人类学的知识体系里，人们在构建自己的身份时，往往会归纳出各自的特征及其文化表现。它的逻辑是：如果你讲西班牙语，你的祖先来自墨西哥，而且你的社交生活是以家庭为中心的，那么你就是一个墨西哥裔美国人。但是，用一个固定的名词去描述身份（给一个人定性），而不强调他形成身份的过程（考量这个人的行为和感受），会忽略掉人们身上特殊的行为标记和符号标记，正是得益于这些标记，我们才真正能够区分墨西哥裔美国人、西班牙人、拉美人和奇卡诺人（见 Legon 1995；Hurtado, Rodriguez, Gurin, & Beals 1993）。而名词标签只是将那些还未成形的行为拼凑在一起，通过这种行为，人们试着把身份定性为一个未经细分的、静态的整体。可是，如果用这种贴标签的方法来定义人们的身份，那些身上只能体现出部分标签的人就会感到困惑。一位女士说道，她并非一个"奇卡诺女人"，因为她反对"大男子主义"。这个例子说明，上述这种定义身份的方法是被动的，但身份是需要构建的。这种贴标签的方法会让身份变成一种固定的概念，这就好像要求孩子们把自己的照片放在一个标着"此处正确"的盒子里，这样才能证明孩子身份的做法一样（Bernal, Knight, Ocampo, Garza, & Cota 1993）。这种固定的身份模型能够反映出人们是如何谈论自己身份的，但不一定能够反映出人们是如何通过行为表现出自己的身份的（Cohen 1994 : 120）。

全球经济的发展和人口的流动使得硅谷拥有了多元文化。对于许多从事高科技工作的人来说，他们非常享受这种文化多样性。这是一种全新的体验，因为来自不同文化背景的人对时间概念、团队合作和人们自夸的方式、语言能力有着不同的理解，而且这种差异不仅仅是民族上的差异，但现在人们都在一起共事。汤姆是一名经理，他说道：

> 我们公司的这栋建筑简直像个小宇宙，美国文化演变到下一代的时候，估计呈现出的就是这样的景观。在这里，人们讲着各种各样的语言。我们有来自各个国家、各种背景的员工，因为［我们］在高科技领域工作。说得再具体点，我们公司有来自俄罗斯的移民，他们非常擅长数学和物理；我们也有奇卡诺员工，公司的各个级别里都有奇卡诺人；我们还有来自亚洲所有国家的同事，从斯坦福大学、科罗拉多大学毕业的盎格鲁－撒克逊白人毕业生，他们在各个不同的领域里工作；除此之外，我们还有来自东海岸制药地带的分子生物学家，他们仍在试着弄明白加州这个地方是不是真实存在着的。还有像我这样在南布朗克斯长大的人，南布朗克斯是美国形势最严峻的社区之一，但在我们社区，照样有人能在斯坦福大学取得博士学位，然后到我们公司来工作。

从这段话中，我们可以看出，许多不同的因素对塑造一个人的身份而言都很重要。虽然这段话里提到了国籍和民族，但同样提到了语言、阶层、地区身份、专业身份、技术实力和教育背景。

可以作为人们身份标志的因素不仅不限于民族，还超越了民族内部形成的区隔。性别身份、家庭结构、年龄群、关系网络、地区身份和社区身份、跨国身份和阶层，人们日常生活中的许多方面都会影响人们的身份构成（见 Mach 1993：7）。人们的身份可以建立在诸多基础之上。一位拉丁裔女工程师与一位中国女建筑师性别相同，来自同样的阶层，此时，这两个因素可能会让她们不去计较对方的祖籍身份。里程碑教育（Landmark Education）为人们提供"个人和组织层面上的效率和沟通"培训，从该培训班里毕业的学生们拥有一致的信念、一起参与过各种活动，他们以此为基础，可以与彼此发展出持久的社会关系。处在帕洛阿尔托和旧金山半岛的人会将自身所处的区域视为其进行社交活动的中心，也正是由于这个原因，他们才觉得自己与处在湾区南部的人不同，湾区南部包括从桑尼维尔到圣何塞之间的区域。人们拥有多重身份，这样一来，他们就可以专注于自身所处的情境，在高科技工作场所组建的社交迷宫中自如地穿行。

影响人们构建身份的另一个因素是阶层，而阶层与人们的职业身份以及高科技经济呈现出的独特形态密切相关。人们再三提到，硅谷的阶层体系不只体现在收入差距上，它还体现在两极化的教育制度上面，尤其是对于那些受过高等教育的人而言，这种感觉尤为强烈。就算有些人只接受过短短几年的高等教育，他们还是会对自己有一堆期望，而且他们还会形成一种特殊的自我意识，不仅如此，他们还认为，自己与那些受过较少高等教育或者是受过其他教育的人完全不同。

不同的身份标准混杂在一起，催生出全新的身份——某工程师称自己为"惠普公司的同性恋典型代表"。在世纪之交时，我注意到，人们也会充分利用那些对自己而言很重要的兴趣和爱好来塑造自己的生活。我之前坚信，第二代南美工程师妮科尔在定义自身的身份时，会大谈特谈那些关于国家和民族文化的内容，但是她把自己定义为一个"狂热的［飞盘］玩家"，这令我大吃一惊。这之后，我便对那些"爱狗的人"和"爱猫的人"变得敏感起来，或者，有些人会把自己定义为一个用自行车通勤的人，或是参加摩托车比赛的人。某人在日历上画了几艘帆船或轻型护卫舰，这可能是一种自我暗示，它能够在其厌倦工作的日子里给当事人些许安慰。但是，当事人可能并不是以疲懒的工程师的身份画出这张图片，此时，他的身份是个冒险家，他会在自己的业余时间里骑赛车或者划船。

随着社交媒体平台数量的激增，人们寻找与自己拥有同样兴趣的人的能力也增强了。在所有使用互联网的美国人中，有一半以上的人使用着两个或两个以上的社交平台，比如脸书、领英、品趣志、照片墙和推特（Duggan, Ellison, Lampe, Lenhart, & Madden 2015）。社交媒体为人们提供了平台，让人们能够培养弱关系网络，并彼此分享志趣。以相约网（Meetups）为例，有了电脑和移动应用程序的支持，原本分散的个人被联系在一起，他们会发展成面对面群体，这样一来，原来人们之间的弱关系就有望发展为强关系。人们对各种事物的热情都能被转化为联结彼此的理由。喜爱古董电脑、尊巴舞、角色扮演游戏或者折纸手工就是可以举出的例子。

在硅谷，技术会成为人们形成自身身份的基础之一，这一点应该不足为奇。对于使用不同智能手机平台的用户来讲——苹果和安卓系统截然不同——他们之间就存在着差异。人们对某些商品的喜好也会影响其身份。比如，购买苹果电脑和其他个人电脑的消费者会发现，他们之间存在着巨大的沟壑。西奥是一名系统工程师，他认为，比起用"我来自世界的某个地方"来定义自己的身份，人们更喜欢用"我喜欢用这款软件"或者"我喜欢用这款硬件产品"来定义自身。安德烈斯对这种定义自我身份方式的转变做出了反思，他说："过去，只有懂行的人才能开发软件或硬件。只有特定的一部分人知道如何操作这些软硬件，外行人都不懂他们在干什么，普通人也不会搅和进去。那时候，它还是一种小众文化。但是十五年过去了，现在，在世界各地，到处都有人掌握着开发软硬件的知识。"生产技术需要编码能力和生产能力，现在，平常人也掌握了这些能力，这也是人们能够成为黑客或者软硬件制造者的一个重要原因。V直言道，他会嘲笑这种人：他们自己不会写代码，但会为了搞破坏而照搬其他人的编码。他们不是真正的黑客。

在硅谷，由于技术占据主导地位，这提供了另一种选择，人们可以据此来定义自身的身份。人们定义自身身份时可以依据诸多因素，国籍和所属民族只是其中的两点而已。工作也为人们定义身份提供了另一种基础，因为它吸引了很多人来到硅谷。在硅谷文化中，一个人的工作及其工作身份会决定其观念。例如，一位经理在谈论员工招聘时说道：

> 我对苹果公司员工的看法是，他们充满激情，相

信自己将要做的事情，而且他们做起事来很专注。但那些不为苹果公司工作的人则会认为，把"在苹果公司工作过"写进简历里面会很好看，因为苹果公司的牌子很大。这也很有趣，但是对他们而言，苹果公司只是他们通往其他地方的一块垫脚石而已……而苹果公司的员工真的热爱技术，他们受苹果公司的吸引，他们也会对其他使用苹果产品的人感兴趣，因为苹果公司的核心理念就是创造。这也是苹果公司能够吸引那么多员工的原因。我们都觉得，苹果公司能给我们赋能，让我们变得更有创造力。

人们醒着的大部分时间都在工作——每周工作 60 到 100 个小时，难怪艾琳说："我认为我属于不同的文化，我觉得其中之一就是工作文化，那就是：把工作完成……在这栋楼里工作的是许许多多的非常聪明的人，他们有足够的动力和动机去做很多事情，完成很多事情，他们会不断敦促自己。我认为这就是一种文化……我也置身其中。"

找到文化中介

人类是受驯化程度最高的物种，而文化则体现着那些与人类息息相关的思想、行为和工艺品。人们利用文化，将生态环境改造成了人工环境。文化为人与人之间建立关系提供了许多规则，而且这些规则常常是相互矛盾的——我们的行为方式，我们倾向于认为什么是重要的，以及我们能否接受吃昆虫的行为或者设计微处理器的行为。文化形塑着人们的情绪和行为。

在人们的日常用语中，"文化"这个词有多种含义。如果你在一个商务会议上听到"这是文化层面的东西"这句话，它可能意味着，人们正在讨论的这种行为属于某种习俗，也就是人们的惯常做法，此时，与更好的做法——"我的做法"——相比，惯常做法肯定会遭到否决。某种文化的惯常做法中包含民族中心主义，它不接受所有外来的东西（Kuper 1999：10）。文化也成了"种族"一词更委婉的表达方式，它将文化身份与"种族遗产"混为一谈，这样一来，至少在措词上种族主义的痕迹就不那么明显了（240—41）。"文化"这个词也被用于解释那些无法解释的事物。当某一行为与人们的预期不符、人们感到摸不着头脑时，他们就会用"文化"来解释这一行为。如果某种行为令人费解，那么"文化"肯定是罪魁祸首。这和考古学中的一句古谚语所表达的内容类似："如果我们弄不清楚这件物品的用途，那么它一定与宗教有关。"考古学家们发现的东西都是看得见摸得着的实物，但宗教信仰却不可能被"挖掘"出来，因此人们必须就此做出推断。同样，在通常情况下，由于人们并不会有意地谈论文化，因此，他们必须猜测某一特定行为的"文化起源"。

文化是一种社交中介，也就是说，它会影响社交。放眼全球，在我们分析市场和消费者集体行为之前，我们可能会认为，人们更青睐皮爷咖啡或星巴克咖啡而非福杰仕咖啡是个人随机选择造成的结果。但是生产和销售咖啡的方式改变了咖啡市场。定制咖啡得到大幅度推广的前提是，人们开始采用阀杆密封包装，以此确保产品更加新鲜，同时，人们使用了新的运输技术，因此全粒咖啡豆才被运送到分销商和消费者手中。接着，优质的咖啡与人们所处的阶层和地位扯上了关系，自此，整个咖啡行业的面貌都被改变了（Roseberry 1996）。饮用经过精心挑选的、定价公平的咖啡成为一种身份的象征，但是除此之外，还有很多因素在起作用。因此，我们必须在一系列复杂的因素（包括技术、经济、组织和意识形态等因素）的交会处探究文化，而非仅仅关注个人行为或者那些拥有同样身份的群体的行为。

想要确定文化正在扮演何种角色的方法之一是去问：文化在何时确实为人们提供了一套不同的行事方案？文化在何时会对社区中发生的事情产生影响？在下面的例子中，文化有效地影响了人们的行为。文化形塑了人们对多元文化本身的态度。文化影响着我们的私人事务，也就是那些不对他人公开的事务，但同时，文化也会对公共领域产生影响。文化影响着我们看待老年人的方式。而且，哪些行为属于"尊重"老年人的行为也要依靠文化去评判和解读。同样，家庭结构和家庭义务也是根据文化建构起来的。在下面的例子中，我们可以看到文化起到的作用。

湾区文化的一个侧面是，人们很熟悉多元文化景观，他们在这样的景观里生活得很舒服。他们谈到，当他们去往其他地方、进入到某个拥有同质文化的社会场景中时，他们会感到不自在。卡尔罗是一家大公司里的流程工程师，她说，在旅行的时候，"如果我明显感觉到自己所处的环境里缺乏多样性，我就会觉得不舒服，觉得奇怪……所有东西都一样，这真的很奇怪"。

克莉丝汀是一名中小学教师，她曾去过一些相较于加州不那么能体现多元文化的地方，她暗示道：

> 我记得，当我回到加州以后，我注意到加州有着不同的文化和语言。你甚至能够在杂货店和你想买的食品中感受到这种多样性，加州的多样化程度更高。我喜欢这种多样性……我住在旧金山湾区……我的整个生活都浸泡在多元文化中。旧金山湾区、北加利福尼亚文化……这里生活节奏很快……这里的文化可以归纳为：高科技、忙碌、激烈的竞争。我认同这种文化。加州的文化是多元的，这也是我喜欢加州和加州文化的原因之一，就是这样，因为加州的文化就是如此多元。

克莉丝汀给她教学所在的教室画了一幅画像："嗯，在我们班，孩子们……来自印度、中国、韩国和墨西哥。孩子们来自世界各地。"虽然我们到第五章时才会更深入地讨论这种多样性对人们生活产生的各种影响，但是，这种生活经验本身就足以让这里的人形成自己的身份认同。换言之，加州北部的文化本身就是一种身份。

在旧金山湾区，人们可以"体验世界"，这里有一系列文化工艺品，人们可以随意挑选。凯尔是一名绘画承包商，他说，文化多样性"影响了我，因为我能够通过各种语言和习俗体验到不同的文化……获知人们庆祝某些节日的方式……对我来说，这是不错的影响"。正如在中国不同的食物代表着不同的区域——没有人会搞混四川的麻辣味和上海酱汁的清淡口味，在湾区，人们能够享受到各种菜肴，同时他们也重视食物的品质，这也显示了他们湾区人的身份。凯尔补充道：

> 在这里，我能够品尝到不同的食物。但是其他地方可并非如此。比如，如果你在日本点了一份墨西哥卷，它可能是由日本人做的。但是在湾区，我点的墨西哥卷的的确确是墨西哥人做的——也许，他用的还是祖传的家族秘方。我现在谈的可不是塔可钟①。我可以在湾区吃到俄罗斯人做的俄罗斯食物，等等。对我而言，印度人做印度菜，"这就叫正宗"，能吃到这样的食物，我感觉很好。

凯尔的这番对食物的言论很典型。1965 年的移民政策为湾区打开了世界美食的大门，自此，硅谷人对食物的这种认知便逐渐建立了起来。尤其是，人们认为，选择带有民族特色的农家食品能够更加旗帜鲜明地体现出人们的反主流文化意识，而且，这种行为还能向来自全球各地的、散居在湾区的人们表示，

---

① 墨西哥快餐品牌。——译者注

湾区愿意接纳他们（Belasco 2007；Johnston & Baumann 2010：10，33）。但是，人们做出这些选择的背后蕴藏着复杂的政治意味。这些"正宗"和美味的异国风味也可能被人利用，形成烹饪殖民主义，这是人们所不能接受的。人们对食品政治的紧张感推动了混合菜系的发展，这些菜系特别适合第二代移民和旧金山湾区当地人的口味。因此，在湾区，带有民族特色的菜肴可能不太"正宗"，或者这些菜肴可能还带有"故土"风味，但其食材和口味已经根据加州人的需要做出了调整。据专业的烹饪人士杰奎因说，湾区的食客们喜欢冒险。帕瓦尼的母亲是印度移民，做得一手正宗的印度菜，帕瓦尼从小就是吃着这些印度菜长大的，但她觉得，湾区的食物是"最好的食物"。艾娃喜欢吃印度墨西哥混合风味的玉米煎饼、印度奶酪和包着咖喱肉的玉米面卷饼。

这种改良版的食物确实也存在问题。敏哲因为手工豆腐出了名，他说，美国人把豆腐当作肉类替代品，而豆腐也常出现在素食菜单里。然而，在亚洲，豆腐是一种具有独特风味的食材，人们会在一些典型的肉类菜肴中使用豆腐，比如麻婆豆腐，麻婆豆腐是一种以酸浆豆腐和猪肉为原料制成的菜肴。李来自新加坡，新加坡也是一大多元文化饮食阵地，他认为他在加州吃到的亚洲食物都不太正宗。美国人热衷于减少饮食中的碳水化合物，这意味着，如果将亚洲菜肴与米饭或面条搭配食用，碳水摄入会超标。美国人还担心食用盐过量，这样一来，亚洲菜就更不可口了。尽管如此，凯尔还是认为，湾区的多种类食物可以代表其文化多样性。但他又好像意识到了"要享受全球美食就得付出代价"这一点似的，增加了一些附加条件："有时我们很难理解来自其他文化的人遵循的习俗，比如，如果你是一个商人……他们会在你进屋之前脱掉鞋子，或者做一些其他你不了解的事情。至于商议环节……中国人的谈判方式和我们不同，所以，这对我们来说可能是个挑战。"对于湾区人而言，多样的食物和对各种文化习俗产生的困惑都是其文化的一部分，而新来者会认为，这些是他们在硅谷会有的部分体验，它们也发生在更广阔的湾区中。

另外，食物中还蕴含着政治信息：不同的阶层催生出了不同的食物。社会学和人类学的代表人物皮埃尔·布尔迪厄指出，食物的味道与好的品味不可分割，相互交织，也就是说，中上阶层喜爱的食物代表了他们的品味。在法国，人们显示自己受过教育的具体表现是，他们偏爱清淡、健康、美味而不增肥的食物。劳动阶级才喜欢油腻的、大份量的饮食（Bourdieu 1984：180）。在美国，饮食和正向的阶层流动息息相关；作为一个"美食家"，你要排斥那些与自己品味不同的人，要向高品味的人靠拢，以产生一种归属感（Johnston & Baumann 2010：33）。在湾区，高级烹饪的特点是，源于本地、新鲜、有益健康、装盘精美。这种烹饪能够迎合全球口味，并且应该使用可持续的原料。它也标志着，食用这些菜肴的消费者属于受过教育的、有鉴赏力的人群，用布尔迪厄的话来说，他们是"与众不同的"。在迈克尔和多萝西所在的那所大学里，学生们吃的就是从农场直接运送到餐桌的农产品，这些农产品都是在校园里种植的，它们上面贴的标签也在向学生们说明这一事实。这些农产品正在经历社会化的过程，它们最终会成为面向高科技公司的美食。因而，人们消费的也是多样性，只不过它们已经被仔仔细细地包装起来、改头换面了。

在硅谷，"多样性"这个词就像"社区"和"家庭"一样，是硅谷的一个强有力的象征，尽管每个人在提到这个词的时候可能表达的是不同的意思，但是硅谷居民表现得就好像他们说的是同一回事一样。在高科技公司，"多样性"可以指代各种经济利基市场和专业领域。对高科技公司而言，在专业领域保持多样性十分重要。汤姆是一个大型研发部门的高级经理，他详细阐述了人们是如何看待工作场所里存在的多样性的。他说，

> 我们这里的文化多到令人难以置信。我怀疑全公司里，文化多元程度最高、知识种类最多的地方就是我们部门所在的这座大楼。我之所以这么说，是因为我们这儿既有常规的电气工程师、机械工程师、营销型人才，还有大量的化学家、分子生物学家和生物化学家。除此之外，我们还有一个非常庞大、多样化的软件团队。

人们挣扎于职业流动所带来的后果，不仅需要和掌握着各种技术的人们共事，他们还需要了解不同公司文化之间的差异，比如，奥多比和益华（Cadence）在公司文化上的差异，人们如何做决策、如何获得各种资源甚至咖啡是不是免费的。虽然伊桑从小在硅谷长大，成为硅谷的第二代工程师，但他的职业

生涯始于南加州的航空航天业。航空航天业和其他行业的性质很不一样。伊桑需要对自己所做的工程任务保密，他永远不能像"其他成年人见面时会做的"那样，去和别人谈论自己的工作。与此同时，伊桑还必须严格记录自己的工作过程。他们安装了验证系统，以确保系统出现问题时，不会造成损失。毕竟，在航空航天领域，如果某些产品在没有做好准备时就发射出去，"就会造成人员伤亡"。不过，伊桑从事网络系统的工作之后，就可以同他人开诚布公地谈谈工作了，毕竟，如果在这份工作中发现了一些首次出现的小问题，他没必要太过紧张。伊桑若有所思地说，如果他的工作真的出了什么差错，可能会发生的最糟糕的事情不过是，人们"会错过一季《权力的游戏》"。

在团队内，来自不同文化背景的人对工作中的问题揭露接受程度不同——问题揭露是高科技工作中设计环节和测试环节的关键组成部分。下面这个故事发生在世纪之交，但它仍然很能说明问题。艾瑞是一位来自以色列的年轻人，他在硅谷某高科技公司的一个工程组里担任经理。他的工作任务之一是，建立测试团队、进行产品测试，然后向开发团队报告测试结果，开发团队会就测试结果中出现的任何问题做出调整。陈是一位来自中国台湾的工程师，他带领的产品开发团队完成了第一款产品的开发工作。但是，当他们接到测试小组的报告时，陈团队里一名姓谢的高级工程师反应十分激烈，他叫道："你们怎么敢这么评价我的产品！"艾瑞试图安抚谢，他明确地向谢表示，测试小组并非在责怪他们，测试小组只是为了大家能够做出更好的产品而承担了问题排查工作。但是，好几个月的时间过去了，谢才把这些情绪消化掉。

艾瑞的团队试图安装一个数据库系统，这个系统会报告开发过程中出现的问题。但陈的团队反对安装这个系统。陈认为，如果安装了这种系统，每个人就都能看到开发团队犯了哪些错误，这样的话，他的团队会承受一些不必要的压力。艾瑞再次解释说，出现问题是正常情况。但是，在接下来的几个月里，陈的团队并没有使用这个系统，他们发现问题时不做报告，而是直接与开发人员沟通，然后修复问题。在陈看来，人们都希望以低调和非正式的方式接受自己的"错误档案"。然而，艾瑞采取的是高科技企业式的管理风格，也就是快节奏、高调、非常公开的风格，双方的管理风格形成了鲜明的对比。总之，不同的管理风格会加剧公司内部的紧张气氛。

这个故事是在世纪之交发生的，自那之后，人们的工作、生活变得越来越透明。各种管理工具被引入，比如标签系统。在标签系统中，谁在做什么项目、具体需要多长时间都会显示出来。以前，人力资源部是按阶段完成评估工作的——根据一段指定的时间或者根据某一项目来进行评估。现在，由于人们需要持续地改进工作，他们也需要一个能够不间断工作的监控系统。这样，人们在电脑键盘上的打键次数以及他们访问了哪些网站都可以被监控。公司会追踪他们的工作时间，也可以通过 GPS 来找到他们所处的地理位置。使用这些工具的目的在于增强工作的保密性、提高生产力，不过，如果公司仅针对某一受法律保护的人群，即某个特定年龄、性别或民族的群体使用这些工具，那么这种行为是违法的。值得我们关注的是，公司对员工采取这种持续或频繁的评估会对人们造成怎样的影响，毕竟，他们为了保持高度的文化敏感性，可能要做出许多努力，调整自己说实情时的措辞和方式。在当今的这种体制下，陈的团队还能否找到一种在文化上可以被接受的方式，继而获得成功？

不过，人们不仅会在公共性很强的工作场所内感受到文化差异，也会在私人生活、家庭生活中感受到文化差异。例如，让我们想一想不同文化中人们对待老年人的态度。有些移民人口来自强调老人统治的文化，在这种文化中，权力掌握在老人手中，当他们遭遇某些不尊敬老人的文化时，这种文化差异就会显现出来。现在由于年轻一代知道的东西更多，老一代移民必须向他们学习新文化，因而那种传统的、认为老人掌权合理的做法就被推翻了，这样一来，问题也就出现了。实际上，每一代人都有不同的文化期望。

路易斯是中国台湾人，自十几岁起，他就一直住在美国，他现在在自家开的印刷店里工作。在上班的时候，路易斯和母亲大声地争吵起来，两人争得面红耳赤。事情的原委是，路易斯想给店里的一些设备做一下升级，但他的母亲认为升级要花太多的钱。她朝路易斯扔东西，路易斯朝她尖叫。路易斯说英语，他母亲说汉语。之后，她要求儿子向自己道歉。有一次，那里发生了地震，货架上摆放的物品、头顶上的灯都晃动了起来，但他母亲非得儿子先向自己道歉，不然就不离开。还有一件事情是，为了能够更好地与说英语的顾客沟通，路易斯把自己的姓氏发音英语化了，这让他的父母大为光火。尽管这些事件也体现出身份上的问题——路易斯是中国人还是华裔美国人——但他们之间的核心冲突在于文化差异，毕竟两代人的年龄差距很大，权力观念相左。

玛丽是一位 26 岁的华裔美国女性，她 8 岁时从中国大陆移民到了美国。她的家庭非常美国化。玛丽在 21 岁时结婚，她的丈夫吉恩是家里最小的孩子，最近刚从中国台湾移民过来。吉恩的父母坚持要求玛丽结婚以后和他们住在一起，但玛丽想要一个属于自己的家，这让吉恩的父母感到非常气愤和苦恼。最后玛丽屈服了，她搬去和他们一起住。玛丽的公婆会为她安排周末要做的事情，而且不允许她发表任何意见。他们还希望玛丽伺候自己吃晚餐，之后再把碗洗了，尽管玛丽并不情愿，但她还是这么做了。但是他们双方都认为，自己没有得到对方的尊重，受到了侮辱。在这个案例中，核心问题不仅在于双方的身份不同，还在于双方在文化观念上存在差异，即对"什么样的角色应该承担什么样的义务"这个问题的看法存在差异。

虽然上述这些例子都是关于移民的——每一代移民都在展示不同的文化期望——但我想让大家注意的是文化在人们塑造期望时发挥的重要作用。如果文化能够发挥其强大作用，帮助人们克服这些细微差异造成的负面影响，那么，在文化多元程度更高、文化和文化之间必须通过相互协商才能共存的场景中，文化又会发挥怎样的作用呢？

"故障排除"文化

在硅谷，人们会对文化感到困惑。有的时候，文化会在人们眼前放个烟幕弹，让人们很难弄明白某一行为是由哪些潜在的原因造成的。如果某个应用程序只能在苹果的 iOS 系统上工作，不与安卓系统兼容，那么软件工程师就得进行"故障排除"，找出导致软件出现障碍的原因。这是一项特别困难的任务，其中涉及大量的变量。同样，公司里针锋相对的政策、不同的个人风格和政治立场也像迷宫一样，如果人们真的置身其中，想要梳理出哪些问题中掺杂了"文化"因素并不总是那么容易。

想一想下面这个故事：华是一位中年华裔移民，她从缅甸移民到了硅谷。十年前，她和家人搬到了旧金山湾区。她先是在旧金山的一家广东人开的服装厂里十分辛苦地工作了一段时间，之后，她的女儿为她在硅谷的一家高科技公司的制造行业里找到一份工作。在那里，华一直在打磨自己的技能，现在，她管理着一小群工人，其中大部分都是女性。在华工作所在的研发中心，生产线上的员工每天都会在一个非正式的小餐厅休息一会儿。在这个小餐厅里，华可以跟其他人聊聊天。但是，当她用普通话与一些同事交谈时，有些人却搬出公司里"只能讲英语"的政策，指责她不守规矩。

华笑着说道，公司里并不存在这种政策，尤其是在休息时间，人们可以想讲哪种语言就讲哪种语言，但她心里明白，她的同事们由于听不懂她在说什么，因而会担心她在批评他们。

在这样的公司环境中，人们总是担心公司遭遇重组或者会裁员，所以他们很紧张，即便是某个权力不大的人的意见也会变得特别重要。因而，当他们听见某人在用另一种语言讲一些可能与自己相关的信息，就会变得更加焦虑。在这个案例中，华的缅甸华裔文化背景本身并不重要，但是如果它成为别人获取信息、掌控局面的绊脚石，事情就另当别论了——也就是说，不论华讲的是普通话还是纳瓦霍语，对于听不懂的人来说，它们都会造成焦虑。

我们很容易把某个问题出现的原因归咎于文化。人们会对他人的动机做出快速判断——通常会根据自己对他人国家文化或民族文化的理解来判断他人的行为。但是，这种判断往往是不准确的，而且可能完全是由其他原因造成的，比如阶层冲突或者性格冲突。当这种情况发生在社区里时，就会出现难以解决的社会冲突。在企业环境中，性别、种族、民族、年龄——这些法律规定的、标志着人们的多元身份的因素仍然会导致各种问题，关于这一点，我们将会在下一章进行探讨。

尽管确实存在真正的文化差异——比如不同文化对教育的态度不同——但是，在多数情况下，"文化"只是一种烟幕弹而已，它掩盖了更加难以解决的阶层差异问题和由经济原因造成的各种紧张关系。文化为这些难以解释的差异问题提供了一个简单的解释，这时，人们就会落入归因陷阱，从而形成刻板印象，同样，他们也会在跨文化交流时对其他文化产生敌意。

在这样一个复杂的社会中，各种身份交织在一起，来自不同文化背景的人们相互影响。这时，人们不可能想当然地认为，

别人和自己有着相同的生活方式。人们的文化期望每天都会遭到冲击。但是工作必须继续。那么，硅谷内存在复杂而多元的身份，为了应对这个现象，硅谷人制定了什么样的策略？文化复杂性——以及用于处理文化复杂性的工具——如何与技术饱和相互作用？艾琳是一家高科技公司的顾问，她解决的是文化多样性的问题。她创造出一个隐喻——一个典型的、科学化的隐喻——来描述她周围的人。为了向公司证明，承认文化差异和社会差异会产生效用，艾琳援引了绝对值的概念——在数轴上，从零到整数的距离。一个整数可以以负数的形式表现在数轴上，比如 −3，−3 在 0 的左边，或者以正数的形式出现，也就是 3，3 在 0 的右边。−3 的绝对值（也就是 |3|）总是 3，因为绝对值表示的是从数轴上的 0 出发的距离，而距离永远不为负。正如艾琳所说，"绝对值会让你不纠结负值，因为你看见的数值就是 3"。接下来，让我们用这个类比来表示人们必须如何对待彼此才能一起共事，艾琳补充说道，人们必须"看见绝对值"，也就是看见他们距离原点（0）的距离，而不要纠结于差异和细节。她接着说："这是一个非常棒的概念！"她提出的这个概念强调的并非"方向"，即指出哪种性别、哪些文化具有先赋优势，相反，她强调的是"绝对值"，即人们能够对组织和社区贡献出的绝对价值。不过，这个概念只是用来处理差异的众多策略之一——在这些策略中，有些很古老，有些则是新近发明出来的。在下一章中，我将仔细探究这些策略，并且探究人们使用这些策略时依据的原则——文化工具化。也就是说，硅谷人把文化方面的知识转化成了一种强大的工具。

第五章

流动：工作文化和家庭文化

关爱文化

现在是硅谷的傍晚时分。享受弹性工作时间的第一批工作者下班了，他们要从湾区这头的工作地点回到位于湾区那头的家中，因此，加州 85 号高速公路和美国 280 号州际公路的交通走廊瞬间繁忙起来，密集的车辆缓慢地向前移动。此时，在位于圣何塞南部、85 号高速公路旁的矿工公园里，聚集着一群保姆，他们睡完午觉后一直在照看孩子。这个保姆团队中同样充斥着多元文化，其多元程度不亚于全球人才库中的任何一个工程师团队。安琪是一位年轻的、非洲裔的美国妇女。贝万迪普是一位来自斐济的印第安人。尤兰达和鲁比来自墨西哥。丽迪则是本地人，她一边做临时保姆，一边为取得教学证书而完成课程工作。丽迪的丈夫是一名工程师。尤兰达和鲁比在照看孩子时经常会在这个公园里见面，她们会一起讨论西班牙语的肥皂剧。如今，这个保姆团队的规模变得更大了，其中的人员构成也更为多样。保姆们会用英语彼此谈论儿童电视节目和天气，以及他们最喜欢的话题——雇用他们的家庭。数十年来，保姆一直是硅谷工作景观中的一部分，这是因为中产阶层家庭有此需求：要想在硅谷生存，一个家庭中就需要有两名成年人投入工作，保姆则帮他们解决家庭方面的后顾之忧。即便有些人已经和其他人家共租一套房子，或者他们需要从郊区通勤到硅谷核心地带来上班，但是他们的收入还是不足以满足生存所需，因此，为了补贴家用，工薪阶层需要找到多个收入来源，做保姆就是来源之一。硅谷的看护文化将家和工作融合在了一起，显而易见，保姆在其中发挥了至关重要的作用。

在85号公路和280号公路的交会处、靠近迪安萨社区学院的地方，巴比和他的生意伙伴卡米尔一起坐在库比蒂诺大道购物中心的一家咖啡店里，卡米尔也是他的恋人。卡米尔身上有一半的萨尔瓦多血统，一半的菲律宾血统，她一边喝着午后咖啡，一边想着她的回家之旅，她现在距离萨利纳斯（Salinas）一百多公里。他们情侣二人也在从事"看护工作"，他们经营着一家线上公司，专为运动员提供营养补品和保健品。除此之外，卡米尔还有一份正职工作，就是向那些想要雇保姆的女性推销健身服。卡米尔的母亲是一名在线健身教练，她的工作是：针对家庭健身计划提出指导建议，把所有健身参与者联系在一起，并鼓励他们继续参与自我保健项目。尽管巴比已经成功地让卡米尔入伙了，但他现在正为那些想要在健康领域发展的创业公司和小企业的企业家建立支持小组。巴比对看护工作非常熟悉。他照顾着自己年迈的越南籍父母和弟弟妹妹们，鼓励他们追寻更健康的生活方式。巴比的父母出生在越南，母亲是华裔，但就某些层面而言，他们的家庭是一个传统家庭。巴比对卡米尔说，他的家庭能够兴旺发达靠的是彼此相互支持。巴比已经开始跑到卡米尔家里，为她的家人做晚饭。她的家人喜欢他做的晚饭！虽然巴比的父母还是喜欢吃米饭和鱼露，但他正在慢慢尝试着把它们替换为有机食品。巴比已经替换了其兄弟姐妹的食谱。总之，他在健康领域的工作和家庭照料工作融合在一起。

马库斯在帕洛阿尔托做暑期工作，他现在正在为离职做准备。马库斯是一位艺术家、活动家和学生领袖，但他也需要挣钱。马库斯在当地的大学接受了教育，在校期间，他担任过宿舍助理。他还积极地参加学生会以及另一个校园组织，这个组织把住校学生里的专业人才联系在一起。马库斯边想工作的事边把自己的自行车搬上了火车。他的暑期工作是鼓励同龄人参与社区服务和慈善活动，他非常喜欢这份工作。马库斯看着窗外，火车经过了一些工业区和住宅区，这时，他想起自己之前在一次全国会议郊游活动中，他们一起植树，这件事让他感到很快乐。马库斯一到家就会做会儿瑜伽。他希望自己能上一节相关课程，但是，距离下个学期开始还有一个月，学期开始他才能参加校内的健身项目。他以前在一家瑜伽服装店工作过，那时，他能参加免费的瑜伽课程——因为这家瑜伽服装店的人希望自己的员工能够有健康的生活方式，而且他们真心地希望自己的员工能够从中受益。不过马库斯现在已经不在那里工作了，而是在一家十分有名的科技公司的"家庭起居室"里工作，在那里，他直接与遇到技术设备故障问题的客户打交道。他闭上眼睛，想起了那天对他大喊大叫的那对夫妇。由于公司员工们的工作进度有点落后，"他们需要找到某个人发泄情绪"，他们选择了马库斯。另外一件事是，某位客户的电脑已经修好了，但是她一直没来拿，马库斯得和她谈谈。这台电脑已经放了整整二十个月，而他现在的工作就是下最后通牒。终于，这位女士来了。马库斯和他的同事开玩笑说，有时候觉得自己就像是"死神的使者"，专门告诉客户们有关其设备的坏消息。他想舒展一下僵硬的背部，这时，他想到，他现在工作的公司和瑜伽服装店很像。因为两家公司都坚信，员工们必须真正地相信公司的产品，真正地为公司的产品感到兴奋。两家公司都希望马库斯能够真正地了解客户、帮助客户，并与他们建立联系。这是一种商品化的关怀，他觉得自己不分善恶，混淆了真正的关怀和把关怀当作工具的行为，这让他感到不适。他叹了口气，想道："这个世界有它的游戏规则，你得听命行事。这里的文化要求人们接受这种运作方式。"

在美国 280 号公路的更远端，交通拥堵现象真的很严重。硅谷的工作者们每天一点点地移动到旧金山，然后再以差不多同样的速度逃离这里。在高速公路尽头金融区的办公室里，杰奎因刚忙完一阵，正在享受着休息时刻。从前他是一名工作积极的厨师，对于那时的他来说，到了这个时候，差不多就该为做晚餐做些准备了。杰奎因现在是一家餐饮公司的运营经理，也就是说，他不再为客户做饭了，但是他还是得给予客户关怀。他不再在餐馆里工作，转而投身于企业关怀领域，这个领域正在崛起。杰奎因的客户是一些小公司，这些小公司希望为自己的员工提供一些服务，它们想让员工觉得自己获得的服务跟那些高科技公司提供的服务一样好。大公司的确做了表率，率先在食物、生产力和员工满意度之间建立起联系，而且，由于他们设立了高规格的食品标准，人们对公司饮食的期望变得很高。杰奎因的客户都在旧金山，他们在食品方面确实有一些选择。一些公司与"优步食品"供应商们合作，这些供应商通过一个在线移动应用程序，在餐馆、司机和用餐者之间建立了联系。另外，几名斯坦福大学的学生创建了一个名为"DoorDash"的网站，如果该网站在线上收到了递送食物的请求，便会按照需求来安排司机完成递送服务。尽管杰奎因也会收集餐馆的信息，并将这些信息与客户公司的需求匹配起来，但他提供的是一种全然不同的服务。杰奎因确实很了解他所服务的每一家公司。他了解在这些公司里工作的员工。有家公司的员工主要来自地中海地区，那么，与那些以亚洲员工和亚裔美国人员工为主的公司相比，他们在饮食方面的期望肯定十分不同。杰奎因知道在哪些公司里有患有乳糖不耐症或者对坚果严重过敏的员工。杰奎因会安排菜单，在食品供应和价格方面做好平衡，他还会用心地记录人们的食物偏好以及过敏原。他的客户都需要健康

的食品，最好是有机食品，但是在其他方面，各个公司的要求
却大相径庭。星期一是提供爽心美食的日子。尽管预算是一个
绝对的限制因素，但他还是会尽可能地根据客户的需求提供可
持续的种植食品，此外，他们在提供美味饭菜的时候，使用的
是后期可以制作成堆肥的纸制品和可生物降解的包装盒。在解
决了客户的午餐问题后，杰奎因放松下来，他眺望着旧金山的
天空，惊奇地发现自己期待着回家之后为自己做顿晚餐。他发
现，自从他不再为客人做饭以后，他又开始享受为自己做饭的
过程了。杰奎因遐想着下班后的夜晚。或许，他会先用新鲜的
压榨油做一些蓝玉米饼，以此作为烹饪的开始。但是现在，他
必须把自己的思路转回到工作上去。

切换窗口

在上一章中，我们看到，硅谷里发生着大量的文化互动——
学校、职场以及情侣们的心中都在上演着这样的互动过程。有
时，人们在交流过程中需要克服语言障碍、跨越阶层障碍，这
时，文化差异就会显现出来。在其他时候，人们会以更加微妙
的方式感受到文化差异，而且，有时人们会觉得自己"应该"
跟别人属于同一个群体，"应该"对事物有着和他人同样的想
法，这时他们会感到很困惑。在跨文化交流中，人们遵循的行
为准则不是唯一的。那么到底是以人们的相似行为为准还是以
人们之间的差异为准？如果强调差异，会不会存在某种身份占
领主导地位而压制其他身份的危险？如果人们在互动时将各自

的文化身份搁置不提，尽可能地弱化他们之间的差异，那么这种互动会有怎样的特征？该优先考虑各种文化的相似性还是差异，还是得取决于语境，即语境中的人、人们背后的文化和人们要完成的任务。在硅谷，人们可能同时处于多个互动语境，这时，他们常常要同时体验多种互动风格。这里不存在单一特点的互动风格。不过，我们可以锁定这些出现在同一时刻的语境，并且观察它们在个人和社区层面分别造成了什么影响。

　　硅谷的身份多元化程度很高，这也表明，人们面临着"新民族中心主义"（new ethnocentrism）带来的困境。正如你在第一章里读到的那样，"新民族中心主义"是一种基于多种文化的民族中心主义，在其产生的社会环境中，并存着许多不同的文化，因而，对于处在这种社会环境中的人们来讲，他们很难有共同的文化假设，他们甚至很难准确地评判自己或者他人的身份。克利福德·格尔茨思考人类学的发展去向和人类的未来时提到，他将"新民族中心主义"视为 21 世纪的一大概念挑战（Geertz 2000：86）。他评论道，现在人们需要"转换思维……对'深度多元化'（deep diversity）做出反应"（224）。如果在人们的社会交往中，他们在找到自我"归属"、证明自我身份"存在"方面有许多的选择，那么他们就生活在一种"深度多元化"的语境之中。旧金山湾区有着极强的多元文化主义，它为上述这种深度多元化的出现奠定了基础。然而，"深度多元化"的语境并不具有完全的包容性，人们也被分门别类地归置起来，其中，处于某些类别的人会遭到严重的排斥，而且，他们必须努力获得进入这个国家的权利。在硅谷，阶层决定了哪些人会遭到排斥，而阶层又是由更古老的歧视链发展而来的。在硅谷复杂的多元文化环境中，各种身份的边界不易界定，而且大部分情况下，人们的身份都是模糊的。硅谷的"新民族中心主义"就是基于这种身份的模糊性，它也是硅谷深度多元化带来的一个意外的后果。

经典的民族中心主义使人类成之为人类。"在人们学习文化的过程中，人们会将自己所学的那部分特定事物——他们所处的文化——视为自然世界的一部分。"（Bohannan 1995：21）人们的这种文化权利感会让他们相信，自己习得的做法既合乎情理又恰当，正是这种情感使得人们本能地抗拒其他文化中的做法。经典的民族中心主义会让人们产生强烈的文化"自我"和文化"他者"意识。人们可以充满自信地辨别出哪些人属于"我们"，哪些人属于"他们"。然而，在一个复杂的社会中，人们每天都会接触到各种版本的文化价值观和文化假设，因此，这种社会催生出的民族中心主义也更为复杂。区分"我们"和"他们"变得越来越困难。对于一位来自美国中西部的男性工程师来说，某位来自班加罗尔的工程师是"他者"吗？或者，他会不会更容易将某位生物学家视为"他者"？还有，他是怎样界定某位来自英国的女性物理工程师的身份的？如果上面这位来自印度的工程师去了麻省理工学院，也就是威斯康星州工程师们的母校，他身份中的"他者"成分更高了还是降低了？还有，某个美国程序员比这位印度工程师年轻20岁，浑身上下都打了孔，他跟这位印度工程师相比，更像"他者"还是更不像"他者"？

新民族中心主义反映出的是身份的模糊性，而不仅是人们对"他者"身份的排斥。人们不是简单地抗拒"他者"，而是不确定自己应该如何应对他们。由于所有人的身份都处在变化之中，因此人们不一定知道自己和他人的文化身份会如何互动。在这样一个跨文化交流的社会中，各种文化身份产生互动的可能性超过千万亿种，在这种情况下，人们该怎么获取知识、了解自己该如何和他人相处？模糊性和不确定性是后现代民族中心主义的标志。硅谷是一个研究深度多元化和新民族中心主义的天然实验室，因为全球文化都汇聚于此，人们在这里拥有多重身份。身份的每个侧面都被模糊化了。人们的性别身份处在变化之中，民族身份也是如此。而且，由于人们在各种工作、技术平台和不同行业之间流动，人们的职业身份甚至也在不断地发生变化。在这种情况下，草率地对他人的身份做出判断会引发严重的后果。对他人展示出歧视或者屈尊俯就的姿态会破坏人们之间的信任感，扰乱社交网络，而且，这种行为还可能会扼杀某棵可能会结出创造力果实的树苗。

在硅谷，每一种类型的技术设备都会塑造一个独特的文化过程。具有讽刺意味的是，文化身份本身也已经成为一种工具——它能够帮助人们在互动中建立联系，但也可能造成联系中断。正如我在第四章所讨论的那样，硅谷的居民们充分地利用了他们的身份和文化产品。看似简单的身份被分解成了许多块碎片。

硅谷错综复杂的文化景观可以从马里的案例中体现出来。马里是一个日裔美国人。最近，她的父母不信基督教了，改信佛教，他们加入了一个亚裔美国人的宗教团体。马里和乔西订婚了，也同居了，保持着未婚而亲密的关系，这引起了她父母的反对。乔西是圣克鲁斯人，圣克鲁斯社区因"嬉皮"反主流文化而出名。马里和乔西都是素食主义者，他们不吃动物制品，甚至连蜂蜜也不吃。对他们而言，偏好素食是一个重要的文化标志——对素食的偏好也是他们身份的一部分——相同的生活方式让他俩走到了一起。但是马里的父母不接受乔西。他们在意的不是乔西的民族——因为马里家有六个亲戚都经历了"异族通婚"。马里的父母认为，年轻人未婚时就同居在一起是过分亲密的表现，违反了公共准则。但马里遵从了自己内心的想法，继续和乔西同居在一起。她的父母对此感到很沮丧，但只好由她去了。对马里而言，她没有现成的指南告诉她怎么做是合适的，所以她只能依靠各种框架——民族、孝道、宗教、哲学和浪漫主义框架——来处理好复杂的人际关系。她生活在一种"深度多元化"的语境中。

然而，并非所有身份都是平等的。种族身份、语言能力、政治权力、阶层差异，这些因素仍然能够实实在在地表示出人们在社会地位上的不平等。尽管有一种说法称，在一个重视业绩的技术民主型体制中，货运职员可以以发电子邮件的形式批评公司的首席执行官，但大多数员工都知道，这种做法无异于自杀。权力已经深深地嵌入基础设施之中，社会控制机制仍然存在。人们进行跨文化协商的行为本身就携带着现实政治色彩，但由于人们可以做出的文化选择多种多样，因此协商过程中的政治色彩变得不那么清晰。人们会使用不同的策略去对付那些他们自认为"比自己弱的人"。然而，这里面存在的问题是，人们的地位可能会发生很大的变化，也就是说，今天被解雇的倒霉蛋明天可能摇身一变成为雇主，尽管发生这种事情的可能性并不大。更微妙的是，如果人们觉得某人身上的社会价值不高，因此解雇了他，但这么做的同时可能也就切断了同此人相关的一系列人际关系网络，然而，说不定哪一天，这些关系网络也会变得非常有价值。

　　人们处在一个不稳定的社会环境中，在这种情况下，人们如何评估和表示自身的身份要素？在某一特定场合下，民族差异或性别差异可能会是人们关注的主要焦点，但人们也有可能不把这些差异放到明面上讨论。像电气工程师、电路板设计师或者基督徒这样的身份可能更容易展示出来，因为这些身份呈现出的特征比较明显。人们展示自己身份的过程就好像运行着多个程序的电脑一样，这些程序以不同的"窗口"的形式运行着，但是，展现在人们面前的只有一个屏幕，其他程序都在后台运行。哪个屏幕占主导地位取决于当前哪个任务更加重要，同样也取决于正在进行人机交互的人们。最后，人们会根据特定的场合做出最有利的选择——选择那种更有用、更有影响力的身份配置。

　　在人类学的文献中，早已出现了跨文化的"窗口"现象，即人们在进行跨文化交流时，时而强调文化差异，时而又会掩盖文化差异。美国西南部纳瓦霍人的案例展现出了文化选择的灵活性。尽管在太平洋西北部和加拿大部分地区都有和纳瓦霍人讲同一语系语言的人群，但是在亚利桑那州和新墨西哥州，纳瓦霍人相对而言还是新来者。在美国西南部，纳瓦霍人向西普韦布洛人（Western Puebloans）"借"了许多文化元素，比如霍皮人就是他们效仿的对象之一。在他们众多的文化产品中，纳瓦霍人选择了编织技艺。尽管编织雪松树皮布很可能是纳瓦霍人自己的传统，但是，在竖直的织布机上织布显然是普韦布洛人的做法，在普韦布洛人居住的村子里，男人们会在织布机上织布。纳瓦霍人习得了这种做法，而且，在他们从西班牙人那里"借"到牧羊的本领之后，他们又改良了普韦布洛人的编织文化。多次改良的结果是，纳瓦霍男人专司牧羊，女人则编织毛毯，这也成为了纳瓦霍人生活的一个显著特征。

之后，编织经济也随着历史环境的变化而发生着变化。墨西哥人、犹特人（Utes）和大平原印第安人（Plains Indians）在进行贸易时，纳瓦霍毛毯曾是珍贵的贸易物品。1800 年至 1865 年的这段时期，这种毛毯贸易十分繁荣，而后，用机器生产的彭德尔顿（Pendleton）毛毯涌入了市场，美国通过军事行动大面积地收缩了纳瓦霍人的领土，这几起事件的发生再一次让纳瓦霍人改变了自己的编织工艺。贸易商们来到这片土地上，他们充当起了文化经纪人，在纳瓦霍女织工和欧美市场之间建立了联系。贸易商们不仅买纳瓦霍人的毛毯，也向他们卖染料，给他们挑花色，鼓励他们生产新产品。从 1865 年到 1890 年，传统毛毯开始逐渐退出市场，取而代之的是更畅销的地毯。从 1890 年到 1920 年，尽管当地还会生产一些传统的服饰留作自用，但地毯生产已经占据主导地位。

而地毯设计的演变则反映出文化选择的复杂性。在设计地毯时，有时商人们恨不得闭口不谈纳瓦霍文化，有时却又将其作为主要卖点。当消费者不那么看重产品和纳瓦霍人的联系时，贸易商就会要求他们按照美国维多利亚时代人们设计出的中亚地毯图案大量生产地毯。据说，为了迎合当时的消费者的品味，商人约翰·布拉德福德·摩尔（John Bradford Moore）为他的织工们带去了画有波斯图案的瓷砖，供他们仿制印有相同图案的地毯。这时候，纳瓦霍人的身份就变得无关紧要了。

后来，人们对印第安人的态度再次发生了变化，手工编织地毯又一次成为时尚。这时消费者们想要的是能够显示出纳瓦霍人身份标识的地毯。传统上，纳瓦霍人会使用蜘蛛女（Spider Woman）、怪物杀手（Monster Slayer）和水怪（Born-for-Water）等故事中的一些符号，现在它们又一次出现在了地毯图案上。绘有风景、牧牛和羽毛图案的地毯满足了新时期消费者们的文化期望。纳瓦霍人还将早期贸易商们要求他们复制的那些具有亚洲特色的图案融入地毯设计中，形成了独特的地域风格。到了 20 世纪 20 年代，贸易商们倡导在地毯生产的过程中重新启用"正宗的"植物染料，不再使用他们从前提倡的那种鲜艳的进口合成染料。此时，真正的商品其实是地毯中的"纳瓦霍性"（Navajoness），而非布料本身（见 Bassman 1997；Bennett and Bighorse 1997；Dedera 1975；Harmsen 1985；Wilkins and Leonard 1990；Pendleton 1975；Pendleton [个人通信]；Rodee 1987）。当然，对纳瓦霍织工来说，他们生产的所有地毯都带有他们的身份特征，但是，由于顾客的要求在不断改变，那些象征着他们身份的可见的标志也在发生着变化。

硅谷人也会充分利用不同的身份来解决问题，有时他们会十分强调身份差异，有时却又会尽可能地忽略这些差异。人们会使用一些显见的文化操纵策略，还常常同时使用多种策略。当不平等现象以极端的形式表现出来，并且遭遇强烈的反抗时，人与人在身份上的差异也就表现到了极致。但是，歧视行为产生的前提是，人们要弄明白自己对哪些群体心存偏见，这也反映出，该社区并非一个均质社会，而是多元社会。为了克服差异带来的麻烦，人们会以共性为基础创造出各种渠道，在这一过程中，人们会尽可能地避免触碰彼此之间存在的差异。他们也会尝试着利用社会秩序压制自己周围存在的这种身份多样性，即面对这些差异时采取隔离和疏导的手段来解决问题，他们为自己创造了生活领域和相应的各种机构，但是在这些圈子里，人与人的接触仅限于特定群体的成员之间。但是，当工作——尤其是技术——变得至关重要时，人与人之间的差异可能就会被掩藏起来。有了在线社交媒体后，使用者利用这些平台锻炼了自我玩转身份的能力，在面对不同的目标受众时，他们会展示出不同的身份，而且，他们还将这种能力运用到了工作之中。如今的网络世界充斥着各种面向消费者的产品，在这种背景下，能够拥有一个复杂而多面的身份，并且利用周遭多元身份带来的便利，可能也会成为一种优势（Harkinson 2014：6）。

　　硅谷人在跟他人的交往中创造出了一种具有工具性的礼貌风尚，笑话、礼貌和人们宽广的胸怀都在其中发挥了作用。在这种氛围中，人们不会对文化上的失礼感到大惊小怪，还会原谅这种行为，至少如果他们还顾及彼此的社会阶层的话，就会这样做。从实用性的角度而言，这种风尚的存在是非常合理的。因为谁也不知道自己接下来需要找谁帮忙、借助谁的力量找到下一份工作，或者谁会成为自己的下一个女婿。而文化借用现象一直存在：亚洲、拉丁美洲文化和其他许多地方的文化中蕴藏着无数的文化产品，而这些文化产品则成为所有北加州人共有的财产。表现得更像"他者"的行为也会缩小文化鸿沟。然而，尽管使用这些策略会让个人的生活变得容易一些，但却会对建成共同社区这一目标构成极大的阻力和挑战。

将差异最大化

并非所有用于处理硅谷社会文化差异的工具都是新发明的。历史证明，在社会管控方面，最大限度地扩大社会差异是一种行之有效的策略。对于掌权者来说，在自我和他人之间划出一道明确的界线有助于他们维持自己的地位。尽管在加州流行着很多有关"欢迎文化多样性"的说法，但人们的行为却和他们的理念背道而驰。在我们对硅谷的工程师和教育工作者的采访中，他们暗示，硅谷的面貌不断改变，但他们不确定它会带来怎样的好处。在面对文化多样性时，很多人都展现出矛盾的情绪，这种情绪表现在人们的歧视行为之中，有些歧视行为很明显，有些则难以察觉。种族主义和文化主义这两种控制社会关系的传统机制并未退出历史舞台。

在过去三十年里，在工作场合发生的种族歧视和性别歧视加剧了人们之间的阶层差异。在 20 世纪，社会学家卡伦·霍斯菲尔德（Karen Hossfeld）研究了移民生产工人群体，她仔细地观察了经理们在谈到下层少数族裔员工时是如何考虑的。他们在雇用工人时更青睐亚洲女性移民。菲律宾女性"一丝不苟，值得信赖"；而由于文化冲击和语言障碍，越南女性稍逊色于菲律宾女性（1988：278）。经理们对亚洲人的态度与对非裔美籍求职者的态度形成了鲜明的对比，因为他们觉得非裔美籍员工做得"不够好"（271），他们也不太喜欢拉美裔美国人，因为他们觉得拉美裔美籍员工缺乏抱负（282）。人们认为，由于移民工人的处境"更危急"，因此他们愿意拿较低的工资，从事"较差"的工作。公司的经理们觉得，他们为移民提供工作就是在帮助他们（269）。霍斯菲尔德发现，任何有口音的人都会被当作移民对待——不管他（她）是在哪里出生的——也就是被安排去做生产工作。移民自身也已经接受人们的这种态度，他们甚至也觉得，自己在美国获得"成功"之前，必须"付出应有的代价"（274）。面对这种持续发生的不平等现象，劳工组织发起了各种引人注目的活动。专业人士反对成立工会，而合同工又太过分散，无法组织起来。尽管如此，"为底层工作者争取正义"（justice for janitors）的运动仍然引发了人们的关注。自 20 世纪 80 年代末开始，湾区南部劳工委员会（South Bay Labor Council）和当地的服务业员工国际联盟在凯萨·查韦斯（Cesar Chavez）的支持下，将矛头对准了苹果公司，因为苹果公司备受瞩目，是先进技术公司中的典型。他们最终在那里成功地组织起了底层工作者，接着，就像多米诺骨牌一样，其他公司也加入其中，开始与加入工会的底层工作者签订合同（Glass 2016：406–10）。

在接下来的几十年里，虽然有一些新的、反种族歧视的参与者介入进来发挥了一定的作用，改善了受歧视群体的生活，但是在就业领域，民族区隔现象仍然存在。雇佣者仍在区别对待受过高等教育的印度、中国员工以及来自越南、菲律宾的蓝领工人。在亚裔和太平洋岛裔群体中，来自印度和中国的全职非合同工占到了 65%，而越南和菲律宾少数族裔群体承担了 52% 的工人岗位（Working Partnerships USA 2016 : 5）。除了种族，还有其他区隔因素。华人因技术教育背景、语言障碍以及接受的文化风格，往往被分配到专业技术岗位，而非管理岗位。世纪之交，硅谷从事技术工作的华人劳动力占 6%，但是担任管理职位的华人比例仅占到 4%（Saxenian 1999 : 17）。在中国香港，这些硅谷失意者把自己称作"技术苦力"——只能从事技术工作，无法进入管理层的专业人士。这些"宇航员"之中的一些人感到自己的职业生涯被限制住了，因此便回到了中国台湾，在台湾的高新技术基地台北 – 新竹走廊开始了自己的创业活动。目前，在谷歌、惠普、英特尔、领英和雅虎等公司中，亚洲员工占整体管理梯队比例为，经理层 18.7%，高管层 13.9%。特别是亚裔女性，在领导职位上的代表性明显不足，尽管她们在劳动力中人数较多。（Gee, Peck, & Wong 2015 : 3–4）

　　招聘者的这些招聘偏好反映出几重结构性障碍。如果雇主破产，那些持有 H-1B 签证来到硅谷的专业技术人员就会很容易因此失业。所以，对他们而言，通常规模更大、发展更稳定的公司最适合自己。但是，雇佣者把这些员工吸引到美国是因为他们需要这些人来完成技术工作，因此他们就不能够轻易地转到管理层去。企业家安东尼奥·加达·马丁内斯（Antonio Garda Martinez）把这种签证制度比作契约奴役，他认为"跟以往相

比，硅谷没有发生多大的变化"（2016：69）。下面提到的数字
能够反映出，人们在招聘时明显受到了种族偏见和性别偏见的影
响。技术岗位中83%的劳动力都是男性，而亚洲旅居者或者那
些拥有亚洲和欧洲血统的人又承担了其中94%的工作，占绝大
多数。在第三章中，艾伯特说过，由于人们依赖社交人际网络，
精英制度被破坏了。记者哈金森（Harkinson）对此表示赞同，
他认为，上面提到的数字反映出了一种微妙的结构性偏见，即
人们会通过自己的社交圈子，雇用那些与自己相似的人（2014：
3–5）。但是，这样的招聘模式反映出的不是人们对某些群体的显
见偏见，而是其阶层偏好和文化偏好起到的更为微妙的作用。

　　非裔美国人和拉丁美洲人在硅谷技术劳动力中所占比例严
重不足，这一点看起来十分明显。这些少数族裔加起来共占硅
谷劳动力总数的28%，但是他们之中能够在Web2.0公司担任技
术员工的人数只占到这些公司技术员工总数的3%—4%，尽管
苹果公司此时可以自豪地说，在苹果公司的技术员工之中，上
述少数族裔人数占到了13%。相反，大批的非裔美国人、拉丁
美洲人在硅谷担任的是合同制保安、清洁工和地面维修人员这
样的工作。而且，由于这些合同工的薪水只占到技术员工薪水
的21%，收入上的差距只会固化原有的结构不平等和经济不平
等（Working Partnerships USA 2014：2–4）。在遵循合同制的蓝
领劳动力群体中，投身于食品服务行业的员工数量增长得最快，
上文提到的那些服务于企业关怀需求的员工就在此列。让我们
来正视这个群体身上背负的经济负担：硅谷的蓝领合同工的平均
年收入为1500美元，而这个数字比他或她每年需要支付的房屋

租金的中位数还要小。而且，随着时间的推移，他们的工资收入与需要支付的租金之间的差距只会变得越来越大（2016：1）。因此，工薪阶层只得同时身兼多份服务性质的工作，或者他们需要获得多份而非两份收入才能维系家庭生活。

乔治是一位非裔美籍工作者，在世纪之交时，他说"少数族裔必须面对的最艰难的事情"就是"升职受阻。你会不断地尝试、尝试、再尝试，但你也会不断地被拒绝、拒绝、再拒绝。没有人给你机会。这就是我对种族主义的看法"。他补充道，他认为这个问题尤为严重，因为它太隐蔽了："我认为，现在，随着时代的发展，工作中的种族主义会变得像性骚扰问题一样，变得非常微妙。任何意识得到性骚扰不对、知道其后果的人可能还是会实施性骚扰行为，但是他们会把事情处理得非常非常微妙。他们会做得几乎滴水不漏，而且几乎没有人能够证明他们实施过这些行为。"乔治接着预测道："种族主义也是如此。它仍然存在，而且我认为它还将在硅谷存在很长一段时间。"

除了上述这种常见的、在美国本土产生的歧视类型，在其他地方也出现了种族主义和文化主义，它们在硅谷呈现出来，与美国本土的歧视现象互为补充。依靠文化的力量，种族主义可以被建构成许多种不同的形式。比如，其他群体会表达自己对非欧洲文化的偏见。但同时，有些群体也可能运用其非欧洲文化的偏见来对抗其他群体。受民族中心主义影响的不止欧洲人和他们的后代。人们的文化假设是，他们处在一个民族多样化程度很高的景观之中，但是，他们的文化假设还是能够反映出他们的观点和偏见的，只不过他们在看待主流人群与他者互动的这个过程时，他们的偏见不是以那种惯常的二元对立、非黑即白的模式呈现出来的。主流人群与他者的互动过程中存在着天然的冲突，而且，由于各种"他者性"元素的加入，问题变得更加复杂。想一想下面的故事。

兰斯是第一代华裔美国人，他在美国生活了十多年。他的父亲把他带到了美国，等到父亲回中国以后，他留下来完成学业。当兰斯还是一名学生的时候，他就开始和苏约会，苏是第二代韩裔美国人。但是，当苏的父母发现她在和别人交往时，他们立即从芝加哥飞到了加利福尼亚。而且，苏为向父母保证自己无意与本民族以外的人约会和结婚，在介绍兰斯时称他"只是朋友"，这让兰斯大为沮丧。苏的父母还当着兰斯的面谈到，在芝加哥，有几个不错的人选在等着跟苏见面。有那么一段时间，苏和兰斯没跟对方联系，但是之后他们决定住在一起，不过苏坚持二人各自使用自己的电话。苏不让兰斯接自己的电话，以防父母打电话来。而且，苏把公寓布置得好像兰斯并不住在这里。当苏的妹妹来访时，兰斯不得不到其他地方和朋友住在一起。所以，兰斯感到十分困惑。他没想到自己竟会遇上来自亚洲内部的偏见。

由于新移民群体的文化普遍受到强烈的父系文化的影响，父系文化强调的是男性血统的传承，因此，在人们的争论中，性别地位是一个尤为显著的焦点。在继承文化传统时，应该完整地继承该文化的所有侧面吗？甚至性别歧视也该保留下来吗？这是一个由来已久的问题。印度移民为了使自己的女儿避免被美国女性的性别角色吸引、延续包办婚姻的习俗，会把她们送到印度的寄宿学校（Mangaliman 2000）。年轻的越南女性说，她们既想保留一些越南文化中的元素，又不想接受该文化中男性占统治地位、拥有控制权的这部分遗产（Freeman 1996：97-98）。罗莎莉是一名机械工程师，她在想，如果她申请了一个新职位，但是经理却跟她丈夫而不是她本人谈论了这件事，这时她是否应该感到自己被冒犯了。罗莎莉和这位经理一起工作了很多年，但是到了最后，他还是无法用那种非传统的方式跟她互动。性别角色冲突进入了家庭、工作场所和消费空间。正如塔维在其工作场所里观察到的那样，"你会发现，不同的文化可能……会以不同的方式应对性别和身份问题"。

人们也可以将差异视作工具，并利用差异来创造缓冲区，尽管它可能只能起到暂时性的作用，但是这也是它带来的一种好处。亚伦是一名犹太裔工程师，他运用自己的文化极大地改变了公司里群体互动的方式。

> 距离软件验收测试还有六个星期。验收日期没有变更。但我们都累坏了。我是个急性子，我当时感觉糟透了……星期五下午5点半的时候，我们开始开会。[我们的老板]看着我们说："好吧，离软件验收测试只有六个星期了，但你们看起来很累。你们累坏了，是吗？""嗯哼。"[我们说，]我们摇着头，看上去悲惨极了……[我们的老板]问道："你们需要休息吗？你们需要休息一下，对吧，伙计们？……跟你们讲，现在我决定，所有人都回家吧，带上你的妻子、

对你重要的人，不管是谁，一起出去吃个晚饭，看看电影。［公司］掏钱。"我当时的第一个念头当然就是，保姆从下午5点半开始上班……好吧，那我们就借这个时间出去。但［老板］笑着补充道："回家放松一下，别想太多的事儿。咱们明早9点见。"接着是一阵沉默……没有人说话。我抬起头说："明天我不能工作。这违背了我的信仰。我明天不能工作，明天我得过安息日。"听完这句话，房间里的所有人都把头转了过来，老板也以最快的速度退了回来，房间里的其他同事纷纷说："哇，我能加入吗？"那一刻真是太酷了……［我说：］"我星期天可以工作，但今晚和明天都不行。"［老板说：］"哦，不，我之前只是开个玩笑。好吧，大伙儿星期天再来吧。"他和我一起过安息日的时候还吃了加熏鲑鱼和奶酪的百吉饼呢。

上述这种互动说明，好好利用差异，差异也能产生重要的影响。这种策略之所以奏效，是因为不顾差异而谬对他人的行为是一种文化失礼。在这种情况下，将身份差异当作工具好好加以利用是说得通的。

导流

处理身份多样性的另一种策略是，以人们之间存在的共性为基础创造出沟通渠道。少数民族聚居区是美国存在的一项根深蒂固的传统。硅谷中也可以找到少数民族的聚居地。硅谷的"日本城""小台北""小西贡"都体现出差异的地域集中化。詹妮弗是一名高科技培训师，她说："在几个街区之外，就有一个西班牙裔更集中的社区。他们有一整块自己的地盘。而且他们基本上过的是本民族的生活，不和外面的世界混在一起。那里有许多西班牙肉商、面包师，还有各种迎合了西班牙人口味的东西。"从日本来到这里的日籍短居者们（*chuzaiin*）会按照公司的要求，在硅谷居住许多年，但是他们的社交生活还是主要在日本人的圈子内进行；德国移民们也可以在家附近找到他们想念的食物。但是，与其说这样的社区以物理的方式将自己隔离了起来，倒不如说它们是情感协商的产物。尽管人们所处的社会环境充满了不同的价值观，但他们还是建立起了一个只属于本民族的文化舒适区。不过，他们也将面对来自多方的社会障碍——有的来自外部社区，有的来自本民族社区，有的也来自个人自身。艾弗里是一名年轻人，他读的是儿童发展方面的学位，他之前在一所犹太幼儿园任教，但他并不是犹太人。由于艾弗里好几次都在准备洁食的过程中失礼了，园方不同意给他升职。尽管艾弗里有不错的工作技能，但是该幼儿园园长指出，孩子们"需要有一名犹太人在教室里指导［他们］"，以确保他们能够承袭并实践犹太文化，因为在硅谷，这样的少数族裔文化看起来已经跟其他文化越来越雷同了。通过这种方式，他们维护了本民族文化的边界。

最初，城市的中产阶层化让背景各异的人们混住在一起，但是后来，各类人群又被隔离开来。由于处在中产阶层的专业人才们既需面对高昂的住房成本，又想住在"原汁原味"的硅谷社区中，因此他们搬进了那些曾经由收入较低者居住的住宅区以及民族聚居区之中。但是，由于房屋改建、住房成本上涨，一些家庭被迫搬离了原来的社区。在旧金山湾区，有将近一半（48%）的社区居民有过流离失所的经历，有 10% 的社区居民遭受过中产阶层化的影响，或者他们作为低收入群体无法进入改建后的社区。优质房源的要素包括：房屋靠近铁路，历史悠久。推动这些现象的力量并未减弱（Urban Displacement Project 2015：2–3）。艾娃从小在硅谷长大，她评论道："这是典型的中产阶层化现象。原来这片地上面都是普通住房，或者上面本来什么也没有，但是现在他们正在这些土地之上建造大型豪华公寓，而且，这些巨型的、豪华的房子好像一夜之间就冒了出来。"她接着说道："是的，我现在在科技行业工作，能有一份工作就让我感到挺不错的。而且，我之前一直想住在旧金山，但后来我意识到，这是不可能的。"戴尔在硅谷生活了近四十年，他见证了硅谷反主流文化的兴衰以及科技产业的发展，他在表述对硅谷中产阶层化现象的看法时用了一种有点讽刺的口吻，称这些变化都是必然的。他说："旧金山的人们受够了中产阶层化，但我觉得这也不会带来什么改变。中产阶层化现象还会持续发生。"劳伦搬到了奥克兰的一个社区，她在那里才真正买得起一套房子，而且买房之后，她和丈夫立即对房子进行了翻修。劳伦喜欢那个社区带给她的原汁原味的感觉，她也喜欢社区呈现出的多样性。劳伦说："我真的很喜欢这个社区呈现出的状态，它充满了创造力。我也非常喜欢社区里呈现出的多元文化主义。

奥克兰这个城市能够让你保持自己的真实状态。在这里，贫困现象处处可见。"然而，老一代非裔美国人在这里开了些小公司，而且这些公司占地规模很大，在它们的地盘上，零星分布着一些高档咖啡店和零售店。所以，随着住房、食品和交通价格上涨，该地原来的居民也面临着流离失所的危险。讽刺的是，正是多样性使得旧金山湾区变得如此吸引人，但是现在，处在同一阶层的人们却变得愈发同质化，所以，硅谷的多样化程度也可能因此而削弱。

深度多元化与一体化不是同一个概念，相比之下，深度多元化这个概念更加复杂。尽管美国的人口普查跟踪分析可能显示出，与美国的其他许多地区相比，湾区的一体化程度更高，但是，湾区的某些地方明显具有更强的亚洲或拉丁美洲特色（Schwartz 2013）。随着外国出生人口比例的上升，硅谷中的民族聚居区也越来越多，民族聚居区以地理区隔的方式将不同民族、语言和种族的人群划分开来。长期以来，硅谷一直存在着种族化景观，但是，随着郊区和城市的发展，农业土地被重新归置，原有的格局也因此被打破了（Cavin 2012：26）。布莱恩·钟（Brian Chung）是美国研究领域的学者，他在采访库比蒂诺的居民时得知，他们认为，有些亚洲邻居为本地区做出了贡献，使人们从工薪阶层上升到了中上阶层，即使在这个过程中，他们不能再过从前那种在农场式住宅里度过的悠闲日子了，他们也还是欢迎这样的亚洲人和自己住在同一个社区里（2011：145–46）。而且，提供高质量教学的学校会吸引华人旅居者和移民，虽然他们也得支付生活所必需的、不断上涨的住房成本，但是他们也会觉得，这个地方欢迎亚洲专业人才的到来。湾区的东部和南部充斥着多元文化，艾娃就是在这样的环境里长大的，她目睹了这里的变化。湾区的东海岸区隔现象更为明显，当艾娃从东海岸回到湾区的东部和南部时，她说："回到这里，我再一次察觉到，我们的确有着非常多元的文化，但与此同时，湾区的区隔现象也很严重。"艾娃和其他的被访者都认为，这种区隔感在新移民身上体现得最为明显，而不是在他们这一代人身上。新移民还没有在硅谷扎根，但是在他们身上，我们可以看到以前的移民所秉持的想法，那就是，他们只希望在硅谷待到自己能够取得成功为止，达成这个目标之后他们就会回到故乡。弗里施塔是一名伊朗移民，她在这里有一种被孤立的感觉，在这样的环境中，她觉得自己无法茁壮成长，也无力证明她曾在伊朗拥有的阶层身份。她几乎等不及了，她要走了。这是一种比较传统的态度，但是，另一部分人持有不同的态度，特别是那些在硅谷长大的人，他们认为，民族聚居区会造成地理上的孤立现象，这种现象会阻碍硅谷这个多元社会的正常运转。在硅谷，这两种态度是并存的。

人们经历的文化差异并不一定都与民族有关。人们寻找的团体都由与自己相似的人构成，而相似的要素可以是年龄、性别、爱好、阶层和宗教信仰。软件工程师杰夫说："大多数时候，我倾向于认为，硅谷中人人都是工程师，当然，这种想法显然是错误且愚蠢的。但是，我处在工程师这个圈子里，所以我认识的都是工程师，我也最关注他们。"如果共事者之间有着相似的教育背景、兴趣和阶层，这样的生活会让他们觉得，大家都一样。当有些人被问到硅谷是不是一个多元社区时，他们答道：并非如此。而且，为了证明这一点，他们指出，在硅谷，人们能够彼此交流的基础就是他们之间的共性，因而他们认为，硅谷的多样性仅仅体现在人口统计层面上，他们在日常生活中并没有过类似的经历。詹妮弗是一名指导设计师和培训师，在一次公司郊游中，她和同事们去了大美洲主题公园，并且在那里体会到了文化冲击。她说："我们真的是在象牙塔里工作……在文化上和经济上都是如此……我真的看见了那些生活在底层的人！我去上班的时候乘的是火车……你会看到，无家可归的人露宿街头。你还会看到破旧的房屋和活动房屋，所以那真是另外一个世界，一个完全不同的世界。但是，你很容易就会把你自己和那个世界隔绝开来。"

如果人们无法轻易地将自己与其他和自己不同的人区分开来，那么他们还可以用另一种方法来应对这种复杂情况，那就是将不同的人群引流到社会的各个特定领域，这个方法行之有效。根据种姓制度，处于各个阶层的印度人被赋予了特定的经济地位和社会地位。如果硅谷现存的熟人关系网不接纳那些受过良好教育的华人移民，这些华人移民可以自己创业，在融资初期尤为如此，或者他们也可以选择成为小型分包商（Park 1996：164，172；Saxenian 1999：20，57）。凯伦是一名研发项目经理，她注意到自己只会在公司内外的特定领域遇上拉美裔人。她说："不难发现，保姆、园丁和维修工讲的都是西班牙语。"

20世纪，拉美裔移民到了圣克拉拉县以后，从事的是农业工作，或者他们会在罐头厂工作。20世纪六七十年代时，第二波墨西哥移民来到美国后，进入了电子行业，但他们从事的是该行业中的非技术性工作。之后的第三波移民从事的则是与服务业相关的工作。20世纪90年代初，在那些低收入服务行业中，做文员和运营工作的拉美人数量占到了80%（Zloniski 1994：2310）。在圣克拉县，69%的清洁工、74%的场地维护工人和28%的保安都是西班牙姓氏（Working Partnerships USA 2014：3）。

使用这种让少数族裔群体进入特定经济领域的做法是为了克服差异带来的麻烦，然而，推行这种做法的行为本身就存在难度。因为，在界定任何一种身份时，都要考虑许许多多相互竞争的身份标准，而每一种文化身份下还存在着各种阶层身份，这时，想在其中选出一种标准，让人们在互动时依照这一标准并非易事。比如，人们在互动过程中需要参考民族、教育、性别和社会角色这几个处于竞争关系的标准，但它们中的任何一个标准都有可能在某一特定的互动过程之中占据主导地位。来自同一民族的人们都进入了同一经济领域，但是，一旦这一经济领域的壁垒被打破，人们就会强调彼此之间存在的其他的共性或差异，或者人们也会弱化这些共性和差异。我听说过一件事情，正好可以说明这个现象。在一家大型高科技公司里，两名拉美裔工程师开会之前在走廊里互开玩笑，他们评论道，拉美裔工程师实在稀少，而且，他们感到彼此之间迸发出了友谊的火花。但是，在开会时，他们却激烈地争论了起来。事后他们问彼此："刚才为什么会发生这种事情？"最后，他们意识到，在那个特定的时间和地点，他们是两个不同的工程师，虽然他们会因为来自同一民族而彼此团结在一起，但是当时，二人的工程师身份明显发挥了更大的作用。

弱化差异

有时，强调文化差异的做法是不切实际的，因为它所需的社会成本太高。我在硅谷观察到了两种弱化文化差异的策略。第一种策略是，利用工作、职业身份、组织文化、人们的技术热情以及各种社会心理工具构建出另外一套框架，人们可以在这套框架之中进行交流沟通，这样一来，人们之间存在的、可能会造成麻烦的差异就被推入了后台，人们在新窗口中互相交往。第二种策略是，为人们创造机会，让他们与其他文化接触，同时，要有意让他们养成讲究文明礼仪的习惯，以此来应对文化差异。

让工作融入生活的方方面面，就应对文化差异这一目标而言，这种做法具有重要意义。工作为人们创造出了一个全新的社会框架，在这个框架中，人们可以不强调差异。这是一种权宜之计，也是一种工具性的做法，这种做法宣扬的伦理价值是：完成工作比进行任何其他的社会活动都更为重要——例如，保留自我的民族身份。在工作场所中，人们更看重另一种形式的差异，那就是个性化差异——差异是由人们的个性造成的，而不是由文化造成的。推崇职场礼仪——"专业的行为"——就是推崇一种工具性的、文明的氛围，在这种氛围之中，人们会

觉得用语言表达偏见是不当之举。工作场所还为人们创造了这
样一种社会环境：在这个环境中，人们得以与更多的文化接触，
他们可以从新掌握的文化信息中获取灵感，也可以用新的文化
产品来充实自己的日常生活。杰米是一位拉美裔工程师，他总
结出了硅谷人的一种普遍的情绪：

> 硅谷对所有人都有吸引力。我认为硅谷人之间的
> 共性在于技术。你接触过的很多人似乎都有着相同的
> 技术信仰……这种信仰（打破了）许多源自文化或者
> 种族的障碍……你和同事进行日常交流时，或多或少
> 都会有这种感觉，或者就算你只是站在福莱斯超市里，
> 你也可能有这种感受。人们不在意你的肤色或者你来
> 自哪个种族……而且很快你就会全神贯注地跟大家聊
> 天，实际上，这时候你不会再关注对方的肤色……对
> 我来说，这就是硅谷吸引我的地方。

杰米观察到的这些现象呼应了一名亚裔美国记者说的话："当大
家在一起的时候……比如说，大家在开会，这时，你会非常专
注于要完成的任务，而不是坐在那里说，'哇哦，我们这儿存在
（文化）差异'。"把工作放在首位的做法让人们尽可能地忽略了
彼此之间存在的差异。

工作也为人们打破传统差异提供了平台。例如，大约二十
年前，克莱尔与一位非裔美国女性建立了伴侣关系并重新理解
了自己的情感取向。克莱尔从事的是教育和专业性工作，在工

作中，她会同技术领域的女性合作，除此之外，她还通过政治上的努力来改变女性的地位，她意识到，这两件事其实不分彼此。克莱尔说："你可能只想在工作之外做出点个人改变，但是我经历的是急剧的变化……如果你在工作和你想改变的事情之间建立起联系，你就会拥有……做出改变的能力。"塔维的经历则生动地向我们说明：由工作产生的能动性会让个人将工作与生活融为一体，并且用自己的行动改变周遭环境、改变社会。塔维通过使用其软件工程技能造福了她所在的社区。塔维在"黑人女孩编程"组织中担任志愿者；该组织是一个非常具有代表性的非营利组织，旨在鼓励非裔美国年轻人接受科学技术工程教育。塔维和其他志愿者一起绘制地图，标示出在全国性运动"黑人的命也是命"中警察使用了暴力的地点。她喜欢和积极促成社会变革的人们一起工作。塔维说："即使你和别人在做不同的事情，但是如果你们在同一个空间里工作，你会感到更有动力。所以我们一般会一起度过'工作之夜'，大家结成对子一起编程。两个人要着眼于同一个功能，这时……你们会轮流打字，但是你们都喜欢边工作边讨论问题。"这个社区里都是些擅长技术的活动家，塔维就是其成员之一。

　　人们也会创造出新的方式来解读文化差异，以往人们认为，文化差异导致了某些行为，但是现在他们对其的解读方式是：这些行为出自于个人选择。如果将差异产生的原因归咎于个人的性格而非文化，那么人们就会产生另一种针对个人的刻板印象，这时，人们针对文化的固有偏见就被弱化了。人们避免就政治、宗教和社会差异进行深入讨论。相反，他们强调的是个人与个人之间的差异，以及人与人在心理上的细微差别。人们周遭的环境由他们自己定制，他们会创造出自己的"心智健全之地"（sanity place[s]），以此反映他们的个性。人们"希望自己的个性得到尊重"。这一观念是美国的核心价值观，常常出现在各种心理评估测试之中。

为了避免在测试时提及人们的祖先身份或者民族身份（至少不要明确提及），人力资源小组使用了许多重要的工具创建出另一套衡量人们身份的标准。2014 年，62% 的美国公司对其可能雇用的候选人使用了各种性格测试（Chatterjee 2015 : 1）。这些测试包括 Caliper 评估、盖洛普优势识别测试、卡特尔十六种人格因素问卷、经典的明尼苏达多相人格量表和日渐流行的迈尔斯·布里格斯性格类型测量表，简称为"MBTI"（2-6），它们构成了一套用于评估应聘者是否"契合"企业价值和企业文化的工具。我们经常在各种公司里遇到迈尔斯·布里格斯性格量表。在企业培训的过程中，该量表得到了广泛应用——正如一位人力资源总监所说："每一家拥有人力资源部门的大型企业都可以或者的确已经使用了迈尔斯·布里格斯性格量表。"该量表基于四个维度，将人们的性格划分为了 16 种不同的类型，这四个维度是：外倾（E）或内倾（I），感觉（S）或直觉（N），思维（T）或情感（F），以及判断（J）或理解（P）（Thorne & Gough 1991）。员工们向我们描述了人际关系培训课程为他们带来的好处，这些课程让他们得以了解自我，了解他们生活中发生的变化。他们使用这些工具来了解自身，同时也了解他们在工作、家庭、社区中建立起来的关系，他们还用这些工具找到了可能的另一半，或者用其来调解婚姻冲突。通过运用这种心理学的话语，企业的秩序得以重塑，人们的个性得到了凸显，同时，一个不以民族为基础的、可替代的衡量身份的平台也建立了起来（Pfister 1997：200）。

评估人们与企业文化的"文化契合度"还会带来其他后果。马丁内斯写了一部关于硅谷工作的自传，他在自传中尖锐地指出，企业使用这些招聘工具是为了匹配到与其在协作、生产力和魄力方面具有相同价值观的员工。但是，这些工具也会巧妙地筛除掉那些"轻声细语的印度工程师"，"在你度过每周的欢乐时光时让你扫兴的员工候选人"，或者来自无名大学的员工候选人（Martinez 2016：220）。文化契合度是一个灵活的术语，它也可以指向一些难以察觉的歧视方式，人们通过这种方式确保员工候选人出自正确的社会网络，还要确保被聘者在整个等级系统中被安置在正确的位置。并非所有公司都在使用这种策略，因此，对员工而言，在应聘时展示出自己的技能仍然是很重要的，但是，从统计学角度来看，使用这些策略会带来显著影响。

在硅谷的公民话语中，多样性与提高生产力被联系在了一起，人们还因此庆贺硅谷的多样性。在展望硅谷地区的未来时，硅谷合资企业协会的蓝图中提到"将多样性作为发展引擎"，并宣称"我们是一个包容性的社会，它不断地为人们提供机会"，以及"硅谷最大的财富就是多样性和人们身上的精神"（Joint Venture: Silicon Valley Network 1998：30–31）。"将多样性作为发展引擎"这个短语在公共场合被反复地使用。其使用语境决定了它涉及两类多样性——民族多样性和经济多样性。公众人物把这两种类型都视为推动创新的力量。

展示多样性的大型公共活动是以"庆祝"为核心的，这与我们上一章谈到的个人体验是有区别的。美国生活的一个典型的特征是，过一段时间就庆祝一个节日（Naylor 1998：111），随着其他文化的加入，他们要庆祝的节日变得更多。虽然我们的受访者们认为，这些大型活动是"肤浅的"和"陈腐的"，但他们也抓住机会，透过这些公开展示的音乐、舞蹈、食物和艺术来"参与和观察"各个社区，否则他们可能没有其他方法进入这些社区。各个社区也会通过举办各种活动来庆祝自身的文化。比如，斯坦福大学每年都举办母亲节周末活动，日本社区举办盂兰盆会，越南社区庆祝新年，葡萄牙社区举办葡萄牙节。他们的目标受众不仅是更大的社区，还有他们的下一代。

当然，每个民族社区都有自己的庆祝活动。在某高科技公司的某个部门中，越南裔测试操作员辉谈到，他和他的越南同事会非正式地聚在一起庆祝越南新年。他说："（我们）一起聊了聊，决定在什么时候、哪一天庆祝新年。过节的时候，我们会花一两个小时，一起坐在屋顶上或者在花园、户外野餐区的某个地方。我们会带……一些专门在春节吃的食物。我们会一起吃饭……聊一聊我们记忆中的春节，聊一聊很多年前越南的春节是怎么样的。"辉接着说道，庆祝活动不是只对越南人开放，他们还叫上华裔员工，因为他们有着"相同"的文化，同样，其他人也可以参与进来。到那时，办公室的餐厅里不仅供应炸薯条，还供应越南米饭。

而另一方面，辉所在的公司也会举办墨西哥的五月五日节，相较而言，这个活动有更强的组织性，而且受公司赞助。午餐时分，公司会放墨西哥舞曲，自助餐厅也会供应墨西哥菜品。而越南春节庆祝活动则不受公司的正式赞助，辉怀疑，这是因为在公司的高层管理人员中亚洲人（此处指越南人）更少了。然而，无论是非正式的集会还是正式的仪式，通过这些活动，员工们接触到了许多的文化。

在公共场合，拥有同样背景的人聚集在一起，形成一个同质化的群体，这种行为在他人看来可能是不礼貌的。咨询师玛丽·安观察到："印度承包商们一起工作，一起吃午饭，很少与他人交往。这让我觉得自己被他们隔开了——如果在一个群体中，某一种族的人占据主导地位，我不觉得自己总是能够融入其中并且表现得很友好。"对此，玛丽·安的应对方式是"寻找理由主动和他们交谈，从而成为这个群体中的一员"。

同时，文明的氛围可以掩盖住潜在的、具有破坏性的种种偏见。人们会借助幽默来建立关系，虽然在跨文化环境中，幽默可能多少会造成一些麻烦。凯思琳是一名来自爱尔兰的营销经理，她向我们讲述了自己如何运用幽默应对棘手的管理状况。每当有人在会议上说一些不恰当的或者无礼的"俏皮话"时，她会给那个人扔一只毛绒兔子。在下一个人做出类似的不当之举、"赢得"兔子之前，那个人必须一直保留这只毛绒兔子。这种做法"缓解了气氛……但同时也向人们展示出哪些言论是不当的"。大卫也在多元文化背景中工作，他讲究策略，并且会把玩笑关系转换为工作关系。他会根据不同的对象使用不同形式的幽默，比如调侃、恶作剧和嘲讽。大卫会对非裔美国人搞恶作剧，而在其他场合说一些俏皮话，比如员工会议等较为拘谨的场合。

在这种工具性的文明氛围中，当人们面对他人的不宽容行为时，会流露出不耐烦的情绪。詹妮弗是在硅谷长大的，她谈到，她的成长环境教会她鄙视那些种族主义言论和行为，但是，她的丈夫却不这么想，詹妮弗的丈夫是一名来自美国中西部的移民。詹妮弗笑着说道："有时候，我无法接受他说的一些话……但是他现在也开始用加州人的视角看待事物了。"一位来自佛罗里达州的移民说，自她在一家公共电视台工作之后，她才开始了解同性恋群体。现在，当她听见自己在佛罗里达州的同辈和家人发表偏见时，她觉得"很陌生"，而且由于她"没有精力"来捍卫自己所持的观点，她便减少了和他们见面的次数。克里斯汀在一所具有多元文化背景的小学里面当老师，她用寥寥数语表明了自己的态度："在这所小学里我接触到了许多种语言…可能有十种不同的语言吧。我在这里教课以前，很多语言我连听都没听说过。其中一种语言就是僧伽罗语——斯里兰卡人说的就是僧伽罗语。还有一种语言来自埃塞俄比亚的某个地区……这真的很有趣，这些使我增进了对'我是谁，我了解哪些东西，我能欣赏哪些事物'这些问题的理解。它同时也让我……在面对那些和我价值观不同的人的时候，感到沮丧和消极。"

托妮是一名营销经理，她反复地向我们强调，在多元文化背景中工作让她能够以不同的视角看待事物，而且培养出一种新的文化敏感度：

> 在我工作的地方……有很多日本人……每当我经过大厅时，有个女孩总是会向我鞠躬，而且，我总是觉得跟日本人用"Hi"打招呼很有趣，因为在日语里，"Hi"这个读音并不是打招呼的意思［它的意思是"是的"］……还有一个印度人，他也在［公司］里工作，他总是能看见我直接用水龙头里出来的热水泡茶，他第二次看见我这么做的时候跟我说，我不应该用自来水泡茶，因为自来水不够纯净，不像其他水源加热出来的水，我觉得这很有趣，因为这是我们在硅谷绝对不会担心的事情……实际上，让我印象最深刻的事情是，［公司里］有许多亚洲人，包括印度人、伊朗人等，他们都能很好地融入进来。

硅谷的亚洲人众多，而且很明显，这里有着来自亚洲各国的人群，这使得来自亚洲的移民在硅谷生活时感到更加自在。西玛是一位印度软件工程师的妻子，她告诉人类学家，在硅谷居住的感受不同于她在东海岸居住的感受，"在这里，文化多元程度很高，我穿着印度服饰走在街上感到非常自在"。另一位印度女性说，她在硅谷穿纱丽服时，得到过的唯一的评价是，那个人觉得她所穿的纱丽布料"很漂亮"。印度人在国外可能遭遇过人们的一些偏见，他们将其与硅谷人对他们的态度做对比，而来自南亚的企业家提及，"在伦敦，印度人遭遇了强烈的种族

歧视，但是当她第一次到加州时，她发现人们对印度人的态度
更加开放，二者形成了鲜明对比"（Janah 1999：IE，7E）。现在
非印度裔的初中女孩也会用印度文化中的指甲花装饰双手，从
这里可以看出，印度的文化习俗已经传播到了硅谷的其他社区。

室内设计师莉莉指出："拉丁美洲人和亚裔美国人会……摆
放一些能够代表他们本族文化的手工艺品……比如神灵和神殿，
也就是一些小摆件。"但是，在一些华裔组装工人的家中以及非
亚裔工程师的办公室里，你也能看到相同的小像。格斯是一名
企业顾问，他了解亚洲文化中的一些元素，因此，他也坦率地
称自己为"典型的俄克拉荷马州的佛教徒"。尽管克莱尔并不是
印度人，但她办公室里摆放了一个象头神［印度教神］的雕像，
她说："你向象头神祈祷……它会为你清除障碍……它也护你旅
程平安，并且守护你的灵魂。"汤姆为了获得灵感，在自己的办
公室神龛里既摆放了一尊霍皮人的克奇纳神，又摆放了一个日
本禅宗的小花园。而且，他还希望自己的女儿嫁给一个真正能
够理解跨国大家庭的亚洲人。

文化工具

人们会根据自己的需要，从周围的各种文化中吸收对自己
有益的东西，他们会购买这种文化的工艺品，再品尝品尝那种
文化的食物，让自己变得"亚洲化"和"拉美化"。但是，人
们并非随机地做出这些选择，他们的选择反映出了他们的工具
性思维，他们意识到，在硅谷，最重要的资本就是人本身。盖

里是一名高科技公司的合同工，他断言，硅谷重视的是工作文化……这种工作文化能够确保人们所做的工作会为企业创造价值。人们会不断地打磨自己应对各种文化的能力，以及同这些文化中的人共事的能力，这也是他们为公司创造价值的过程之一。简是一位荷兰裔的工程师，他发现自己"实际上会根据和自己共处一室的对象调整［自己的］提问方式和行为"。他告诉我们，当他在向来自中国或印度的同事提问时，他会改变自己惯常的沟通风格，有时他会让自己的语气听起来不那么咄咄逼人，但有时也会反其道而行之。简说："我已经吸取了教训。我已经掌握和他们打交道的方式了。"还有人担心自己的"社交圈子不够多元化"。在招聘时，斯坦会有意从得克萨斯大学埃尔帕索分校招收一些新生，这不仅是因为该校在技术上享有声誉，还因为它的新生群体之中有很多拉美裔学生，这样一来，他就可以从中找到一些能够为其团队和软件公司加强文化多元性的求职者了。艾琳是一家大型计算机公司的顾问，她解决的是文化多样性的问题。她解释说，为了让员工对公司做出最多的贡献，公司需要创造一种人人皆受尊重的氛围——在不同的文化中，"尊重"的定义也不同。艾琳向我们解释了她如何说服人们在公司内保持多样性是很重要的，她还在员工之间推广这样一种观念，即来自多元文化背景的员工可以充当媒介，让公司有渠道进入不同国家的市场和国际市场。企业需要文化中介——"不同文化之间的纽带"——使其起到协调作用，让企业更好地与拉美人、华人、韩国人和东南亚人互动。

　　马克是一家国际公司的信息系统中的经理，这家国际公司的业务是设计和制造计算机。马克简明扼要地向我们讲述了一个关于发挥文化的工具性的例子：

> 在跨文化公司之中……一件有趣的事情是去弄明白公司的整体效益是提升了还是下降了。我知道，公司必须在日常运营中投入更多的精力和资源……假设公司的日常运营费用［是］100 美元……这只是维持公司运转的必要开支，而且，比如，公司在讨论时额外耗费了一段时间，这时你必须再额外支出 12% 的费用……这部分开销产生的原因是，人们必须意识到并且解决团队中存在的文化问题。所以现在公司的日常运营费用达到 112 美元。但是，来自另一种文化的人们对你们所讨论的问题持有不同的观点或者意见，或者他们可能比其他人更了解市场中的某个部分，所以他们又为公司额外创造了一部分价值，因此，虽然他们耗费了公司 N 个百分点的运营费用，但是以另一种方式增加了公司的收益。在面对来自多元文化背景的［员工］时，你需要支付额外的成本，但是他们身上的文化多元性又会为公司创造价值，这当中的数学运算太复杂了，我弄不明白。

由于硅谷人将文化视作工具，因此他们能够以最低的成本来解决文化差异造成的问题。我把这个故事告诉了一位来自北欧的研究人员，他敏锐地察觉到，在硅谷之外的其他地方，要想解决文化差异问题，需要耗费的成本可能会远超 12 美元，因为其他地方的企业可能缺少相应的文化工具或者缺乏这方面的动机，因而，文化差异并不足以成为这些企业运营过程中的背景条件。不过，这也是硅谷所拥有的边际优势，而且硅谷绝对无法承受失去这一优势的代价。

卡尔曾和两个印度同事发生过一次严重的文化冲突。他们坚持要用等级来压制卡尔，并把卡尔当作自己的仆人，卡尔觉得这种情况"让他很不满意"，所以就去找了另一份工作。然而，在另一家公司，他的新老板以及与他同级别的同事还是印度人。在印度实现网络系统的本地化是卡尔的工作内容之一。因此，他不敢冒着风险坚持民族中心主义。卡尔的话很有说服力："我们面对着形形色色的人和各种各样的文化问题，在这种情况下，想要了解所有文化方面的事务，完全不踩到他人的脚趾是不可能的。因此，解决这个问题的办法可能是，让人们习惯穿钢头鞋。这样，人们就会变得……更加地宽容。"

想要培养灵活处理文化差异的能力，做好两个方面的工作至关重要。一方面是去熟悉特定文化中细枝末节的东西——这一点主要还得通过将自己置身于不同的文化场景来实现。另一方面的工作则并不固定。当人们学会接受他人未必跟自己持有相同的文化假设时，他们灵活处理文化差异的能力就会获得宏观上的提高。这时，即便不同的核心价值观会让人们在处理人际关系、时间之类的问题上采取不同的行为，他们也会学着转换思路，去理解和接受他人的行为（Nolan 1999：2–8）。扬向我们讲述了他的经历：他通过使用不同策略，让他所培训的人置身于多元文化语境之中，从而让他们获得理解和接受他人行为的技能。

　　在公司里，我们的团队成员来自多种民族、多个国家，他们为我们带来了多元文化背景以及其他具有多元性的东西，因此，我们必须在工作中找到彼此之间的共性。这是一个非常有趣的现象。我们正朝着这个方向前进，但步伐非常缓慢……不同的步伐，不同的参照系。面对这些人时，你要做的第一件事情就是……"为他们做出榜样"……给他们展示一些例子，告诉他们在不同的人眼中，事物是不同的……这样你就会让他们觉得，"所以，在公司里，人们可以用不同方法解决问题"。你希望人们能够［利用这种］灵活性，将彼此之间的［差异］视作机遇，而不是威胁。有些人的想法是，"这里有各种各样我不知道的事情，我觉得融入不进去"。或者人们会说："噢，这我倒是第一次听说。我从来没有用那种方法解决过问题……"如果你在一个具有多元文化背景的环境之中，看见人们经历了这种变化，这时如果你想将其转化为高生产力，你就得拓宽人们的视野，把他们的"眼罩"取下来［他的手做出了把眼罩从眼睛上取下的动作］。让他们去应对不同的情况，使用不同的方法，然后你会发现，大多数人……都会觉得这是一种不错的体验……当然，也会有一定比例的人觉得自己被冒犯了，然后变得无法正常工作。

无论个人还是组织，都做出了各种努力，向整个社会介绍具有文化特色的事物。几十年来，伊斯兰网络组织（Islamic Networks Group）一直在向学生、企业和医疗保健中心解释伊斯兰教的信仰和生活，回答有关祷告、斋月、禁食和佩戴头巾方面的问题。琳达是一位职业女性，也是一位母亲，她把自己的"施瓦茨流动犹太展"带进了教室，让孩子们接触到不同的犹太仪式，包括光明节的庆祝活动。琳达的做法也体现了这一理念。

为了提高人们灵活应对文化差异的能力，他们需要制定出一套框架，让彼此拥有更多的共同经验。实现这一目标的方法之一是，找到那些通常情况下不会进行互动的人，增加他们之间的私人互动。戴尔德里在一家计算机公司负责社区工作，她招聘了越南裔和拉美裔的领导者参与女童子军的工作，以此推动跨文化交流。

另外一些方法则能够反映出更具开放性的思路，即在人们遇到跨文化交流场合时，一边督促他们以更为敏感的态度洞察文化碰撞时可能产生的未知因素，一边让他们为遭遇不可避免的文化冲击做好准备，人们需要在面对冲击的同时保证自己不会受到他人的冒犯。解决公司文化多样性问题的顾问艾琳将这种思路与漫画表达的观点"我们和彼此一样，却又全然不同"结合起来看。当艾琳和年轻人谈论多样性这个问题时，用的就是这种方式，她希望他们能够意识到，他们确实对事物有着各种假设和偏见，但他们不必因此而"自我鞭笞"。

在更宏观的层面上，硅谷自身也在努力认清自己的身份——一个多元文化社区。硅谷社区既要体现自身对技术的重视，又要正视身份多样性的问题，这样才能将自身打造成一个既能"高效"运转又能"有效"调度各种身份资源的社区。为了实现这一目标，硅谷正在经历重塑自身的过程，它将把自身重塑为擅长灵活应对文化差异的创新者。格兰达是一位高科技艺术家和平面设计师，她在思考自己应该如何拍摄硅谷"社区"。她的设想是，将一张微芯片图像——描绘着"那些微小的信息碎片和技术碎片"——和硅谷人的图像并排放在一起。由于格兰达的客户来自"全球各地"，因此她在选择人像时，也得选择能够体现出多样性的人群。在她的设想中，这张图片应该能够表达出如下感受："当人们走在大街上时，他们能够同时听到四五种不同的语言。"

硅谷人致力于在多元文化环境中创建硅谷社区，硅谷的教育工作者们则走在队伍的前列。他们意识到，如果课堂中的孩子们来自多元的文化背景，那么他们应当改变自己的授课方式。用另一种不同的语言教学的思路过于简单，并不能解决问题。根据最近的数据，在圣克拉拉县所有学习英语的学生中，有41663名说西班牙语的学生。还有22480名学生说的是越南语、汉语普通话、菲律宾语、汉语广东话、韩语、印度语、泰卢固语、俄语、日语、泰米尔语、波斯语、旁遮普语、希伯来语、法语、古吉拉特语、马拉地语、乌尔都语、阿拉伯语、埃纳德语、德语、柬埔寨语、葡萄牙语、孟加拉语、塞尔维亚－克罗地亚语、伊洛卡诺语、亚述语、荷兰语、意大利语、土耳其语、波兰语、印尼语、提格里尼亚语、中国台湾方言、泰语、汤加语、亚美尼亚语、索马里语、罗马尼亚语、老挝语、匈牙利语、萨摩亚语、缅甸语、希腊语、宿雾语、中国南部的潮州方言、普什图语、阿尔巴尼亚语、乌克兰语、苗族语、瑶族语、瑞典语、库尔德语、托伊沙语、克木族语、迦勒底语、查莫罗语、马绍尔语（California Department of Education 2016）。在这些语言中，有许多源于印度；而在 1965 年美国《移民归化法》颁布之前存在的、"传统的"欧洲移民所讲的语言已经几乎没有了。没有任何一个文化群体或者语言可以替代英语。在课堂中，解决语言差异问题的方法之一就是打造"掩蔽式英语教学"（Sheltered English）环境。在这类课堂环境中，信息是以多种方式呈现出来的，老师不仅会在教学中采用口头授课的方式，还会辅之以视觉信息和触觉信息，以此来促进交流。通过运用各种协作技巧，孩子们必须跨越文化障碍、共同完成任务。老师和学生从中学到的东西是，在多元环境中，他们很可能会无意地冒犯彼此，以及对他们而言，任何行为都有可能会冒犯到他人，因此绝不能够想当然。这些孩子正在上体验速成课，他们在面对差异时变得越来越敏感，因此，在这个过程中，他们灵活处理文化差异的能力得到了锻炼。灵活处理文化差异的能力是这些孩子在未来所需要的能力之一，他们将会在自己的工作小组内、进行跨国交流时运用这种能力解决问题，过好公民生活同样需要这种能力。在公民活动、公共庆祝活动和企业话语中，这种能力会不断地提醒人们，他们需要根据所需去适应和接纳不同的文化。

企业正努力地反复教导自己的员工，在面对不同文化时应当采取宽容的态度，在这一背景下，经理们便将灵活处理文化差异的能力视为职场新礼仪中的一个重要组成部分。然而，要想实现文化包容，就得洞察到一些难以察觉的障碍，因而，人们必须有意识地、努力地克服这些障碍。例如，Web 2.0 公司品趣志有一套包容哲学，这套哲学旨在颠覆"老熟人"关系网络，只不过在本例中，组成现有"老熟人"关系网络的还都是年轻人，而且这套哲学已经影响了公司的招聘实践。根据工作内容，该公司提出了一整套企业价值观：员工们应该心怀使命、追求卓越、保持好奇心，他们还应该是全能的问题解决者，拥有自我意识和冒险精神。在硅谷企业的使命宣言中，到处都体现着这样的价值观。品趣志有意识地想要让自己的多样化程度变得更高，因此，它为自己设定了各种"激进目标"。这些雄心勃勃的目标包括雇用女性和少数族裔工程师。更引人注目的是该企业的新动作，比如，品趣志要确保，在进行任何全员皆有资格竞聘的领导职位面试时，至少得有一名女性候选人和一名少数族裔候选人。品趣志不是在制造噱头、装装样子，该公司现在正在制定一个学徒计划，搭建相应的包容性实验室，还主动到美国历史上的黑人院校里招募员工（DeAngelo 2015）。对于人们而言，仅仅身处于多元化地区是不够的，他们还得投入其中，主动和其他文化发生碰撞交流，这一点很重要。因此，倡导技术多样性的人们将目光投向了硅谷动漫展、创客大会等活动。

企业会为员工提供课程，教他们如何与特定的文化（尤其是日本文化）进行互动，尽管这么做的企业已经越来越少了。

芭芭拉是一名行政主管，她回忆起自己也曾报名参加过一门由公司主办的关于与日本人打交道的课程，不过她报名的时候遭遇了阻力。这门课是专为工程师开设的，但芭芭拉坚持要上这门课，她给出的理由是，自己也会时常和日本旅居者交流，因此也需要对日本的风俗习惯保持敏感。然而，想要应对文化多元化造成的困境，仅用这种开设特定文化课程的方法并不能触及问题的核心。

面对一种文化时，其文化习俗是表象，表象之下还掩藏着种种文化差异，这时，学习习俗可以掩盖人们不了解这些差异的事实。日本人并非唯一的"他者"。举个例子，对于美国人而言，如果他们只学会了和日本文化打交道时不露马脚，那么，当他们面对日本社会等级制度这一更为复杂的现实语境时，仍会觉得手足无措。因此，要想确保一套文明规范具有实用价值，就必须强调，即使人们依照这一规范行事，但是在进行跨文化交流时，也还是会遭遇一些问题，而这些问题是跨文化语境下必定会产生的、规范无法解释清楚的问题。

技术设计者们需要意识到，在不同文化中，技术应用的方式也不尽相同。例如，迈克尔的任务是修改打印机的配置，使之能够适用于日本的技术实践。迈克尔知道，硅谷的大多数同事从不关闭打印机。但是，他也知道，日本人则一定会在晚上关闭打印机。这意味着，日本人的需求是快速打开和关闭打印机，但美国人则不需要配置这种功能的打印机。为了能够做好自己的工程工作，迈克尔既要注重技术，又要注意消费者在运用产品时会遵循哪种特定的文化规范。莫尔（Mohr）在研究如何将奥多比的产品改编成阿拉伯语和希伯来语的版本，在这个过程中他发现，如果在制定某项目时，将产品字幕的阅读顺序改为"从右向左"，它会带来麻烦，因为支撑软件的字幕阅读设置大多都是自左向右的（2013：111）。莫尔说，本地化工程师和设计师在设计时应该为外国受众创造一种"模糊的舒适感"（117）。在这里，莫尔提到的是灵活处理文化差异能力中的错觉技巧。

与此同时，尽管硅谷的领导阶层调动了各种资源，尽量减少和利用文化差异、社会差异，但是仍有一股强大的结构性力量和心理力量在尝试着强化这些差异。对于硅谷的员工而言，灵活处理文化差异的能力是一种强大的能力，拥有该能力的人能够轻松地应对各种差异，并能观察和适应新环境。然而，对于那些会用到这种能力的人来说，即便拥有了该能力，还是会遇到各种问题。

把社区带回家

人们会在公共场所——学校、工作、购物场所、公共活动——接触到其他文化，但通过这种渠道，人们对这些文化的认识还只停留在表面上。在皮埃尔·范登伯格（Pierre van den Berghe）论述制度化的种族主义的经典著作中，他明确地区分了日常生活中的正式互动和非正式互动行为（1967）。工作场所、学校和各种公共场所构建出的是等级制的多元化社会，在这些场所中，人们能够进行正式的、结构性的互动。这种互动类型有着明确的边界，人们不能将其与自己同朋友、家人发展的非正式的亲密关系混为一谈。领导集团和下属们都"知道自己的位置"。这样，身份类别划分变得分明起来，而且这种划分方式还得到了延续。虽然这种模式只部分适用于加州的文化景观，但它确实提出了一些有趣的问题。

讲究礼仪会显得正式，而走得太近也可能造成不适。丹的故事向我们展示了人们是如何在这二者之间来回摇摆的。丹长期居住在斯坦福地区，他向我们描述了他所在的社区存在的文化差异，他对此感到很满意，他还提到那些来自日本、中国、印度和俄罗斯的邻居。丹评论道："我能看到他们的行事风格与我们不同，这很有趣。"他说："在我们买下这栋房子的时候，我们刚刚在这里住了几个星期，所以我有一段特别切身的体会。那时候，有一群人到公园来野餐。"那个公园就在他家附近，当他看到那些在外国出生的邻居离自己这么近时，"我所有的对于领地的本能都被激发了出来。虽然我站在家里，那些人待在公园，但我感觉自己被他们侵犯了"。然而，当丹不在家里时，他并没有这种想要守卫自己的领地的感受。只有当他觉得自己的私密空间可能会遭人侵犯时，才会对走廊外面吵吵闹闹的场景感到不适。

在硅谷，人们对于"什么样的行为是正式的，什么样的行为是得体的，以及什么样的行为是亲密的"这些问题有着不同的理解，因此，想要在人与人之间保持明确的身份界限是不可能的。艾略特谈到，当文化差异与比较私人的问题交缠在一起时，他会感到很头疼。如果艾略特手下的韩国女性员工开始问他自己应当如何应对强势的丈夫，这时，艾略特该怎么办？这位员工的丈夫把她挣来的钱汇给了他自己的父母。当她向自己的牧师抱怨时，牧师全心全意地支持她丈夫的做法。虽然艾略特可以跟她讲加州的社区财产法，但是"如果要去谈工作之外……的私事，文化差异就会浮现出来"。

人们深陷于这种困境，因为在硅谷，工作和私人事务相互交缠在一起，工作和家庭很难分开。正如我们在第二章中提到的，人们与同事——通常是陌生人——建立起信任的策略之一就是彼此分享个人信息。但是这种亲密谈话很容易引导双方去讨论一些在文化维度上很敏感的话题。

雅艾尔是一位以色列裔女教授，她在美国待了十二年。她获得了博士学位，嫁给了一个美国人，并且组建了家庭。雅艾尔和她的同事安娜贝尔成了好朋友。在得知母亲病重的消息后，雅艾尔回到了以色列陪伴母亲。但当她回到美国时，她的母亲去世了。雅艾尔觉得，要让自己在美国的家人马上回到以色列很难。而且，她发现自己想要表达出哀痛也很难，因为她几乎没有从朋友和同事那里得到任何安慰，尤其是安娜贝尔。雅艾尔说："如果在以色列，人们会主动安慰我，我觉得在这里没有人会那么做。"安娜贝尔给雅艾尔寄了一张贺曼贺卡，并且尊重了她的隐私，安娜贝尔相信这么做能给朋友雅艾尔带来安慰。但是，安娜贝尔不知道，这种做法只会向雅艾尔强调，她对以色列人眼中的表达亲密关系的恰当方式一无所知——在以色列，一个"真正的朋友"会不分场合地陪着她一起伤心。在这场友谊危机之前，工作文化掩盖了她们之间存在的分歧，而正是这种分歧可能会破坏她们之间的友谊。在这种时刻，雅艾尔希望自己的朋友能够表现得和自己更为亲密一些，而这段经历也让她发现，在硅谷和以色列，人们表达悲伤和友谊的方式是不同的。

凯西是一名成功的房地产经纪人，他认为，如果自己能够说服潜在买家的妻子购买豪宅，那么这笔买卖就"十拿九稳"了。凯西的文化经验就是，只要"搞定了"妻子们，她们总会有办法说服自己的丈夫买房子。因此，在去看房子的路上，凯西总是让买家的妻子坐在汽车的前座上。在他碰见一对印度夫妇之前，这个策略都是奏效的。在这对印度夫妇看来，这位房地产经纪人对妻子表现出了不合适的亲密态度，却又对丈夫爱搭不理，这让他们感到十分愤怒。

在不同的文化中，人们的社会角色也不相同，试图与同事建立"个人"关系可能会获得适得其反的效果，这时，人们的文化期望便破灭了。普嘉原本是一名印度知识分子，现在做美容师，她的同事邀请她参加一个邀请了脱衣舞男助兴的生日派对，普嘉对此感到大为愤慨。玛丽安娜是一名菲律宾裔的文书人员，她的雇主瓦西里和迪米特里都是俄罗斯移民，在建筑工地时，他们对玛丽安娜很严厉，但在社交场合上，他们却又用热情吸引她，玛丽安娜对此感到很困惑。米格尔是一位拉丁裔的父亲，他严厉地斥责女儿的同事"在她脑子里灌输"推迟结婚和上大学的想法。

在发展工作关系时，人们既需要信任彼此，又要做好保密工作，这样一来，将公共领域和私人领域彻底分离开来的想法就变得不切实际。现有的"公共空间"以新技术为媒介，将工作生活与家庭生活混杂在一起，因此，原来存在于人们脑海中的关于公共领域和私人领域的分界也变得模糊起来。通过强调人们之间的地位差异来弱化差异的旧模式在硅谷依然存在，但这种模式是有问题的。因为，只有人们能够预知到彼此之间的权力差异且这种权力差异能够维持稳定的情况下，这种模式才能奏效。多元文化背景之中充斥着人们无法确定的情状，在这种情况下，人们想出了一些新的应对策略，但是，想要学会弱化差异的方法、培养灵活应对文化差异的能力，人们还需要做大量的工作。人们会同时运用上述所有的方法来应对差异造成的问题。那么，人们是如何将众多的策略结合在一起，从而创建出一个运转正常的多元文化社区的？

创造新文化

在身份多元化和技术饱和的双重进程中，硅谷努力地重新定义自身。在这个过程中不乏冲突。20 世纪 90 年代初，我们首次收集了人们对硅谷未来的看法，那时，人们对硅谷体现出的多样性的看法非常矛盾。一方面，他们要"庆祝"文化差异，最好是以品尝食物和欢度节日的方式来庆祝差异，但是这些差异却又像是形态各异的鹅卵石，它们被简单地拼凑在一起，铺就了鹅卵石路面——它就好像是硅谷社区的一个设计缺陷。行业名流和教师们为硅谷设想了"最好"的未来，但是，在他们的愿景中，他们希望硅谷未来有单一的公民群体，他们了解技术、充满热情，而文化分歧则服从于这一公民群体。这是一种不考虑硅谷深度多样性的、一体化的愿景。在世纪之交，人们对于未来的预测发生了转变，他们意识到，文化多样性将会继续存在，还可能让生活和工作增值，人们甚至开始认为，构成硅谷深度多样性的种种文化价值可以被拆解开来、分别利用。本地化进程和跨平台工程创造了新的经济利基和技术机遇，人们开始明确地表示，硅谷的多样性使其工业能够同其他许多市场以及世界各地涌现出的高新技术地区建立联系，这也成了硅谷工业的独特之处。汤姆对硅谷的未来持有很典型的乐观态度，不过在他发表看法时，两次经济危机还未爆发，2001 年 9 月 11 日的灾难性事件也还未发生。汤姆说，他和妻子都生活在"技术吉普赛文化"之中，他在与一个由各行各业的人构成的国际团队合作时，对自己所体会到的多样性文化感到十分痴迷。他很高兴自己能够在这种多元文化环境中抚养孩子。汤姆的话中蕴含着族群生成精神。他说："我厌恶自己表现得如此不谦虚，但是，我觉得有个群体在创造新文化，而我就是其中的一员。"

　　将近二十年后，这种论调发生了微妙的转变。被访者们表示，人们对于工作的专注让他们无暇关注各种文化差异，但是，硅谷的阶层分化却比以往任何时候都更为严重了。社会学家库珀（Cooper）研究了在经济衰退期硅谷的家庭如何谋生，她在研究中指出："有部分人面对的风险最小，他们有能力从容应对经济衰退带来的后果，而另一部分人面临着巨大的风险，他们基本上无力反抗。"（2014：210）人们在预测硅谷的未来时，提到一个非常显著的问题：贫富差距。伊莎贝拉来自欧洲某个中产阶层占主导地位的国家，当她发现硅谷中存在着"富人极富、穷人极穷"的现象时感到十分震惊。为了解决社会不公正问题，一些积极而新颖的干预措施出台了，社会创业型企业就是其产物。瑞恩经营着一家这样的非营利型创业公司，他正在尽全力保留硅谷的食品农场。硅谷的房地产价格如此之高，在这种情况下想要保留一个农场并非易事。因此，瑞恩一边使用各种复杂的金融工具放贷，一边尝试以众筹的方式发起土地保护倡议，同时，他还为一些刚起家的有机耕种农民创建了育成中心。在未来，瑞恩计划采取的干预措施之一是建成一个农场继承规划项目，该项目能够帮助年老的农民们思考如何通过保护土地这一举措来加快硅谷的可持续发展进程。有时候，老人们觉得自己没有现成的继承人，这时，瑞恩就会问："选择那个为你工作了二十五年的墨西哥人怎么样？"这样一来，真正了解农场各方面的那个人就有机会向社会上层流动，而农场土地也能够完整地保留下来。二十年前，当我们收集人们对未来的愿景时，他们将技术等同于效率。到了最近，人们谈起技术时，则更强调技术能够创造联系、推动整体改革。

　　无论是对美国社会中的其他文化还是世界而言，这种新的文化视野都具有重要意义。硅谷本身就像是一个实验基地，技术饱和与身份多样性这两股力量在其中同时运作。尽管在某些领域硅谷文化仍是保守的——人们仍会以面对面的形式建立关系，旧的歧视形式也依然存在——但是技术终将融入日常生活，硅谷就是前兆。在深度多元化语境下，硅谷利用自身特有的、令人愉悦的工具性，尽可能地弱化了文化差异，同时，它还允许甚至鼓励以身份为基点的社会创新。世界能从硅谷这个实验案例中学到些什么？

第六章

带宽控制：创造有用的文化

高峰时刻

现在是硅谷的晚上。人们分散在各自的轨道上。V（文森特）先乘坐火车，然后改骑自行车，最后来到位于旧金山的创客空间。他不是要下班，而是要开始自己的夜间使命。V在今天晚上7点半要给大家上课，所以他及时赶到，并做了一些准备工作。他已经在一家尤卡坦半岛风味的餐馆里吃了晚饭，他的幻灯片也准备好了。V基本上无法预测会有多少人来听他上课，所以他得做好准备。学生们到了以后需要先签到，然后他们会收到一个写着自己姓名的标签以及一套今晚会用到的基本电路设备——一个支架、一块海绵、一些焊丝、LED 灯、电阻器和一块电路板。V 从星期三的高级班上请来了四位助手，他们会确保这些新手们手里都有工具和焊枪。V 的教学理念是直截了当的，而且能够反映出他自己的技术经验。对于学生们而言，如果他们在实践中感到很兴奋，那么他们学习技术背后的理论时就会更轻松一些。V 的创客空间里有一些依靠室内电路运行的艺术装置，它们不仅装饰了空间，还能够启发学生。这里还能听到附近临街的伊格莱西亚斯教堂里飘出了些许歌声，歌曲是用西班牙语唱的，稍有些跑调。V 向学生们简短地讲述了电路历史及其背后的运作逻辑。这很重要，因为当这十几名学生完成电路组装工作时，V 会利用这些知识，搞清楚为什么有些电路能够正常运行，而有些却不能。实际上，这节课的核心内容是故障排除——分解问题、思考问题并尝试解决它。这就是黑客做事的方式。

在正式的课程和讨论结束以后，V 带学生们参观了一下这个创客空间。他们中的有些人是这里的常客，他们来这里继续完成自己的项目。另一些人是来自欧洲的技术游客，他们想亲眼看看创客空间。V 带着他们在空间里参观，给他们展示用于电子制作、游戏破解、3D 印刷、缝纫、金属加工和木工的各种不同的工作台。他帮忙制作过一张嵌有五颜六色的灯的桌子，他对这件作品尤其自豪。V 向大家解释这件既富有艺术感而又简单的家具是如何体现该创客空间的精神的。他说道："我们需要很多人，而不只是一两个人来一起完成一个项目。而且项目中的人各有各的技能。"有人擅长的是木工活，V 介绍道："他实际上是一名建筑师，但他教会了我如何去做木工活，如何把这些木块拼接在一起。"他让大家仔细地观察，看清楚木块是怎么被放置和叠加在一起的。"作为回报，我教他如何操作灯光和 LED 灯。还有人来到这里教我们如何摆弄电器，另一个人给嵌入桌子的灯做了控制程序，所以我们可以改变灯光照明的模式。这里是……一个知识的大熔炉。"对 V 来说，今天是一个星期之中工作时间最长的一天。现在可能已经到了凌晨一两点，之后，他开车回到位于圣卡洛斯的家中。V 把家的地址选在这里是因为圣卡洛斯位于圣何塞以北、旧金山以南的中点上，如果这么看的话，它恰好是硅谷的地理中心。V 对硅谷的文化地理有一套自己的看法，这也是他能从技术中获得乐趣的源泉所在。

里克是硅谷中的老前辈了，他目睹硅谷从成片的果园变为高楼林立的工业园区，从工薪阶层社区变为服务于技术人群的中产阶层社区。通常情况下，里克在晚上不会接拼车司机的生意，但公司为拼车司机提供了一项奖励金，鼓励他们在下午 5 点到晚上 7 点这个时间内工作，如果在这个时间段内接两单生意，他就能获得每小时 30 美元的奖金。对于里克而言，火车站是个最佳地点，他在那里可以找到乘客。优步、来福车、路边车、随心租和卡玛拼车等拼车公司解决了"最后一英里"问题——人们会在电信领域和交通领域使用到这个短语。乘坐公共交通工具的人很少能遇见车刚好停在目的地门口的情况，所以他们经常得把各种交通方式结合起来使用，比如火车、公共汽车、自行车和步行。但这会花费他们宝贵的时间。有了拼车应用程序，客人们下了火车之后就能很方便地赶到工作场所或者回家。当然，对于司机来说，短途接送本身就不是那么有利可图，而且里克也不知道他晚上接的生意会让他跑到 5 个街区之外还是跑到 80 公里之外。接两单生意这个任务比你想象的要困难得多。因为随着时间的推移，同一系统中的司机变得越来越多，同时，相似的服务软件也越来越多，因此司机们面临着激烈的竞争。由于将乘客和司机匹配起来的算法只将距离远近作为衡量标准，因此里克的车有可能离乘客最近，也可能还有比他更近的车。这次他很幸运。他接到的客人名叫西蒙。西蒙刚从旧金山参加完一个会议回来，他乘坐特快列车回到圣何塞的迪里顿站。理论上，西蒙可以去往另一个火车站，在那里转乘硅谷的轻轨，或者步行到市区内的轻轨站换乘，但是西蒙和别人约在了圣克拉拉会议中心见面，为了确保自己能及时赶到，他选择了打车。里克和他聊得很投机。西蒙是一位来自比利时的电气工程师和计算机科学家，他经验丰富，同时又很擅长社交，他来到这里是为了参加物联网世界会议（Internet of Things World）①。一般情况下，西蒙居住在波特兰，但他也会根据需要前往其全球科技公司园区，以及一些能够让他发挥专业所长、将技术应用于智能城市电网的地方。

西蒙被里克讲的故事迷住了。西蒙已经在硅谷旅行了几十年，但他的根在欧洲，他在硅谷只是个旅居者，而里克是个本地人。西蒙也对城市和城市环境感兴趣，他提倡人们使用清洁

---

① 世界上最大的物联网盛会。——译者注

技术、关心地球的命运。里克可以辨别出硅谷的哪些地方曾经
是果园。当他还是个孩子的时候，他会爬树，也会走过几个街
区，来到一片广阔的田野，田野里面有一个巨大的水坑，冬天
的时候，水坑里注满了水。里克和朋友们会搭好木筏，一起去
抓青蛙。加州缺水，所以加州人对水很是痴迷。到了现在，这
些地方当然都已建满了房子，原来的小企业都已被拆除了，换
成大企业坐落在这里。可是，即便硅谷建了这么多房子，仍然
没有足够的地方供所有来到硅谷的人居住。里克说："如果你不
在高科技公司里工作，你打算住在哪里？"不在高科技公司工作
的话，谁又买得起房？

　　里克把西蒙送到了圣克拉拉会议中心附近的酒店，人们正
在那里举行会议。西蒙走进繁忙的酒吧，找到了他的朋友托拜
厄斯。他们俩以前见过面，而且他和托拜厄斯有许多共同之处。
他俩都住在太平洋的西北部，但他们都来自欧洲——托拜厄斯
来自丹麦，他俩都加入了倡导清洁技术的流动网络，该网络涉
及的范围从硅谷一直延伸到不列颠哥伦比亚省的温哥华。西蒙
将在会议上发言（他以前在许多会议上都发过言），而托拜厄斯
也是与会者，他渴望了解清洁能源和交通领域的发展现状。他
被硅谷盛行的"高绩效文化"吸引，但他又感觉自己无法融入
进去，而硅谷人确实都很"适应"这种文化。他们确实知道如
何迅速地抓住机会。托拜厄斯目前关注的是交通领域，与这一
领域相关的是发展自动驾驶汽车、提高能源效率所需的基础技
术，而这两点也是本次会议的两大主题。西蒙是一位工程师出
身的战略家，他还在自己开设的全球公司中推动了与智能电网

相关的创新活动，因此他也是一名"内部创业家"。西蒙必须帮助公司确定出可能获得的收益值，并且争取在那些最有可能节约能源的领域实现节能目标。他的公司不仅能够通过提高能源使用效率来节约成本，还能以此作为示范案例来吸引人们的目光、推广清洁技术，并且帮助小规模企业缩小与大企业在运作投入上的差距。西蒙对"把节能电网应用于各个城市"这个话题特别感兴趣，他还希望能够据此创建出相应的工程系统，该系统能够针对气候变化问题给出解决问题的合理方案。西蒙希望自己的一切努力都是有价值的。在公司内部，他希望能够建立起一套最具影响力的运作体系。在公司之外，也就是世界范围内，他希望各个城市设计出一套能够解决那些最严重的问题的系统。在做这项工作时，西蒙逐渐意识到，人在设计、制定策略和实施策略方面能够发挥巨大的作用，这才是最棘手的问题。成本问题和对各种资源有无使用权的问题都摆在台面上，而企业隐私、企业安全以及是否搭建起了用于营销的整套基础设施这些要素才是企业的弱点，因为这些因素将决定人们能否研发出各种技术或者实现技术突破。技术本身是最简单的部分！托拜厄斯引出了北海（North Sea）风车作为例子，这是他的专长之一。而西蒙的观点是：人们一直在实现技术突破，在欧洲尤为如此。他犹豫了一下，补充道："唯一确保技术不出错的方法就是，从一开始就把它设计出来。"西蒙的话颇有哲理，因为他知道，这句话本质上就是个讽刺。资本家只会给赚钱的项目投资。只有东西卖掉了，人们才能赚到钱，即使那东西是一串代码或者一串电子流。最终，真正能够减弱环境影响的唯一方法是，在人们对能源的占有量和消耗量上做减法。但"减"是一种难以推销的商业模式。如果物联网产生的数据能够创造出更多的信息，那么，它能否帮助人们减少能源消耗量，过上技术一体化程度更高、更简单的生活？也许能，也许不能。西蒙笑着说："我是一名工程师……在制造出好电池和超级电容器之前，我们面临的只是时间问题……我们必须想出办法，去奖励那些消耗更少的能源、生产更少的产品的公司……"

当天展区不向游览者开放。于是托拜厄斯在跟西蒙讲自己之前的参观感受。托拜厄斯开玩笑道，几乎没有技术人员愿意"减少产量"。展区里的一个个摊位在向人们推介生产生态系统中的各个细分市场。发明家、设计师、销售商、供应商、营销人员、品牌创造者、商业战略家、教育家和人机交互专家都在向人们兜售自己的产品。一些产品旨在为人们提供服务，另一些产品则是以实物的形式呈现出来的。有些有形产品还处在其原型状态，比如，有一个来自森尼韦尔市的印美家庭就创造出了这类原型产品。全球各大品牌都将自己的产品包装得闪闪发光。这里还展出了许多设备，它们的功能包括提高能源效率、建设智能城市、建成联网厨房、促进身体健康。除此之外，还有承诺更高安全驾驶系数的汽车，更智能的教室，帮助人们进行精确的财务管理的设备，智能农场和供大众使用的 3D 制造设备。掌握加密技术的专家们悄悄现身，向技术人员指出系统漏洞。服务商则提醒技术人员，要想让生意一桩桩红火起来，仅有想法、原型和支持者是远远不够的。这里的参展商往往也都会加入参观者的行列，他们会以闪电般的速度彼此交换名片。

几位意大利发明家的作品让托拜厄斯感到很震惊，他们发明的锁可以直接向保险公司传达信息。但是，他们不知道在美国该如何告知人们这款锁的用途。也就是说，他们至少得弄清楚，美国的保险行业到底是如何运作的。这是一个很好的例子，它向我们解释了为什么托拜厄斯会大费周章地从太平洋西北部来到硅谷，并去拜访那些自信能够改变世界的技术人员。

重新审视硅谷文化

在这本书中，我一直都在讨论硅谷的双螺旋结构——技术饱和与身份多样性。在硅谷，技术刚好达到造成影响的临界值，它完全渗透到人们的生活中，并且重塑了人们的日常选择。有了技术，创建关系网络的过程变得更加便捷，而关系网络作为一种社会组织形式，正在重塑社会制度，其影响小至家庭，大到公民政治。以设备介导的地方性和跨国性关系网络构成了一个新型电子公共空间，在该空间中，人们制定和创造出各种文化过程。人们使用的隐喻、解决问题的方法都受到技术饱和现象的影响。技术改变了日常生活中人们面对文化差异时的回应方式，同时也重塑了人们的身份。反过来，人们的文化身份和文化能力成为工具，人们可以据此来设计自己所在的社区。硅谷是一个"深度多元化"实验室，数十个不同的群体都为其做出了自己的贡献。在硅谷，可能发生的跨文化交流情况数不胜数，其复杂程度可想而知，于是，各种各样的应对策略应运而生。

在本书这最后一章，我将系统地回顾硅谷"文化"——它独特的政治经济、充满创新性的社会组织形式，以及硅谷特有的各种信仰和符号。硅谷是一个技术天堂，它拥有倚赖全球互联网络发展起来的专业化经济。硅谷是技术饱和型社区的原型，在硅谷社区中，人们生产设备，而设备也已完全融入到了人们的生活之中。硅谷开创的社会组织形式对其他技术生产者所在的社区产生了广泛的影响。

工作成为人们生活中最重要的领域。个人组建关系网络时不必受限于自己所在的组织，而且由于个人关系网络的跨度不受限制，原本简要划分出的各个文化群体之间的界线也不再清晰了。硅谷不仅孕育出了新兴技术，还孕育出新的文化哲学。技术隐喻和组织隐喻成了硅谷社区生活的中心，它们重塑了社会生活的意义。

工作第一，把提升效率奉若戒律，正向利用人际网络，这些都指向一种实用主义的意识形态。实用主义是美国哲学的精华，它影响着人们的公民生活和人际交往。在人们处理文化差异（有时是弱化文化差异）时，实用主义都在发挥作用，它能使来自不同文化的人们聚在一起高效地工作。

最后，在本章的最后一部分，我将讨论人们可以在硅谷这个文化实验室中学到的教训。硅谷是否值得被复制？或者，硅谷是不是为人们做出了错误的示范，因此人们应当避免构建这样的社区？硅谷是否担任了领头羊的角色、提早向我们展示出了未来文化的一角？无论你是生活在西雅图、班加罗尔、伦敦、特拉维夫还是北京这样的高新技术地区，抑或是在你所生活的社区中，消费类电子产品和外来移民正在挑战传统的生活方式，你都可以拿硅谷与你所在的社区做比较。换言之，世界各地的人们都可以拿硅谷与自身所在的社区做比较。

改进技术统治系统（Technocracy）

技术饱和对社区文化的渗透发生在许多层面，所以它需要经历一个过程。一个层面是，硅谷的政治经济是由高科技产业主导的。但是这样的经济基础不够稳定，它能带来惊人的繁荣，也会造成猛烈的衰退。在硅谷，由于技术革新速度很快，企业和员工必须加快步伐、应对改变。一项工作的完成既依靠人又依靠物，人与材料相互依存，共同服务于同一工作的不同方面。同时，世界各地的人才、资本和资源都为高科技工作吸引，从全球各地来到了硅谷。

更多受过教育的人被吸引到了技术饱和型社区，并且留在了这里，这意味着人们对房地产和服务等商品的需求变得更大，在这一过程中，财富的价值得到强化。高新技术地区皆以房租高、熟练劳动力短缺为特征。人们构想出新的政治结构，以支持赚钱的新经济发展。硅谷合资企业协会和中国台北的工业技术研究院都采用公私合作的伙伴关系模式，人们希望以此来促进高科技经济增长。硅谷人在硅谷这一技术饱和型社区中采用的生活方式是由很多元素造就的，其他社区的人可以采用或者拒绝使用这些元素，也可以按当地文化所需对这些元素进行彻底的改造。本书前文也提到过一些前哨站，前哨站包括公共前哨站和私有前哨站，它们能够帮助人们挖掘并且输出那些与当地社区兼容的元素。

就硅谷进行讨论时，一个不可避免的话题是——硅谷是可被复制的吗？但是，这个问题实际上只是一件外衣，它掩盖的问题是：其他技术型社区能否像硅谷一样蓬勃发展起来？中国台北能成为下一个硅谷吗？特拉维夫能吗？奥斯汀又如何呢？这些问题意味着，我们要去寻找硅谷经济获得成功的秘诀。四所大学、两个工业园区，再加上一点好天气，这就是硅谷。但不幸的是，人们尝试复制硅谷经验的时候，并非总能考虑到硅谷的人口密度和人口多样性、硅谷的关系网络和人脉，以及硅谷的各种行业。历史学家早在 20 世纪早期就开始思考工业创新留下的遗产（Ignoffo 1991），20 世纪的城市分析人士指出，灵活的社交网络让硅谷拥有了独特的优势（Saxenian 1994）。几番繁荣和萧条过后，硅谷已经成为衡量其他所有高新技术地区的标准。

对于其他地方而言，与复制硅谷的成功相比，更现实的做法是，看看世界上其他高新技术地区是如何利用硅谷的工业基础设施和社会创新成果来创造自身的利基市场的。伦敦是欧洲的创业之都，紧随其后的高新技术地区包括特拉维夫、洛杉矶、西雅图和纽约（Empson 2012）。台北 - 新竹走廊正在做的事情是，将硅谷现有的产品本地化并供亚洲人使用，以此来开发自己的利基市场。而硅谷的公司则成为新一代亚洲本土企业家的高级培训基地。在亚洲的创业公司中，许多创业公司的创始人都曾在硅谷"受训"过，在新加坡创业公司中，有硅谷受训背景的创始人数目最多（2）。在正在进行的"硅谷竞争力和创新工程"中，硅谷仍然是创新产业的动力源泉——研发工作、互联网相关服务、软件、信息和计算机服务、生物技术、制药、航空航天、高科技生产和专业创新服务都在其列。在硅谷，有足足 25%—30% 的工作都服务于创新集群。然而，中国的这一行业正在快速成长，虽然其支出总额仍处在一个较低的水平，但在研发方面，中国的投资速度比美国更快（Henton, Kaiser, Dennison Brown, & Steichen 2016：6-8；Muro, Rothwell, Andes, Fikri, & Kulkarni 2015）。中国香港可能会重新成为像纽约和伦敦这样的金融中心，这就是例证。香港地区是个金融中心，而且它还有可能成为金融技术的中心。中国内地的一个主要的研发、制造中心位于深圳，香港地区距深圳很近。在香港地区，刚毕业的学生们更愿意在大公司工作或者出国，而非在创业公司里工作，但香港地区可能成为新兴物联网技术集群的一个核心节点（Gauthier, Scheel, Hug, & Penzel 2016：5-6，12-13）。但是，无论是上文提到过的地方，还是那些没被提及的地方，它们都处在全球高新技术网络之中。在许多层面，将硅谷与其他国家的高新技术地区及国际高新技术地区分割开来是一种误导性做法，因为人才、资金、想法和资源都是流动的，所以，各个高新技术区实则相互交织在一起。在这个网络中，硅谷仍然处于有利地位。

技术渗透到了人们的生活之中，在很多地方都是如此，比如在得梅因、巴黎和上海。在使用日常技术方面，硅谷人可能与其他地方的人没有太大的不同。但是，与甚少参与制造环节的消费者相比，技术制造者们使用这些设备的方式还是不同的。拥有广博的技术知识、无穷的技术热情也会影响到人们使用设备的方式，即使对普通设备也是如此。人们选择工具——各种设备和服务——来塑造关系。互联网改变了设备连接的方式，自此，人们将交流过程的重点从强调信息控制转为强调信息节点的连接。"连接"（connectedness）成为一个重要的隐喻，它能够影响到各种关系、各个组织以及新一代设备的呈现。在技术史上，连接非小事。产品设计师兼企业家戴维·罗斯（David Rose）将接入网络的产品称作"新型电能"，他还为我们描绘了一幅图景，即这些"被施了魔法的物体"能够与彼此交谈，我们的设备生态系统因之而改变（2014：265）。下一代设备不仅会服务于人，还会与人合作完成事情，它们成了算法的载体（Bezaitis 2013：126–27）。这些产品的购买者同时也是其生产者，这使得产品被赋予一层特殊的意义。由于人们在工作时必须依靠彼此的力量一起进行创造、构建和分配产品的工作，因此沟通成为工作中的主导因素，它将多元的创造主体连接在了一起。

　　然而，在复杂的现代创意类工作场所之中，人们的工作节奏不同。公司的员工分布在全球各地，因此他们所处的时区也不同。员工们在与自己的同事合作时，要考虑距离、协调节奏，这就决定了他们需要选择并大量使用能够进行异步通信的通信工具，以便能在不同的时间里访问到相应的信息。然而，人们首先得加深对彼此的熟悉程度和信任感，然后才能彼此依赖，但是，想要通过异步沟通来实现这一点并不容易。因此，人们会使用各种各样的媒介来保持联系，而且，经历过离婚、裁员和学校重新分划学区等事件的人们也会用这些媒介来维持原有关系、建立长久关系。这些工具使人们能够扩大自己所在的人际圈子的影响力，并抵抗其他人的人际圈子发挥的作用。

只有在充斥着技术设备的社会环境中，人们才会如此微妙地使用各种工具。硅谷人谈论着他们使用的各种设备，他们为"技术狂热"感到陶醉。在一定程度上，这是因为硅谷是一个由技术生产者构成的社区。如果人们否认技术为自己带来的乐趣，那么使得硅谷社区存在的最首要理由便站不住脚了。但是，这并不意味着世界上的其他地方都会变得像硅谷一样，这就如同，汽车的普及并不意味着世界上的每个地方都会变得像底特律一样。

在过去的二十五年里，硅谷的边界发生了改变。20世纪80年代，根据旧的地理区划标准，硅谷稳稳地坐落于圣克拉拉县以内——从帕洛阿尔托向南至圣何塞的区域。

在接下来的十年中，硅谷的边界得以扩展，圣马特奥县和阿拉米达县的大部分地区都将被囊括其中。描述"硅谷"的地理数据往往都包括上述这三个县。世纪之交之后，旧金山的"多媒体峡谷"迅速发展成为一个重要的技术区。此时，旧金山已不再与硅谷保持距离，而是与其紧紧地融为一体。可以说，如果以硅谷的特征——发展以技术为核心的产业和创业活动——为尺度来确定其边界的话，硅谷的边界可以延伸至旧金山东湾，甚至横跨旧金山湾到达马林县（O'Brien 2012）。戴尔依据硅谷的民俗地理位置确定了其扩展后的边界，他说："我认为硅谷北起欧特克公司（AutoDesk）[①]总部的所在地圣拉斐尔市，

---

① 美国电脑软件公司。——译者注

沿着整个东湾向南，依次至埃默里维尔、弗里蒙特、圣克拉拉县，再向北至圣马特奥县，一直延伸到旧金山市。我的意思是，在我看来，硅谷囊括的地区就像一个完整的社区一样。"特雷西市和斯托克顿市是两个内陆城市，距离硅谷中心地带不远，可满足人们的通勤需要。在 2016 年的硅谷现状大会上，来自这两座城市的硅谷合资企业的代表们将这两座城市纳入"大硅谷"的范围之内，以建立更多人脉，吸引商业和居民入驻。

塔维在旧金山生活、工作，她强调说："对我来说，硅谷并不是指圣克拉拉县这个地理位置。它意味着，你在大湾区——特别是在技术行业里工作。我认为自己属于硅谷，这是肯定的。"硅谷是否包含旧金山"市"这个问题仍然存在争议。面对上涨的生活成本，以及专为（本市的和往返于城市核心地带的）高科技工作者创造的服务体系，旧金山市的居民们做出了回应。大型技术公司试图通过为员工提供班车来减轻交通拥堵状况，这是遭到居民抗议的一个标志性事件。安托万说，他们在班车行驶沿线常会遭遇抗议者，只不过他起得很早，因此还没碰见过抗议者。他激动地驳斥道，这些抗议者进行抗议活动的前提是，他们多少都将技术工作者看作不属于社区的"局外人"。安托万认为，技术工作者"属于硅谷社区。我就出生在我现在居住的房子里。这套房子是我父母买下的，他们因此欠下了巨额的债务……我希望，我能感到自己更像是这个社区的一分子，我不希望看见这种紧张的局势一再加剧"。安托万经常参与志愿活动，在参与志愿活动时，他会把标有公司标志的装饰物戴在别人可以看见的地方，这样他们就会知道，技术工作者也会参与志愿活动。与此同时，住在旧金山外籍社区的伊莎贝拉表示，旅居者们并没有在硅谷扎根并"建立可持续的社区结构"，她对此表示担忧。他们不打算留在硅谷。虽然这些紧张关系是真实存在的，但是，我们并不能否定这样一个事实：硅谷的范围已经远远超出了其位于圣克拉拉县的核心区域。硅谷文化的特征是，工作渗透到了个人生活、家庭生活和社区生活之中，这种文化可能预示着，在未来，其他以技术为导向的社区也会呈现这样的景象，同时，硅谷也会影响这些社区做出的选择。

构建组织，应对复杂性

为了应对硅谷出现的各种复杂情况，硅谷人创造出了各种社会组织工具。他们将"工作"重构成一种视角，人们将主要透过这一视角来观察问题、解决问题。通常情况下，人们来到硅谷或者留在硅谷都是由于工作的缘故。在教导子女、进行娱乐活动时，人们也会使用自己在工作中的惯常做法和工作信念。而且，由于工作组织提倡人们用技术策略来解决问题，在这种思路下，硅谷的政治格局也被重塑了。人们将工作视为模板，据此重新调整各种社会关系，社区生活的中心也随之变成了工作场所，以及那些与工作相关的活动。工作、家庭、教堂、社区服务和个人兴趣交织在了一起。社交网络的成员们跨越了传统的群体划分，他们越来越依靠这些网络来开展社交生活。在一个亚裔美国人的教会之中，80% 的成员都是工程师，那么，是宗教信仰、技术能力还是民族身份让他们聚在了一起？在硅谷，关系网络的形成与上述所有的因素都有关，这些因素交织在一起。

在硅谷，机会主义和人们身上体现的工具价值令人振奋，硅谷人据此来建立和维持人脉。技术将人们拉进了一个个集群之中，人们可以在其中相互交流，这样，关系网络便创建了起来。有些关系是很深厚的，但是人们只有少动用这种关系，才能保证它的价值。人们的"知心朋友"可能并不会经常出现，但是这不妨碍他们对彼此产生深厚的信任感。除此之外，人们发展的其他关系可能是比较表面的关系，随着人们在日常生活中接触到更多的人，这部分关系也会随之更新。给项目团队中的某位成员发送一封表达友善情谊的电子邮件，这会让你们之间建立起联系，但是这样的朋友只是"路上的朋友"。通过各种技术设备的介导，人们建立、维护和塑造起各种关系。文化在公共空间中被构建起来，但这样的公共空间也是以技术为中介的，因而，它可以像打电话场景一样支持集中交流，也可以像网站一样向大众传播观点。

在这个以设备介导的社交网络系统中存在一些矛盾。很明显，经济的飞速增长造成了种种社会问题——生活成本不断上升，环境恶化，贫富差距加大——除此之外，还有许多的隐患。在个人层面，人们依赖以信任为基础建立起来的社交网络。社交网络为人们提供的是真实的网状结构，无论是解决技术问题、寻找合适的保姆，还是找到下一份工作，这个网状结构都会给人们兜底，防止他们一下子跌进深渊，而人们必须通过私下交往来维持这些网络。然而，具有讽刺意味的是，虽然异步通信——发送消息和电子邮件——显然赋予了人们不受限制的访问权限，但它也可能阻碍人们彼此建立信任。也就是说，如果人们之间早就建立起了信任，使用这些设备就能达到很好的效果，但是如果人们还未完全建立起对彼此的信任，那么，此时使用这些设备就有可能会产生问题。

虽然这种以设备介导的交流语境已经足够复杂了，但是，硅谷人还是不能想当然地认为，周围其他人和自己在工作、权力以及社区这些概念上有着相同的认知。在多元文化语境中，人和人在进行私下交往时也会遭遇问题。如果在某企业的文化中，其管理风格是以"准时制"为特色的，某人会很容易想当然地认为自己知道企业的期望，但是，他最终会发现，对于来自另一种文化或者另一个阶层的人来说，"准时"可能有其他含义。

硅谷人生活在"深度多元化"之中，这就要求他们为自己创造出更多新的、灵活的社会身份。这种"多元化"背后有着不同的层次。每个人都有许多不同的身份，这些身份来自不同的源头——国家和地区起源、民族归属、职业培训经历和个人兴趣。在同一身份群体内部和各身份群体之间可能发生的交流的数目极大，如天文数字一般。人们会通过各种各样复杂的方式来应对这些复杂的情况。有时，人们会尽可能地强调文化差异——在这种情况下，人与人之间存在的稳定的权力差异会被延续下去——但是这种做法也会引发种族排斥和阶层分化，前人对此就是这么回应的。另外，人们也会根据彼此之间的共性划出舒适区。社交网站的算法会帮助人们寻找彼此之间的共性，这样一来，这些舒适区就得到了加固。但是显然，面对那些较难预测的情况，人们需要使用到那些能够弱化文化差异的策略。当不同的文化交锋时，人们会发觉自己潜意识中的期望遭到了冲击，这种情况不可避免，为此，人们为自己建造起缓冲地带。为了掩盖其他差异，人们赋予工作和技术至高无上的地位，工作和技术成为一套替代性的框架，让人们避免纠结于彼此之间的身份差异。

在其他高新技术地区，人们对文化多样性的体验可能不同，其文化身份的建构也可能不同。尽管在中国香港地区，在外国出生的外籍人士数量达数十万（其中有一部分人从事服务工作，而另一部分人是社会精英），但香港地区并不认为自己是一个多元文化社区，而是一个华人社区——尤其是香港华人的社区（English-Lueck 1995）。

身份差异不仅仅是个人选择的产物。硅谷人往往会忘记，各种社会机构并非只能满足人们的日常需求，它们还能推动变革。为了促进技术饱和并为各种文化工具的使用提供一个场所，人们已经对硅谷的基础设施进行了改造。除了硅谷，还有哪些中学会为学生提供有关生物技术的进阶培训？人们将社区视作平台，在这个平台上发生着各种商业交流、民族交流和文化交流，不同的政治选区也集聚在这里——这里既有自由主义的技术官僚，也有性少数群体权利倡导者。将技术语言和工作语言融入公民话语的举动可能会消解由文化差异造成的文化对立局面。目前人们尚不清楚这种新型基础设施能够发挥多少效用。最近，它又催生出了一个新的社会组织，该组织既能适应硅谷技术饱和的特点，又能调解身份多样性带来的问题，同时，它还在帮助人们努力地突破权力壁垒和阶层壁垒。

社交网络需要人们对其保持持久的或至少是间歇性的关注。人们能够利用自己的人脉来获得工作，确保自己不被解聘，适应就业环境，有了社交媒体之后，人脉的作用更是被强化了。人们游走在不同的、被网络串联在一起的圈子之中，这种媒体环境会让人们不再关注如公民生活这样的当地事务和有形事务，它为人们创造出了一个个的社交世界，人们能够在其中寻找到和自己相似的人，然后和他们一起体验生活（见 Turner 2006）。而且，当人们在这种社交世界中发展出强关系，与其他人建立起亲密的情感联系时，这种趋势尤其明显。因为这时，他们会为自己的社交圈子建立起更高的屏障，即决定哪些人属于自己的圈子，哪些人应该被排除在外。强关系网络能够增强其成员的归属感，但也会让他们尽可能地远离网络之外的深度多样性。与此同时，弱关系（即松散的熟人关系）网络则有望帮助人们扩大人脉，结识与自己不同的人。在人们带着同理心，与和自己不同的人加深联系的过程中，另一种社区意识出现了，这就是公民参与公共事务的起源。人们共同应对文化差异、策划环境保护主义活动，这些也是公民参与公共事务的体现。在这种语境下，超越本地社区内部的交流也时有发生，比如家长们遇见谁就会与谁打交道。

当人们面对社区也能够运用自己的同理心时，人们的意识就会发生变化，此时，他们必将得到一个结论：由经济制度造成的不平等是无法维持下去的。活动人士劳伦在此事上的评价很准确，她说，硅谷地区社会不平等的程度正在"接近第三世界国家不平等的水平"。社会企业家们试图用技术来创造财富，并为那些专注于解决硅谷贫困问题的非营利组织提供资金，希望能够以此为美国的其他地区树立榜样。从他们所做的一些尝试可以看出，他们雄心勃勃。劳伦正在参与讨论的话题是有关硅谷基本收入现状的，他们就这一现状做出了全面的考量，尤其是那些被排除在硅谷财富之外的合同工的收入情况。社会企业家谈论的内容还覆盖了从为无家可归者设计 3D 打印房屋到将企业浪费的食品重新分配给饥民等话题。这些都是根据社会问题设计出的解决方案，社会企业家们将硅谷解决问题的风尚应用到了解决社会问题的层面。然而，正如清洁技术领域的倡导者们所指出的，如果某些话题不仅涉及技术层面的问题，还涉及政治、政策和人们是否愿意采纳某些提议，那么想要解决这些问题就不那么容易。在工程学和社会科学领域，从业者都得到过告诫，即他们需要考虑到意外后果，因为意外后果就如同"定律"一般，随时都可能发挥作用。工程师们可以进行"建模工作、模拟工作、推断工作和设想工作，甚至可以推测某款设计会带来什么样的效果"，但是其真实影响是由"现实世界因素、管控因素和人为因素"左右的（Schweber 2011）。通信研究员奥唐奈（O'Donnell）在其关于游戏开发者的研究中指出，由于游戏开发人员的话语中充斥着"对精英制度负责"的态度，因此他们对系统问题的理解也随之受到了影响，遭到"混淆"（2014：151）。他们的世界观导致他们的视野中存在盲区。因此，当硅谷的社会企业家们在与错综复杂的社会问题做斗争时，有必要自问，对"价值""效率"和"创新"这些概念的理解如何对他们自身造成了微妙的影响，从而限制了他们的能力，让他们在看待解决方案时考虑不到这些方案可能造成的可怕的意外后果。

实用主义礼仪

技术不足以成为让人们从斯德哥尔摩或者波特兰搬到硅谷的全部理由，"文化"造就了这些技术，因此人们也为文化而来。所以，创新精神成为硅谷独有的商品。这种精神到底是什么？为了响应身份多元化的需求，人们建造了硅谷，但是人们就技术泛泛而谈时，也常常谈到硅谷，因此，硅谷既能体现出实用主义的优点，也能体现出其缺点。格尔茨在描写巴厘岛的生活时，描绘了这样一个场景："礼仪如同薄雾，委婉语和各种仪式如同密云"，人们身处其中，行为举止皆受其限制（Geertz 1990：121）。硅谷的空气中弥漫着实用主义的语言，这些礼节就出自硅谷的文化工具主义。

硅谷人的日常生活和公民生活之中处处都是技术隐喻，其渗透程度之高，使得"效率""创新"和"发明"成了硅谷的最高美德。而后，人们便将这些概念应用到新的语境之中。人们在就公路系统进行协商时，频频用到"驾驶效率"一词；在最受欢迎的静修活动中，活动方提倡大家进行"灵魂再造"。硅谷话语的核心就是效率和灵活性，这两个词语蕴含着强烈的实用主义价值，而且，这些源于工程学的、讲求实用价值的语言重塑了人们的日常生活。

　　实用主义是一种哲学理念，它源于美国 19、20 世纪时的一场运动，实用主义的观点是，真理会随着经验和实践结果的变化而变化。原则不是绝对的，若假设成立，原则便产生。头脑是用来实现实际目标的工具。这一美国版的公共教育和民主体系理念被传递给了一代又一代的民众，如今，它已在全球范围内拥有了广泛的受众。美国的实用主义也与各地本土观念结合发展，例如吸收了中国儒家思想的某些元素，推动工具理性的发展。中国的"关系"义务就十分典型，"关系"义务使人们一直处于你来我往、互惠互利的状态，人们因此被捆绑在一起，最终，这种义务便发展成了有用的关系。硅谷中处处都是技术生产者，由于人们看重实用性，便催生出了一个由技术官僚主宰的"精英制度"，其中，拥有技术能力者便会成为社会精英。

　　在硅谷的跨文化互动过程中，人们重视礼仪，而这些礼仪之中充斥着浓厚的实用主义哲学色彩。种族主义和文化分离主义是当代美国生活的产物，虽然它们确实存在，但是如果人们采取这样的态度，工作关系网络便难以建立起来。事实证明，采取礼貌和宽容的态度能够帮助人们建立人际关系。硅谷的情况是，技术"精英制度"和社交关系网络中的人员变动都可能会导致权力阶层的突然洗牌——今天的下属可能会成为明天的老板，因此人们会小心翼翼地取悦彼此。而且，当人们认识到，某种行为在一个人眼中很讨人喜欢，但对另一个人来说可能并非如此时，他们会试图采取一种灵活的姿态，并且会变得宽容。面对彼此在文化上的笨拙之举表现出宽容的态度，这是一种文化创新，而且它的作用巨大。在硅谷，工作成为最重要的组织原则，人们埋头工作，用这种方式来适应文化碰撞造成的各种复杂情况。这种方式是成功的，但它是可持续的吗？高科技产业是经济中最不稳定的部分。当高科技行业扩张时，它会创造工作"潮"，但是，高科技行业也可能会遭遇大面积的裁员，而且会造成灾难性的后果。对社区而言，如此专注于工作的风气会成为其软肋。

如果工作和技术不能掩盖身份差异问题、充当人们之间共同语言的来源，那么人们用来弱化差异的工具数目也会减少。硅谷获得成功的原因在于它能够利用多元的人才和思想。我们进行采访时，一些人表示，文化宽容和灵活处理文化的能力根植于适应多元文化的过程，它能够训练人们的思维，让人们变得更加"开放"。开放的思想能够使人们更有创造力，产生创新思维，它是硅谷最主要的财富。人与人互动的过程中会产生具有歧义性质的内容，人们需要具备创造力才能应对这些歧义，而这种创造力则可以被应用于工作之中。当我们让计算机科学家哈利谈谈文化多样性带来的影响时，哈利绘声绘色地说道："实际上，如果人们的背景独特，这可能对他们有益，因为对你来说，你会更想去挑战那些既定的规则。"

然而，这层务实的"光晕"或许会让硅谷获得一定程度上的成功，但它是有代价的。有了这种灵活处理文化的能力，人们可能会变得更有创造力，但是我们的受访者也表示，在这种环境中，人们难以同他人建立起有意义的关系，而且也难以对社区形成"深度的"归属感，他们对此表示担忧。就本质而言，如果人们能够宽容其他文化，那么后果之一就是，他们会很难对其出生地文化形成一个清晰的概念。人们深切地感到，其他文化正在侵蚀其传统文化。工作渗透到家庭生活中之后，私人空间和公共空间发生了互动和融合，因此，人们在与其最亲密的人相处时，也需要使用灵活处理文化的能力。在这种情况下，人们不再将家庭视为一个保护和延续文化传统的神圣场所。对于某些人而言，他们可能并不愿接受如此高程度的文化灵活性。

很难计算人们在硅谷的文化与文化之间做了哪些权衡。许多文化上的优势和代价都是很难察觉到的，也就是说，如果人们不做大量的反思，便很难察觉这些优势和代价。卢克是一名教学设计师和跨文化培训师，他对现状进行了如下评估：

> 硅谷的节奏很快，所以，你只能在情况发生的时候对它进行观察，但你却不能真正地指出这种情况到底意味着什么，因为当你这么做的时候已经太迟了。这就如同你站在瀑布前，想要数有多少水滴一样。当它们从你面前流过时，你可以看见水光闪烁……但我不知道这是件好事还是坏事。我不知道。

卢克继续评论道，原来的硅谷文化中有一些很细碎的文化点和独特的习俗，但是现在人们越来越难以将它们辨别出来了。有了技术之后，各种文化知识得以保存和交流，其程度之高，在人类历史上前所未有。在硅谷，文化将去往何方？我们该如何设想硅谷未来的文化图景呢？面对许多社区范围内的问题，人们给出的解决方案是，让大家以工作和技术为重。创新、效率和不断对现有事物进行重塑是硅谷市民生活的特色。有些领导人既忙于企业事务，又着手解决公共问题，他们正在用上述价值观"解决"城市问题。那么，正在硅谷进行的这个实验终将走向何方？

摆脱隐喻

硅谷能够担任领头羊的角色吗？它是否为我们呈现出了一幅未来的图景，而我们的子孙后代就身处其中？硅谷社区将自身标榜为"明日之地"，但是这种说法很有可能并不会成为现实。硅谷的技术饱和程度很高，因此硅谷模式对于其他社区而言并不适用——即使对其他高新技术地区而言也是如此。硅谷容纳了数千家高科技产品公司。在硅谷的每一家咖啡馆和酒吧内，你都能听到人们就技术进行的深入讨论。人们无法将硅谷的政治经济模式复制到更广泛的地区。

在我们采访的过程中，许多受访者都将硅谷称为"技术领域的麦加城"，这种描述的特别之处在于，它将宗教用语和工作语言融合在了一起。按照来自中国的互联网专家和来自爱尔兰的软件安全专家的说法，要想进入高科技的世界，人们必须在硅谷旅居一段时间，这就好像是一个仪式一样。当然，这个宗教隐喻很恰当，因为硅谷的工作者们在看待自身和工作时，都拿出了近乎传教士般的热情。人们会对提高效率、注重沟通、打通人脉的行为表示尊重，甚至将这些视为自己的精神目标。

但是，将硅谷比作麦加城还有其他的寓意。

什么样的"认知或行为"会被带到西雅图和特拉维夫？是改造社区的行为吗？是普及网络的行为吗？是企业间的游戏行为吗？还是人们工具性地利用文化的行为？抑或是提倡"效率至上"的这一原则出了问题？人们来到硅谷时，可能就像朝圣者一样，他们出席了硅谷的技术盛宴和创业盛宴，但是，在他们离开之时，也可能无意中带走了硅谷其他的、文化上的东西。

最后，"硅谷"这个名字本身就是一个隐喻。人们在给复杂的电路做标记时，会用到抛光后的银色硅晶圆片，这些圆片本身就像镜子一样能够反光。来自不同社区的人们在观察硅谷社区时，会看见硅谷这个圆片，也会看见自己的社区。这时，来自硅谷以外其他地区的人可以问一问自己："与硅谷相比，我们自己的社区、自己的家园怎么样？"我们是羡慕硅谷技术造就的繁荣，还是对硅谷的生活节奏感到不寒而栗？我们是会赞美硅谷那多彩的多元文化拼图，还是会惊恐地逃避硅谷表象下的工具文化？我们可以参照硅谷去反思技术饱和型社区应该做出哪些选择。有些人会把高科技工作浪漫化，并因硅谷体现的创造力而来到这里。硅谷的多元文化吸引了一些人才，硅谷需要善于变通的人才。而另外一些人来到硅谷是因为，硅谷可能为他们带来财富。但是，并非所有人都想在硅谷生活，同样，也并非所有人都想生活在那些模仿硅谷社区的高新技术地区。在硅谷，无论是个人选择还是集体选择都会产生相应的后果。如果人们仅从技术隐喻的视角来看待生活，那么其世界观可能会变得很狭隘，不再能看见其他的可能性。重塑是以"存在"为代价的。人们既要投身于工作，又要跨越种种社会差异，在全球范围内维持自己的社交关系网络——有些是弱关系，有些是强关系——这需要花费大量的时间。因此，为了克服时间上的限制，人们重新定义了家庭生活和社会生活，即也将之视为工作场所，这真是货真价实的家庭作坊。可是，并非所有人都能够满意地接受这种解决方案。

当互联网进入乡村广场，人们的社会生活走向彼此互联和数字化时，生活该是怎样的？硅谷向我们展示的便是这幅图景。技术饱和重塑了人们的日常生活，工作、家庭和社区活动之间的界线变得不再那么分明，甚至消失了。在资本主义晚期，由于"互联网"这个新词汇的出现、社会利益的重组，公民生活发生了相应的变化，硅谷便是一个例证，它向我们展示出的正是这个场景。硅谷为我们提供了一些适应种族多样性和文化多样性的方法，在未来几年，这些方法有望在世界各地普及开来。在处理跨文化交际问题时，人们会用到一些可怕的方法，这些方法对他们而言并不陌生——种族主义、阶级论以及强迫少数族裔集中居住。而在其他的策略中，我们能看见人们在积极地与"深度多元化"斡旋——在面对他人的行为时，学会保持模棱两可的态度；谨防冒犯他人；当某些文化行为有违自身期望时，学会适应。这些策略都能展现出硅谷的标志性特征，也都会产生影响：硅谷为使用这些策略的人提供了一面镜子，让他们可以看见并反思自己的行为。

后记

　　21 世纪初，我们根据 20 世纪 90 年代的观察资料和民族志访谈资料编写了本书的第一版，这一版在第一版的基础上做了修正。本书的第一版成稿以后，几轮全球危机和经济危机爆发，硅谷本可能就此分崩离析，但时至今日，硅谷仍是晚期资本主义和技术乐观主义的象征。现在，"硅谷"这个名字涵盖的区域仍在扩大。不过，硅谷仍非政府实体——既不是一个独立的城市，也不是一个独立的县——它是一个社会经济区域，目前，其版图包括整个旧金山湾区。在那里，多个硅谷并存在一起，呈嵌套结构。硅谷的核心区域是最原始的、以帕洛阿尔托为中心的三个县。如果将标准放得更宽松些，整个湾区都可算作硅谷的地盘，包括旧金山、奥克兰、圣拉斐尔以及一些周边地区。"大硅谷"地区则将硅谷人晚上睡觉的城市都算了进来。由于房价上涨，工薪阶层纷纷涌向了特雷西、斯托克顿、萨利纳斯和洛斯巴诺斯，这些地区本身也成了硅谷的前哨站。就像硅谷的工作者和在硅谷长大的人去往其他地方后所做的那样，硅谷的移民也将硅谷的故事和行事方式带到了新加坡和西雅图等地。他们希望技术能够推动变革，社交关系网络能够得到蓬勃发展，并且延伸至全球各地。移民继续涌向硅谷，他们对硅谷抱有想象，并希望能够成为其中的一员，从而通过自身的努力，让想象中的硅谷成为现实。

　　与本书第一版出版时的情形相比，技术本身已经发生了变化，它深入人们的生活，其程度远超人们的想象。计算机实现了广泛互联，其运用无处不在、更加便捷。智能手机普及之后，计算机运用实现了移动化，人们可以随时使用这些设备，而在20世纪时，这一切还只是个模糊的概念。人们接触到个人遗传信息、量化自我数据和可穿戴设备之后，便能够直接获悉自身的相关数据。但是，讽刺的是，一方面，人们使用的信息设备走向了可视化；另一方面，人们却更难从视觉上把握这些设备。当夏令时到来时，从各种可穿戴健身设备到智能电视，即我所有的计时设备都知道我已经失去了那宝贵的一小时时间，但是，我是否问过它们是怎么知道夏令时来临了这个消息的？再退一步，我是否问过在某一特定时间有多少设备知道我在哪里？大多数技术使用者都已然适应了这种技术环境，因而，他们对于设备的意识早已退居幕后。硅谷经久不衰的优势之一就是，这类设备的发明者、设计师、营销人员和原型设计师比常人更能够意识到自己周围的智能设备组成的生态系统。技术仍将继续渗透到人们的日常生活中，在可预见的未来，硅谷可能仍会继续推崇技术创新、"智力发酵"。

随着越来越多地使用智能设备，人们的工作模式也发生了变化。Web 2.0 这个术语描述的是那些利用用户生成内容运营的公司。在本书的第一版出版时，该术语还是新商业模式的标志。如今，脸书、谷歌旗下的优兔等社交媒体巨头似乎都已经过时了。博客、业余新闻报道、照片分享服务以及包括维基百科在内的各种各样的内容管理系统比比皆是（Jemielniak 2014）。通过互联网，艺术家、作家、科学家、发明家以及各种各样的制造者被联系在了一起，一个强大的服务类生态系统应运而生。

在年轻劳动力看来，那些与互联网建设相关的公司——比如半
导体和个人电脑公司思科这样的"管道"公司——虽然更为成
熟，但不那么前卫。反之，人们正在创造一种经济，这种经济
能够辨别出人们的需求，即"痛点"，并提供相应的服务以缓解
人们的痛感。遵循算法的各种应用程序与服务业结合起来，人
们可以通过 DoorDash① 下单现烤披萨、要求送货上门，也可以
使用网飞提供的定制媒体服务，这样一来，生活效率便大大提
高了。

　　然而，在服务生态系统中的每个角落，总是有一些劳动者
无法在原有的劳动岗位中找到完全适合自己的工作。这些劳动
者服务于零工经济，他们在智力劳动中有一分耕耘才会获得一
分收获，因此，他们在零工经济中的身份更像是中世纪行会中
的会员，而非现代工会中的劳工。由于他们所属的这个工种难
以被定性，他们便如同行会中的会员一般，努力地寻找自己的
身份，尝试着将自身转变为一个具有行动力的团体。在这本书
里我们见过有人在拥护这样的团体。劳动力和资本这两重因素
的变化都有可能将这个团体打散、归化至各个行业，而且，那
些做微工作的人、服务于共享经济的员工，以及人们通常所说
的合同工则更有可能被淘汰，他们只得自谋生路。就这种情况
而言，硅谷做出的唯一贡献将会是，它探索出了更为高效的监
控和剥削形式。还有一种可能性是，劳工权益倡导者们能够想
出一些新方法，来保护这些劳动者的权益。硅谷可以用这些劳

---

① 一种食品快送服务。——译者注

动者来做一些关于劳动关系的实验，比如，为他们提供各种支持随工作场所转换而转移的福利，以及有最保障的薪资。硅谷善于设计各种促成社会创新的技术并测试其有效性，在这两方面，硅谷具有独特的优势。但是，想要实现这种可能性，劳动者和雇主都需要付出相当大的政治努力。

由于制造商们已由单纯地向客户销售设备转向了向客户提供服务，因此，在技术领域，服务业得到了扩展。要服务客户就得关注人，而不仅是关注技术本身。设计师担任的便是调解者的角色，他们促成用户与工程师、公众与设备提供者之间的沟通。早在第一版撰写之时，我们就已经能够清楚地看见这一细分市场，而今，在硅谷地区，设计行业已然获得了更重大的影响力。设计思维是一种方法，人们会通过它来有意地激发各个创意过程。然而，人们并非仅在技术领域创新。设计师在面对工程等式时，会将人摆在更显眼的位置。有了用户体验研究人员和人机交互专家的帮助，设计师可以成为大众的代理。这一细分市场还在蓬勃地发展着，而且人们现在将其视为创新过程中的固有环节。设计师赋予技术以良知。

奖励创新、只有看到数据时才承认社会发生了变化，传统非营利组织中的人们已经适应了这种社会环境，与之相比，社会企业家在努力推动社会变革时，将核心放在了对人的关注上。风险慈善家利用了假定的技术风险——他们会承担可接受的风险、衡量结果，并利用其成功来建立品牌。相较于传统的做慈善的形式，这是一个突破，而且，这样一来，拥有技术财富的人们便可以利用这类新平台，按照自己的想法追求进步。他们可以资助相关人员完成教育、卫生和住房方面的创新。与此同时，一些基于技术的众筹实验也蓬勃发展起来，慈善事业走向了大众化。这一笔笔小额的捐赠汇聚起来，便可以为进行各种人道主义的社会实验提供资金支持。

我们可以在许多获得资助的社会活动中看见硅谷的反主流文化根源。人们认为，在本质上，保持身体健康、接受教育和打造环境工程都是很有用的做法。他们觉得，健康的员工更具生产力，而且他们还会按照经验给这些员工提供他们喜欢的、环保的食物。在硅谷，"身体健康能够保证生产力"是一条公理。以往人们在谈论教育时，常常将传递信息说成是教育的首要功能，如今，人们则致力于让更多的人获得受教育的机会，并且依靠教育来制造新的商机。几十年来，硅谷坚持的就是这样的信念，它们可以追溯到发行《全球目录》（*Whole Earth Catalog*）的时代，甚至更早，上述这些价值观体现的就是这些信念。虽然推行这一运动的年长者正逐渐变老、离开或死去，但是，新一代还是会继续拥护和推行这些核心信念。反主流文化的倡导者们在硅谷留下了子孙后代，新一代在硅谷成长了起来，他们还是会发觉，自己会被这种违背主流的生活方式吸引，而且，在技术的推动下，这种生活方式更具魅力。

尽管硅谷人似乎身处一个遍布信息和数学抽象的世界之中，但是硅谷仍是现实世界中的物理存在。对于许多人而言，特别是那些接受过生物科学教育的人，他们承认物理世界的发展是有限的。海平面上升将会对湾区水域附近的地区造成影响。干旱和极端气候会严重地影响加州的农业经济。信息可能是没有界限的，但是用于建立和提供信息的设备与资源确实是有限的。一方面，物联网中的各种设备和智能物品会在其使用期内消耗能量，而当它们被丢弃时，它们还会产生有毒废物。另一方面，投资者和商界领袖都认为，通过发展清洁技术、绿色工程和创新材料科学，原本可能造成毁灭性后果的气候变化进程能够得到缓解，同时，人们还能节约成本、提高效率。人与环境互动的方式将持续受到上述两方面因素的影响。

硅谷的多元化社会景观已经变得更为复杂了。尽管一些人口统计学的指标显示，硅谷持续存在着特权现象——尤其发生在企业高层或者新技术精英团体之中，但其他指标也表明，硅谷正在进行的深度多元化实验仍在给硅谷带来转变。来自全球各地的移民仍在向硅谷涌来，移民是硅谷人口增长的主要来源。其中，一些移民不参与硅谷社区的公民生活，因为他们觉得自己只是暂时在加州逗留：从过去到现在，一直有部分移民持这种想法。而另外一些移民和其后代则将故乡的各种思想、活动和工艺品带到了硅谷，用它们来重塑硅谷的日常生活。他们认为，自己来到加州，特别是来到硅谷，就是为了以一种全新的方式去思考和行事。他们可以抛弃旧身份、接受新身份。硅谷的年轻人将旧的文化代码融合、匹配起来，并抛弃其中的某些部分，最终创造出新的文化，这正是硅谷的新风尚。

与世纪之交的情形相比，硅谷的阶层差异变得更加显著——阶层间的差距变得更大，也更为显见。发展人际关系网络的确可以让人们不再关注原有的民族类别划分方式，但这些网络却也有可能强化原有的民族差异。只有人们采取有意识的行动，才能避免做出那些无意识的特权和孤立行为。这么做至关重要，因为如果让特权阶层在人际关系网络中占领霸权地位、肆意妄为，他们便会防止贤能者获得话语权。虽然任人唯贤的核心信念依然完好，但只有个人和组织一起努力，才能使其成为现实，让那些在硅谷生活和工作的人从中受益。现在，致力于此的人不在少数。

硅谷仍继续经历着一轮轮的经济波动，但硅谷也仍然标志着技术对人类生活的入侵，标志着世界走向了十字路口。在过去几十年里，硅谷将自身作为实验室——催生出了许许多多的劳动者以及各种高强度的工作场所。硅谷引发了种种社会矛盾，包括日益加剧的社会不平等现象和失控的过度消费现象，硅谷要同这些问题做斗争。房价高昂、住房不足、交通瘫痪、社会孤立，这些都是硅谷发展政治经济的过程中产生的副产品。为了缓解诸如此类的社会危机，硅谷能够创造出新的工具、设计出新的处理方法和服务项目吗？硅谷社区能够继续扩大，并为其他社区做出榜样吗？硅谷这个社会实验值得人们继续关注。

参考文献

Anderson, Monica. 2015. *Technology Device Ownership: 2015*. Washington, D.C.. Pew Research Center. http://www.pewinternet.org/2015/10/29/technology-device-own ership-2015.

Appadurai, Arjun. 1996. *Modernity at Large: Cultural Dimensions of Globalization*. Minneapolis: University of Minnesota Press.

———. 2000. Grassroots Globalization and the Research Imagination. *Public Culture* 12 (1): 1–19.

Arrillaga-Andreessen, Laura. 2012. *Giving 2.0: Transform Your Giving and Our World*. San Francisco: Jossey-Bass.

Asian Week. 2013. Chinese Language Station Links Entrepreneurs to Silicon Valley Investors. May 8, 2013. Available through New American Media at http://newamerica media.org/2013/05/chinese-language-station-links-entrepreneurs-to-silicon-valley -investors.php.

Baba, Marietta. 1999. Dangerous Liaisons: Trust, Distrust, and Information Technology in American Work Organizations. *Human Organization* 58 (3): 331–46.

Baldassare, Mark, Dean Bonner, David Kordus, and Lunna Lopes. 2015. *California Voter and Party Profiles. Just the Facts*. San Francisco: Public Policy Institute of California. http://www.ppic.org/main/publication_show.asp?i=526.

Baldassare, Mark, Dean Bonner, Sonja Petek, and Jul Shrestha. 2013. *Californians & Information Technology*. PPIC Statewide Survey. San Francisco: Public Policy Institute of California. http://www.ppic.org/content/pubs/survey/S_611MBS.pdf.

Barley, Stephen. 1988. On Technology, Time and Social Order: Technically Induced Change in the Temporal Organization of Radiological Work. In *Making Time: Ethnographies of High-Technology Organizations*, ed. Frank Dubinskas, 123–69. Philadelphia: Temple University Press.

Baron, Ethan. 2016. Google, Facebook and Apple Draw Hordes of Tech Tourists. *Mercury News*, June 22. http://www.mercurynews.com/business/ci_30046793/google-facebook-and-apple-draw-hordes-tech-tourists.

Barsook, Paulina. 2000. *Cyberselfish: A Critical Romp Through the Terribly Libertarian Culture of High-Tech*. New York: PublicAffairs.

Barth, Fredrik. 1969. *Ethnic Groups and Boundaries*. Boston: Little, Brown.

Bassman, Theda. 1997. *Treasures of the Navajo*. Flagstaff, AZ: Northland.

Belasco, Warren. 2007. *Appetite for Change: How the Counterculture Took on the Food Industry*, 2nd ed. Ithaca, NY: Cornell University Press.

Benedict, Ruth. 1989. *Patterns of Culture*. Boston: Houghton Mifflin.

Bennett, Noël, and Tiana Bighorse. 1997. *Navajo Weaving Way*. Loveland, CO: Interweave Press.

Bernal, Martha, George P Knight, Kathryn Ocampo, Camille Garza, and Marya Cota. 1993. Development of Mexican American Identity. In *Ethnic Identity: Formation and Transmission Among Hispanics and Other Minorities*, ed. Martha Bernal and George Knight, 31–46. Albany: State University Press of New York.

Bezaitis, Maria. 2013. Vibrant Technologies. In *Radical Flux*, Tony Salvador and others, contributors, 125–130. Hillsboro, OR: Intel Press.

Bohannan, Paul. 1995. *How Culture Works*. New York: Free Press.

Bohn, Sarah, and Caroline Danielson. 2016. *Income Inequality and the Safety Net in California*. San Francisco: Public Policy Institute of California. http://www.ppic.org/content/pubs/report/R_516SBR.pdf.

Bourdieu, Pierre. 1984. *Distinction: A Social Critique of the Judgement of Taste*. Cambridge, MA: Harvard University Press.

Bray, Don, Eric Paul, Rachel Massaro, and Duffy Jennings. 2016. *Uniting Performance and Sustainability in the Power Network of the Future: Blueprint for a Smart Energy Enterprise Development Zone in Silicon Valley*. San Jose, CA. Joint Venture Silicon Valley. http://www.jointventure.org/images/stories/pdf/seedz-whitepaper.pdf.

Brislin, Richard. 2000. *Understanding Culture's Influence on Behavior*, 2nd ed. San Diego: Harcourt College.

Bronson, Po. 1999. *The Nudist On the Late Shift*. New York: Random House.

Bureau of Inter-American Affairs. 1998. *Background Notes: Suriname*. http://www.background_notes/suriname_0398_bgn.html.

Butterfield, Adam D. 2012. *Ethnographic Assessment of Quantified Self Meetup Groups.* MA Report and Thesis Archive, Anthropology Department, San Jose State University. http://www.sjsu.edu/anthropology/Resources/gradarchive.

Cain, Bruce, Jack Citrin, and Cara Wong. 2000. *Ethnic Context, Race Relations, and California Politics.* San Francisco: Public Policy Institute of California. http://www.ppic org/publications/ppic137/ppic137.pdf.

California Department of Education. 2015–2016. *English Learner Students by Language by Grade.* http://dq.cde.ca.gov/dataquest/SpringData/StudentsByLanguage .aspx?Level=State&TheYear=2013-14&SubGroup=All&ShortYear=1314&Gender Group=B&CDSCode=00000000000000&RecordType=EL.

California Employment Development Department. 2001. *Civilian Labor Force, Employment and Unemployment. Santa Clara County.* http://www.calmis.cahwnet.gov/file/ lfhist/sanj$hlf.txt.

Cargile, Lori A., and Shelly Sheats Harkness. 2015. Flip or Flop: Are Math Teachers Using Khan Academy as Envisioned by Sal Khan? Association for Educational Communications and Technologies. *TechTrends* 59 (6): 21–28.

Castells, Manuel. 1996. *The Rise of the Network Society.* Cambridge, MA: Blackwell.

Castells, Manuel, and Peter Hall, eds. 1994. *Technopoles of the World: The Making of Twenty-First-Century Industrial Complexes.* New York: Routledge.

Castilla, Emilio, Hokyu Hwang, Ellen Granovetter, and Mark Granovetter. 2000. Social Networks in Silicon Valley. In *The Silicon Valley Edge,* ed. Chong-Moon Lee, William Miller, Marguerite Gong Hancock, and Henry Rowen, 218–47. Stanford, CA: Stanford University Press.

Cavin, Aaron I. 2012. The Borders of Citizenship: The Politics of Race and Metropolitan Space in Silicon Valley. PhD diss., University of Michigan, UMI Number 3530569.

Chatterjee, Camille. 2015. *5 Personality Tests Hiring Managers Are Using That Could Make or Break Your Next Job Interview.* MSN, December 6. http://www.msn.com/ en-nz/money/careersandeducation/5-personality-tests-hiring-managers-are-using -that-could-make-or-break-your-next-job-interview/ar-BBl1TRB.

Christie, Linda. 1997. *California Native American College Students' Experience: An Ethnographic Study.* M.A. thesis. San Jose State University.

Chung, Brian S. 2011. Exceptional Visions: Chineseness, Citizenship, and the Architectures of Community in Silicon Valley. PhD Diss., University of Michigan, UMI Number 3476306.

Cohen, Anthony. 1994. *Self Consciousness: An Alternative Anthropology of Identity.* New York: Routledge.

Coleman, Mary C. 2016. Design Thinking and the School Library. *Knowledge Quest,* 44 (5): 62–68.

Cooper, Marianne. 2014. *Cut Adrift: Families in Insecure Times.* Oakland, CA: University of California Press.

D'Andrade, Roy. 1984. Cultural Meaning Systems. In *Culture Theory: Essays on Mind, Self, and Emotion*, ed. Richard Shweder and Robert Levine, 88–119. New York: Cambridge University Press.

Darrah, Charles, James Freeman, and J. A. English-Lueck. 2007. *Busier Than Ever! Why American Families Can't Slow Down*. Stanford, CA: Stanford University Press.

DeAngelo, Michael. 2015. *Diversity and Culture at Pinterest. Be Yourself*. https://byrslf .co/diversity-and-culture-at-pinterest-4705f83d5b93#.px39m7qbx.

Dedera, Don. 1975. *Navajo Rugs*, Rev. ed. Flagstaff, AZ: Northland.

Delbecq, André. 1994. Innovation as a Silicon Valley Obsession. *Journal of Managerial Inquiry* 3 (3): 266–75.

DeVol, Ross. 1999. *America's High-Tech Economy: Growth, Development and Risks for Metropolitan Areas*. Santa Monica, CA: Milken Institute.

Dew, Edward. 1990. Suriname: Transcending Ethnic Politics the Hard Way. In *Resistance and Rebellion in Suriname: Old and New, Studies in Third World Societies*, Publication 43, ed. Gary Brana-Shute, 189–212. Williamsburg, VA: College of William and Mary.

Duggan, Maeve, Nicole B. Ellison, Cliff Lampe, Amanda Lenhart, and Mary Madden. 2015. *Social Media Update*, January 9. http://www.pewinternet.org/2015/01/09/social -media-update-2014/JANUARY 9, 2015.

Empson, Rip. 2012. Startup Genome Ranks the World's Top Startup Ecosystems: Silicon Valley, Tel Aviv and L.A. Lead the Way. *TechCrunch*. https://techcrunch. com/2012/11/20/startup-genome-ranks-the-worlds-top-startup-ecosystems-silicon -valley-tel-aviv-l-a-lead-the-way.

English-Lueck, J. A. 1995. *The Difference Engine: Creating Identity in Silicon Valley*. Paper presented at the Annual Meeting of the American Anthropological Association, Washington, D.C., Nov. 15.

———. 2000. Silicon Valley Reinvents the Company Town. *Futures* 32:759–66.

———. 2010. *Being and Wellbeing: Health and the Working Bodies of Silicon Valley*. Stanford, CA: Stanford University Press.

———. 2011. Prototyping Self in Silicon Valley: Deep Diversity as a Framework for Anthropological Inquiry. *Anthropological Theory* 11 (1): 89–106.

English-Lueck, J. A., and Miriam Lueck Avery. 2014. *Corporate Care Reimagined: Farms to Firms to Families*. Ethnographic Praxis in Industry Conference Proceedings, American Anthropological Association, 36–49. Available at https://epicpeople.org/ wp-content/uploads/2014/10/05_Lueck_36_49.pdf.

English-Lueck, J. A., and Charles Darrah. 1999. *Silicon Work: Tales of Trust from Silicon Valley, Bangalore, Taipei and Dublin*. Paper presented at the Society for Philosophy and Technology 11th Biennial International Conference, San Jose, July 16.

English-Lueck, J. A., Charles Darrah, and James Freeman. 2015. *The Silicon Valley Cultures Project*. Karl Lueck Designs. http://svcp.org.

Evans, Grant, and Maria Tam, eds. 1997. *Hong Kong: The Anthropology of a Chinese Metropolis*. Honolulu: University of Hawai'i Press.

Feenberg, Andrew. 1991. *Critical Theory of Technology*. New York: Oxford University Press.

Felzmann, Heike. 2015. "Just a Bit of Fun": How Recreational Is Direct-to-Consumer Genetic Testing? *The New Bioethics* 21 (1): 20–32.

Ferenstein, Gregory. 2015. Silicon Valley Represents an Entirely New Political Category. *TechCrunch*. https://techcrunch.com/2015/11/08/silicon-valley-represents-an-entirely-new-political-category.

Freeman, J. M. 1996. Changing Identities: Vietnamese Americans 1975–1995. Boston: Allyn and Bacon.

Fricke, Tom. 2001. *Taking Culture Seriously: Making the Social Survey Ethnographic*. Center for the Ethnography of Everyday Life Working Paper 022-01. Ann Arbor: University of Michigan, Alfred P. Sloan Center for the Study of Working Families.

Gauthier, Jean-Francois, Henrik Scheel, Christina Hug, and Marc Penzel. 2016. *Hong Kong Startup Ecosystem Report*. Compass (formerly Startup Genome) with the support of Crunchbase. https://www.compass.co.

Gee, Buck, Denise Peck, and Janet Wong. 2015. *Hidden in Plain Sight: Asian American Leaders in Silicon Valley*. Ascend Foundation. https://c.ymcdn.com/sites/ascendleadership.site-ym.com/resource/resmgr/Research/HiddenInPlainSight_Paper_042.pdf.

Geertz, Clifford. 1990. The Balinese Cockfight as Play. In *Culture and Society: Contemporary Debates*, ed. Jeffrey Alexander and Steven Seidman, 113–21. New York: Cambridge University Press.

———. 2000. *Available Light*. Princeton, NJ: Princeton University Press.

Glass, Fred B. 2016. *From Mission to Microchip: A History of the California Labor Movement*. Oakland, CA: University of California Press.

Hakken, David. 1993. Computing and Social Change: New Technology and Workplace Transformation, 1980–1990. *Annual Review of Anthropology* 22:107–32.

Hancock, Russell. 2013. *Silicon Valley Opportunities & Challenges*. Joint Venture Silicon Valley. https://www.spur.org/sites/default/files/events_pdfs/Russell%20Hancock.pdf.

Harkinson, Josh. 2014. Silicon Valley Firms Are Even Whiter and More Male Than You Thought. *Mother Jones*, May 29. http://www.motherjones.com/media/2014/05/google-diversity-labor-gender-race-gap-workers-silicon-valley.

Harmsen, W. D. 1985. *Patterns and Sources of Navajo Weaving*. Denver: Harmsen.

Haveman, Jon. 2015. *Income Inequality in the San Francisco Bay Area*. Institute for Regional Studies Research Brief. Joint Venture Silicon Valley. https://www.jointventure.org/images/stories/pdf/income-inequality-2015-06.pdf.

Hayes, Dennis. 1989. *Behind the Silicon Curtain: The Seductions of Work in a Lonely Era*. Boston: South End Press.

Henton, Doug. 2000. A Profile of the Valley's Evolving Structure. In *The Silicon Valley*

Edge, ed. Chong-Moon Lee, William Miller, Marguerite Gong Hancock, and Henry Rowen, 46–58. Stanford, CA: Stanford University Press.

Henton, Doug, Janine Kaiser, Elizabeth Dennison Brown, and Renae Steichen. 2016. *Silicon Valley Competitiveness and Innovation Report*. 2016 Update. Collaborative Economics. http://svcip.com/files/SVCIP_2016.pdf.

Hochschild, Arlie. 1997. *The Time Bind*. New York: Metropolitan Books.

Hoogbergen, Wim. 1990. The History of the Surinamese Maroons. In *Resistance and Rebellion in Suriname: Old and New, Studies in Third World Societies*, Publication 43, ed. Gary Brana-Shute, 65–102. Williamsburg, VA: College of William and Mary.

Hoover, Steve, and Lawrence Lee. 2015. *Democratization and Disintermediation: Disruptive Technologies and the Future of Making Things*. Research-Technology Management, Palo Alto Research Center. https://www.parc.com/content/hoover_lee_PARC.pdf.

Hossfeld, Karen. 1988. Divisions of Labor, Divisions of Lives: Immigrant Women Workers in Silicon Valley. Unpublished diss., Department of Sociology, University of California, Santa Cruz.

Hurtado, Aida, Jaclyn Rodriguez, Patricia Gurin, and Janette Beals. 1993. The Impact of Mexican Descendants' Social Identity on the Ethnic Socialization of Children. In *Ethnic Identity: Formation and Transmission Among Hispanics and Other Minorities*, ed. Martha Bernal and George Knight, 131–62. Albany: State University Press of New York.

ICON. 2016. *Israel Collaboration Network*. http://www.iconsv.org.

Ignoffo, M. J. 1991. *Sunnyvale: From the "City of Destiny" to the "Heart of Silicon Valley."* M.A. thesis. San Jose State University.

Institutional Effectiveness and Analytics. 2016. *Statistical Abstracts*. San Jose State University. http://www.iea.sjsu.edu/Students/QuickFacts/default.cfm?version=graphic.

Janah, Monua. 1999. Journey to Success Began in Flight from Africa. *San Jose Mercury News*, July 18: 1E, 7E.

Jemielniak, Dariusz. 2012. *The New Knowledge Workers*. Northampton, MA: Edward Elgar.

———. 2014. *Common Knowledge? An Ethnography of Wikipedia*. Stanford, CA: Stanford University Press.

Johnson, Hans. 2000. Movin' Out: Domestic Migration to and from California in the 1990s. Public Policy Institute of California. *California Counts: Population Trends and Profiles* 2 (1): 1–16.

Johnston, Josée, and Shyon Baumann. 2010. *Foodies: Democracy and Distinction in the Gourmet Foodscape*. New York: Routledge.

Joint Venture: Silicon Valley Network. 1998. *Silicon Valley 2010*. San Jose: Joint Venture: Silicon Valley Network.

———. 1999. *Workforce Study: An Analysis of the Workforce Gap in Silicon Valley*. San

Jose: Joint Venture: Silicon Valley Network.

Jones, Sian. 1997. *The Archaeology of Ethnicity: Constructing Identity in the Past and Present*. New York: Routledge.

Katz, Lawrence F., and Alan Krueger. 2016. *The Rise and Nature of Alternative Work Arrangements in the United States, 1995-2015*. RAND American Life Panel (ALP). http://scholar.harvard.edu/files/lkatz/files/katz_krueger_cws_v3.pdf.

Kopp, Rochelle, and Seven Ganz. 2016. *Valley Speak: Deciphering the Jargon of Silicon Valley*. Redwood City, CA: Genetius.

Kunda, G. 1992. *Engineering Culture: Control and Commitment in a High Tech Corporation*. Philadelphia: Temple University Press.

Kuper, Adam. 1999. *Culture: The Anthropologists' Account*. Cambridge, MA: Harvard University Press.

Kvamme, E. Floyd. 2000. Life in Silicon Valley: A First-Hand View of the Region's Growth. In *The Silicon Valley Edge*, ed. Chong-Moon Lee, William Miller, Marguerite Gong Hancock, and Henry Rowen, 59–80. Stanford, CA: Stanford University Press.

Langberg, Mike, and Larry Slonaker. 1997. House of Fry's. *San Jose Mercury News*, August 24: 1A, 12A–14A.

Legón, Jeordan. 1995. The Name Game: Chicano, Hispanic or Latino—Labels Cause Division in Community. *San Jose Mercury News*, December 19: 1A, 12A.

Levine, Robert. 1984. Properties of Culture: An Ethnographic View. In *Culture Theory: Essays on Mind, Self, and Emotion*, ed. Richard Shweder and Robert Levine, 67–87 New York: Cambridge University Press.

Lewis, Marilyn. 1993. World Cultures Meet in Workplace. *San Jose Mercury News*, January 24: 1A, 22A.

Lindholm, Charles. 2001. *Culture and Identity: The History, Theory and Practice of Psychological Anthropology*. San Francisco: McGraw-Hill.

Lyons, Dan. 2016. *Disrupted: My Misadventure in the Start-Up Bubble*. New York: Hatchette.

Mach, Zdzislaw. 1993. *Symbols, Conflict and Identity: Essays in Political Anthropology*. Albany: State University of New York Press.

Maillard, Dominique. 2009. *Circulation des cerveaux entre la Chine et la Californie*. Paris: L'harmattan.

Maira, Sunaina. 2016. *The 9/11 Generations: Youth, Rights, and Solidarity in the War on Terror*. New York: New York University Press.

Mangaliman, Jessie. 2000. Indo-Americans Send Kids Back to Homeland to Learn Culture. *San Jose Mercury News*, October 30: 1A, 8A.

Markoff, John. 2006. *What the Dormouse Said: How the Sixties Counterculture Shaped the Personal Computer Industry*. New York: Penguin Books.

Markussen, Randi. 1995. Constructing Easiness—Historical Perspectives on Work,

Computerization and Women. In *The Cultures of Computing*, ed. Susan Leigh Star, 158–80. Cambridge, MA. Blackwell.

Martínez, Antonio García. 2016. *Chaos Monkeys: Obscene Fortune and Random Failure in Silicon Valley*. New York: Harper Collins.

Massaro, Rachel. 2016. *Silicon Valley Index*. San Jose, CA: Joint Venture Silicon Valley.

Matthews, Glenna. 1976. The Community Study: Ethnicity and Success in San José. *Journal of Interdisciplinary History* 7 (2): 305–18.

Miller, Bruce. 1988. *Chumash: A Picture of Their World*. Los Osos, CA: Sand River Press.

Mitcham, Carl. 1994. *Thinking Through Technology: The Path Between Engineering and Philosophy*. Chicago: University of Chicago Press.

Mohr, David. 2013. *Designing Software to Meet the Needs of International Uses*. MA Report and Thesis Archive. Anthropology Department, San Jose State University. http://www.sjsu.edu/anthropology/Resources/gradarchive.

Muro, Mark, Jonathan Rothwell, Scott Andes, Kenan Fikri, and Siddarth Kulkarni. 2015. *America's Advanced Industries: What They Are, Where They Are, and Why They Matter*. The Brookings Institution. https://www.brookings.edu/research/americas -advanced-industries-what-they-are-where-they-are-and-why-they-matter.

Nash, June. 1989. *From Tank Town to High Tech: The Clash of Community and Industrial Cycles*. Albany: State University Press of New York.

Naylor, Larry. 1998. *American Culture: Myth and Reality of a Culture of Diversity*. Westport, CT: Bergin and Garvey.

Nippert-Eng, Christina. 1996. *Home and Work: Negotiating Boundaries Through Everyday Life*. Chicago: University of Chicago Press.

Nolan, Riall. 1999. *Communicating and Adapting Across Cultures: Living and Working in the Global Village*. Westport, CT: Bergin and Garvey.

O'Brien, Chris. 2012. Welcome to the New and Expanded Valley. *The Mercury News*, April 21. http://www.mercurynews.com/ci_20434541/chris-obrien-welcome-new -expanded-silicon-valley-150.

O'Donnell, Casey. 2014. *Developer's Dilemma: The Secret World of Videogame Creators*. Cambridge, MA: Massachusetts Institute of Technology Press.

Packard, David. 1995. *The HP Way: How Bill Hewlett and I Built Our Company*. Ed. David Kirby and Karen Lewis. New York: Harper Business.

Park, Edward Jang-Woo. 1996. Asians Matter· Asian American Entrepreneurs in the Silicon Valley. In *Reframing the Immigration Debate*, ed. Bill Ong Hing and Ronald Lee, 155–77. Los Angeles: Leadership Education for Asian Pacific (LEAP) and UCLA Asian American Studies Center.

Pendleton, Mary. 1975. *Navajo and Hopi Weaving Techniques*. New York: Macmillan.

Perez, Sarah. 2014. AOL Co-Founder Steve Case Invests $30 Million into School Lunch Company, Revolution Foods. *TechCrunch*. https://techcrunch.com/2014/06/05/aol -co-founder-steve-case-invests-30-million-into-school-lunch-company-revolution

-foods.

Perlow, Leslie. 1997. *Finding Time: How Corporations, Individuals, and Families Can Benefit from New Work Practices*. Ithaca, NY: ILR/Cornell University Press.

Pfister, Joel. 1997. Glamorizing the Psychological: The Politics and the Performances of Modern Psychological Identities. In *Inventing the Psychological: Toward a Cultural History of Emotional Life in America*, ed. Joel Pfister and Nancy Schnog, 167–213. New Haven, CT: Yale University Press.

Purcell, Kristen, and Lee Rainie. 2014. *Technology's Impact on Workers*. Pew Research Center, Washington, D. C. http://www.pewinternet.org/2014/12/30/technologys-impact-on-workers.

Richter, Felix. 2015. Americans Use Electronic Media 11+ Hours a Day. *Statista*, March 13. https://www.statista.com/chart/1971/electronic-media-use.

Rodee, Marian. 1987. Weaving of the Southwest. West Chester, PA: Schiffer.

Rogers, Everett, and Judith Larson. 1984. *Silicon Valley Fever· Growth of High-Technology Culture*. New York: Basic Books.

Rose, David. 2014. *Enchanted Objects: Design, Human Desire, and the Internet of Things*. New York: Scribner.

Roseberry, William. 1996. The Rise of Yuppie Coffees and the Reimagination of Class in the United States. *American Anthropologist* 98 (4): 762–75.

Sandoval, Ricardo. 1996. Training for Tomorrow. *San Jose Mercury News*, March 29: 1C, 2C.

Santa Clara Valley Open Space Authority. 2014. *The Santa Clara Valley Greenprint: A Guide for Protecting Open Space and Livable Communities*. http://www.openspaceauthority.org/about/pdf/SCVOSA.Greenprint.FINAL.March2014_RevisedWith Covers28May2014_LoRes.pdf.

Saxenian, Annalee. 1985. The Genesis of Silicon Valley. In *Silicon Landscapes*, ed. Peter Hall and Ann Markusen, 20–34. Boston: Allen and Unwin.

———. 1994. *Regional Advantage: Culture and Competition in Silicon Valley and Route 128*. Cambridge, MA: Harvard University Press.

———. 1999. *Silicon Valley's New Immigrant Entrepreneurs*. San Francisco: Public Policy Institute of California.

Scheinin, Richard. 2016. Bay Area Homes: Prices Up, Sales Down from 2015. *Mercury News*, June 23. http://www.mercurynews.com/business/ci_30044947/bay-area-homes-prices-up-sales-down-from-2015.

School Loop. 2016. About Us. Customers. http://www.schoolloop.com/about-us/customers.

Schwartz, Katrina. 2013. How Integrated Is the Bay Area (and the Rest of the U.S.)? KQED News, October 4. https://ww2.kqed.org/news/2013/10/02/how-integrated-is-the-bay-area.

Schweber, Bill. 2011. The Law of Unintended Consequences Strikes, Again. *EE Times*, September 22. http://www.eetimes.com/author.asp?section_id=28&doc_id=1285408.

Senzai, Farid, and Hatem Bazian. 2013. *The Bay Area Muslim Study: Establishing Identity and Community.* Institute for Social Policy and Understanding. http://www.ispu.org/pdfs/ISPU_Report_Bay_Area_Study_WEB.pdf.

Sexton, Jean Deitz. 1992. *Silicon Valley Inventing the Future: A Contemporary Portrait.* Hong Kong: Windsor.

Shankar, Shalini. 2008. *Desi Land: Teen Culture, Class, and Success in Silicon Valley.* Durham, NC: Duke University Press.

Sharp, Lauriston. 1952. Steel Axes for Stone-Age Australians. *Human Organization* 11 (2): 17–22.

Sheehan, Matt. 2015. *Dissident Artist Ai Weiwei Finds Freedom in Alcatraz.* Huffingtonpost, March 3. http://www.huffingtonpost.com/2015/03/03/ai-weiwei-artist-alcatraz_n_6576728.html.

Shen, Cuihua, and Charles Cage. 2013. Exodus to the Real World? Assessing the Impact of Offline Meetups on Community Participation and Social Capital. *New Media & Society* 17 (3): 394–441.

Shweder, Richard, and Edmund Bourne. 1984. Does the Concept of the Person Vary Cross-Culturally? In *Culture Theory: Essays on Mind, Self, and Emotion*, ed. Richard Shweder and Robert Levine, 159–99. New York: Cambridge University Press.

Silicon Valley Community Foundation. 2016. *Silicon Valley Community Foundation.* http://www.siliconvalleycf.org.

650Labs. 2013. The Myth of the "Next Silicon Valley," August 5. http://650labs.com/2013/08/05/the-myth-of-the-next-silicon-valley.

Smith, Aaron, and Dorothy Page. 2015. *U.S. Smartphone Use in 2015.* Pew Research Center, Washington, D.C. http://www.pewinternet.org/2015/04/01/us-smartphone-use-in-2015.

Squazzoni, Flaminio. 2009. Social Entrepreneurship and Economic Development in Silicon Valley. *Nonprofit and Voluntary Sector Quarterly* 38 (5): 869–883.

Starr, Kevin. 2005. *California: A History.* New York: Modern Library.

Steen, Margaret. 2000. Jobs Still Abound. *San Jose Mercury News*, October 14: 1C, 4C.

Sullivan, Richard. 1979. The Medieval Monk as Frontiersman. In *The Frontier: Comparative Studies*, Vol. 2, ed. William Savage and Stephen Thompson, 25–49. Norman: University of Oklahoma Press.

Taylor, Charles. 1985. *Philosophy and the Human Sciences.* Philosophical Papers 2. New York: Cambridge University Press.

Textor, Robert. 1985. Anticipatory Anthropology and the Telemicroelectronic Revolution: A Preliminary Report from Silicon Valley. *Anthropology and Education Quarterly* 16: 3–30.

———. 1995. The Ethnographic Futures Research Method: An Application to Thailand. *Futures* 27 (4): 461–71.

Tech Museum of Innovation. n.d. Our Mission. http://www.thetech.org/ops/mission.

Thoden van Velzen, H. U. E. 1990. The Maroon Insurgency: Anthropological Reflections on the Civil War in Suriname. In *Resistance and Rebellion in Suriname: Old and New, Studies in Third World Societies*, Publication 43, ed. Gary Brana-Shute, 159–88. Williamsburg, VA: College of William and Mary.

Thorne, Avril, and Harrison Gough. 1991. *Portraits of Type: An MBTI Research Compendium*. Palo Alto: CPP Books.

Tiles, Mary, and Hans Oberdiek. 1995. *Living in a Technological Culture*. New York: Routledge.

Turner, Fred. 2006. *From Counterculture to Cyberculture: Stewart Brand, the Whole Earth Network, and the Rise of Digital Utopianism*. Chicago: The University of Chicago Press.

Urban Displacement Project. 2015. *Urban Displacement Project. Executive Summary*. http://www.urbandisplacement.org/sites/default/files/images/urban_displacement_project_-_executive_summary.pdf.

U. S. Census Bureau. 2015. *Quick Facts*. Accessed for Santa Clara, San Mateo, San Francisco, and Alameda Counties. http://www.census.gov/quickfacts/table/PST 045215/06.

van den Berghe, P L. 1967. *Race and Racism: A Comparative Perspective*. New York: John Wiley.

van der Elst, Dirk. 1970. *The Bush Negro Tribes of Surinam, South America: A Synthesis*. PhD diss., Northwestern University.

van der Elst, Dirk, with Paul Bohannan. 1999. *Culture as Given, Culture as Choice*. Prospect Heights, IL: Waveland Press.

van der Elst, Dirk, and J. A. English-Lueck. 1977. Unpublished field notes.

Weiss, Carol, Harry Adams, Delorme McKee-Stovall, Teresa Castellanos, and Sylvia Romero-Ramirez. 2015. *A Tale of Two Valleys ... : The Price We Pay for Living in Silicon Valley*. The Office of Human Relations and the Human Relations Commission of Santa Clara County. https://www.sccgov.org/sites/ohr/Publications/Documents/HR-Report.pdf.

Wilkins, Teresa, and Diana Leonard. 1990. *Beyond the Loom: Keys to Understanding Early Southwestern Weaving*. Boulder: Johnson Books.

Winner, Langdon. 1992. Silicon Valley Mystery House. In *Variations on a Theme Park: The New American City and the End of Public Space*, ed. Michael Sorkin, 31–60. New York: Noonday Press.

Winslow, W. 1995. *The Making of Silicon Valley: A One Hundred Year Renaissance*. Palo Alto: Santa Clara Valley Historical Association.

Working Partnerships USA. 2014. *Tech's Diversity Problem: More than Meets the Eye*. San Jose, CA. Working Partnerships USA. https://wpusa.org/WPUSA_TechsDiversityProblem.pdf.

———. 2016. *Tech's Invisible Workforce: Silicon Valley Rising*. San Jose, CA. Working Partnerships USA. http://www.siliconvalleyrising.org/TechsInvisibleWorkforce.pdf.

Youssouf, Ibrahim, Allen Grimshaw, and Charles Bird. 1976. Greetings in the Desert. *American Ethnologist* 3 (4): 797–824.

Zloniski, Christian. 1994. The Informal Economy in an Advanced Industrialized Society· Mexican Immigrant Labor in Silicon Valley. *Yale Law Journal* 103:2305–35.

薄荷
think as
the natives
实验

◎

"薄荷实验"是华东师范大学出版社旗下的社科学术出版品牌，主张"像土著一样思考"（Think as the Natives），以期更好地理解自我、他人与世界。该品牌聚焦于社会学、人类学方向，探索这个时代面临的重要议题。相信一个好的故事可以更加深刻地改变现实，为此，我们无限唤醒民族志的魔力。

《香港重庆大厦:世界中心的边缘地带》

麦高登 著　杨玚 译

《特权:圣保罗中学精英教育的幕后》

西莫斯·可汗 著　蔡寒韫 译

《音乐神童加工厂》

伊莎贝拉·瓦格纳 著　黄炎宁 译

《学以为己：传统中国的教育》

李弘祺 著

《乳房：一段自然与非自然的历史》

弗洛伦斯·威廉姆斯 著　庄安祺 译

《美丽的标价：模特行业的规则》

阿什利·米尔斯 著　张皓 译

《喂养中国小皇帝：儿童、食品与社会变迁》

景军 主编　钱霖亮、李胜等 译

《给无价的孩子定价：变迁中的儿童社会价值》

维维安娜·泽利泽 著　王水雄等 译

《唐人街：镀金的避难所、民族城邦和全球文化流散地》

王保华、陈志明 主编　张倍瑜 译

《捡垃圾的人类学家：纽约清洁工纪实》

罗宾·内葛 著　张弼衍 译

《人行道王国》

米切尔·邓奈尔 著 马景超、王一凡、刘冉 译

《清算：华尔街的日常生活》

何柔宛 著 翟宇航等 译

《看上去很美：整形美容手术在中国》

文华 著 刘月 译

《找工作：关系人与职业生涯的研究》

马克·格兰诺维特 著 张文宏 译

《道德与市场：美国人寿保险的发展》

维维安娜·泽利泽 著 姚泽麟等 译

《末日松茸：资本主义废墟上的生活可能》

罗安清 著 张晓佳 译

《母乳与牛奶：近代中国母亲角色的重塑（1895–1937）》

卢淑樱 著

《生老病死的生意：文化与中国人寿保险市场的形成》

陈纯菁 著 魏海涛、符隆文 译

《病毒博物馆：中国观鸟者、病毒猎人和生命边界上的健康哨兵》

弗雷德雷克·凯克 著 钱楚 译

《感情研究指南：情感史的框架》

威廉·雷迪 著 周娜 译

《培养好孩子：道德与儿童发展》

许晶 著 祝宇清 译

《拯救婴儿？新生儿基因筛查之谜》

斯蒂芬·蒂默曼斯、玛拉·布赫宾德 著 高璐 译

《金钱的社会意义：私房钱、工资、救济金等货币》

维维安娜·泽利泽 著 姚泽麟等 译

《成为三文鱼：水产养殖与鱼的驯养》

玛丽安娜·伊丽莎白·利恩 著 张雯 译

《生命使用手册》

迪杰·法桑 著 边和 译

《不安之街：财富的焦虑》

瑞秋·谢尔曼 著 黄炎宁 译

《寻找门卫：一个隐蔽的社交世界》

彼得·比尔曼 著 王佳鹏 译

《依海之人：马达加斯加的维佐人，一本横跨南岛与
非洲的民族志》

丽塔·阿斯图蒂 著 宋祺 译

《风险的接受：社会科学的视角》

玛丽·道格拉斯 著 熊畅 译

《人类学家如何写作：民族志阅读指南》

帕洛玛·盖伊·布拉斯科、胡安·瓦德尔 著 刘月 译

《亲密的分离：当代日本的独立浪漫史》

艾莉森·阿列克西 著 徐翔宁、彭馨妍 译

《亨丽埃塔与那场将人类学送上审判席的谋杀案》

吉尔·施梅勒 著 黄若婷 译

《实验室生活：科学事实的建构过程》

布鲁诺·拉图尔、史蒂夫·伍尔加 著 修丁 译

《德国电梯社会：一个欧洲心脏地区的危机》

奥利弗·纳赫特威 著 黄琬 译

《封面之下：一本小说的创作、生产与接受》

克莱顿·柴尔德斯 著 张志强、王翡 译

《离开学术界：实用指南》

克里斯托弗·卡特林 著 何啸风 译

《事实与虚构：论边界》

弗朗索瓦丝·拉沃卡 著 曹丹红 译

《影子母亲：保姆、换工与育儿中的微观政治》

卡梅隆·林·麦克唐纳 著 杨可 译

《诊所在别处：成瘾人类学和药物依赖下的青少年》

托德·迈耶斯 著 姚雨萌 译

《特殊待遇：来自亚洲一流医院的医学生》

安娜·鲁多克 著 于茗骞 译

《生活在写作之中：与契诃夫一同磨砺民族志技艺》

基伦·纳拉扬 著 淡豹 译

《修复世界：保罗·法默博士与下一代医生的对话》

保罗·法默 著 张晶 译

《金门：美国住房之战》

康纳·多尔蒂 著 相欣奕 张美华 译

《拍电影的人类学家：先驱让·鲁什的田野与民族志研究》

保罗·斯托勒 著 杨德睿 译

《寻找正确的单词：一个关于文学、悲伤和大脑的故事》

辛迪·温斯坦、布鲁斯·米勒 著 鲍伟奇 译

《VIP世界》

阿什利·米尔斯 著 时川萌 译

《游戏直播简史：重塑游戏、电竞与情感经济》

T. L. 泰勒 著 曹书乐 何威 译

《电力消费社会》

佳内·厄兹登－席林 著 袁俊 译

《硅谷文化》

J. A. 英格利希－鲁埃克 著 丁依然、董晨宇 译

薄荷实验·中文原创

《生熟有道：普洱茶的山林、市井和江湖》

张静红 著

《过渡劳动：平台经济下的外卖骑手》

孙萍 著

《薄暮时分：在养老院做田野》（暂名）

吴心越 著